全国人力资源和社会保障干部培训教材

总主编　尹蔚民

人力资源和社会保障法制

RENLI ZIYUAN HE SHEHUI BAOZHANG FAZHI

人力资源和社会保障部　组织编写

主编　杨志明

副主编　孔昌生

中国劳动社会保障出版社

图书在版编目(CIP)数据

人力资源和社会保障法制/杨志明主编. —北京：中国劳动社会保障出版社，2012

ISBN 978-7-5167-0118-8

Ⅰ.①人… Ⅱ.①杨… Ⅲ.①人力资源管理-劳动法-中国-干部培训-教材②社会保障-行政法-中国-干部培训-教材 Ⅳ.①D922.5②D922.182.3

中国版本图书馆 CIP 数据核字(2012)第 304676 号

中国劳动社会保障出版社出版发行

(北京市惠新东街1号 邮政编码：100029)

出 版 人：张梦欣

*

中国铁道出版社印刷厂印刷装订 新华书店经销

787 毫米×1092 毫米 16 开本 18 印张 292 千字

2012 年 12 月第 1 版 2012 年 12 月第 1 次印刷

定价：38.00 元

读者服务部电话：(010) 64929211/64921644/84643933

发行部电话：(010) 64961894

出版社网址：http://www.class.com.cn

全国人力资源和社会保障干部培训教材

编审委员会

序

“十二五”时期是人力资源和社会保障事业发展的重要时期，既面临严峻的挑战，又面临难得的发展机遇。人力资源和社会保障工作要坚持“民生为本、人才优先”的工作主线，实施充分就业的发展战略和人才强国战略，健全覆盖城乡居民的社会保障体系，深化人事制度改革和工资收入分配制度改革，积极构建和谐劳动关系。要完成上述各项目标任务，亟须打造一支高素质的人力资源社会保障干部队伍，以承担历史赋予我们的重要责任，完成党中央和国务院交给我们的光荣使命。

以胡锦涛同志为总书记的党中央历来高度重视干部队伍建设，提出了大规模培训干部、大幅度提高干部素质的战略任务。机构改革后各级人力资源社会保障部门职能增强、业务领域拓宽、人员交流扩大，面对新的形势，加强教育培训，提高干部队伍素质，显得更加重要和紧迫。

加强干部培训教材建设，是增强干部教育培训工作实效的重要途径。编写一套全面反映人力资源社会保障形势任务、政策法规和业务知识的干部培训教材，有利于系统干部认清形势，把握大局，增强责任感、使命感；有利于提高依法行政能力，全面理解和准确把握政策，推动工作落实；有利于加强作风建设，促进系统融合，加快思想上形成共识、工作上形成合力、制度上形成统一、文化上形成风格、服务上形成品牌的进程。

“全国人力资源和社会保障干部培训教材”是新部成立以来组织的第一套综合性干部培训教材（共19本），涵盖就业、社会保障、人才队伍建设、人事制度改革、工资收入分配制度改革、劳动关系等六大板块的工作内容，是系统干部学习培训的好帮手。希望各级人力资源社会保障部门认真贯彻中央和部里的要求，结合本部门工作实际，充分运用这套教材组织培训，努力增强学习培训的针对性和时效性，着力建设一支政治靠得住、业务素质高、工作能力强、作风过得硬的干部队伍，为促进人力资源和社会保障事业的科学发展提供强有力的组织保证和智力支持。

尹蔚民

2011年10月8日

前言

“全国人力资源和社会保障干部培训教材”与读者见面了。这套教材是人力资源和社会保障部组建后开发的第一套针对系统干部培训的综合性教材，是系统干部重要的培训教材和学习资料。

一、教材组织编写的背景

新部成立前，原人事部、劳动保障部在干部培训教材建设方面做了大量工作，积累了一些经验。如1998年和2004年，原劳动保障部分别组织编写了第一版和第二版劳动保障系统干部培训教材。原人事部也组织编写了一些干部培训教材。但近些年来，随着我国政治、经济和社会的发展，人力资源和社会保障事业发生了巨大的变化，这些教材已经不适应当前系统干部学习和培训的需要。针对新的形势，部里决定组织全部力量，并吸收部外专家学者，开发一套科学、规范、系统的“全国人力资源和社会保障干部培训教材”。

为此，部人事司组织有关单位于2009年年初起草了干部培训教材组织开发方案初稿。随后，多次召开座谈会，征求人力资源和社会保障部在职和退休干部、地方人力资源和社会保障系统干部的意见和建议，并在这些意见和建议的基础上对方案进行修改完善。2009年11月底，部党组会讨论通过了干部培训教材组织开发方案。

根据方案的要求，为确保教材的针对性和实用性，在作者选择上采取业务司局为主、部内研究机构和部外专家学者为辅的方式。尹蔚民部长担任教材的总主编，分管部领导担任相应专业教材的主编，教材负责司局及参与司局的负责人担任副主编。在部领导高度重视、各司局积极参与下，干部培训教材组织编写工作顺利开展。

二、教材组织编写的指导思想和基本原则

这套教材以邓小平理论和“三个代表”重要思想为指导，深入贯彻落实科学发展观，按照中央有关干部教育培训工作要求，紧紧围绕人力资源和社会保障中心工作和发展大局，以增强工作本领、提高能力素质为核心，以系统各级各类干部基本公共需求为导向，以人力资源和社会保障政策法规、基本业务知识、基本理论和技能训练为内容，准确把握教材开发定位，科学设计教材课程体系，合理组织教材编写内容，力求为人力资源和社会保障干部教育培训工作提供强有力的基础保障。

在教材编写中，始终坚持以下三个基本原则：一是准确把握人力资源和社会保障事业发展的新形势、新任务，确保教材服从并服务于人力资源和社会保障中心工作；二是充分汲取人力资源和社会保障工作理论和实践发展的新成果，确保教材的先进性和科学性；三是切实适应干部教育培训工作的新需求，确保教材的生命力。

为增强教材的针对性和可读性，要求教材的呈现方式生动新颖、内容活泼，通过本章导读、案例研究、关键概念、新闻摘录、阅读参考、阅读链接等多种形式，多层次、多角度地帮助系统干部学习掌握业务知识，提高能力素质。

三、教材的体系设计

教材的体系设计紧紧围绕我部两大基本职能和中心工作，以各司局业务分工为基础，按照业务板块之间的关联，对有关业务进行整合，尽量反映相关业务工作的融合，体现业务工作的整体性和课程设置的科学性，并同时兼顾原劳动和社会保障部与教育部联合开展的劳动保障专业高等教育自学考试及劳动保障岗位资格“双证书”项目教材的要求。全套教材共19种，具体是：《人力资源和社会保障法制》《人力资源和社会保障事业发展统计与信息化建设》《就业促进与职业能力建设》《社会保障概论》《养老保险》《失业保险》《医疗保险和生育保险》《工伤保险》《社会保障基金监管》《劳动人事争议调解仲裁》《劳动保障监察》《社会保险经办管理》《劳动关系》《公共部门人力资源开发与管理》《公务员制度与管理》《事业单位人事管理》《军官转业安置》《专业技术人才队伍建设与管理》《智力引进》。其中《就业促进与职业

能力建设》《养老保险》《失业保险》《医疗保险和生育保险》《工伤保险》《劳动关系》6种教材为劳动保障专业高等教育自学考试教材和劳动保障岗位资格证书考试教材。

四、教材的组织编写

为了保证教材编写工作顺利进行，确保教材质量，我们先后召开动员会布置编写任务；召开编写要求会安排具体编写工作；召开联络员会议布置教材编写日常任务。每本教材都配备了联络员、统稿人和审纲审稿人。确定联络员，便于编审委员会办公室和各书编写参与单位之间的沟通责任到人。统稿人一般为工作经验丰富的司局级干部，以确保教材能够满足适用性、权威性和先进性的要求。审纲审稿人全部是有关领域的权威专家，由他们对教材大纲和成稿进行把关，以确保教材的理论性、系统性和科学性。

人力资源和社会保障制度建设还处于逐步完善阶段，在人力资源和社会保障事业发展过程中还会不断出现新情况、新问题。这套教材的编写也只能是反映人力资源和社会保障事业发展的阶段性成果。希望系统干部和广大读者多提宝贵意见和建议，我们将在今后的修订改版过程中不断更新教材内容，提高教材水平，打造人力资源和社会保障领域的精品教材，为系统干部业务能力和素质提升提供有力支持。

全国人力资源和社会保障干部培训教材
编审委员会办公室

2011年10月

目　录

第一章

法律知识概述

本章导读

法是社会经济发展到一定阶段的产物，是与国家同生同灭的。

当今社会中，人与人之间的权利和义务关系时时刻刻都处在法律规范调整的范围内。

经过多年不懈的努力，我国已经基本形成了以宪法为核心，由七个法律部门和多个不同层级法律规范所组成的中国特色社会主义法律体系。

第一节　法的基本特征

一、法的产生和含义

（一）法的产生

法不是从来就有的，它是人类社会发展到一定历史阶段的产物。在人类历史上，曾经存在既无国家也无法律的原始社会。由于生产力十分低下，原始人无法以个人的力量单独与自然界作斗争，只能以血缘关系为纽带共同占有生产资料。与原始社会的生产关系相适应，其上层建筑形式是原始的氏族组织和行为规范。

原始社会的行为规范主要是习惯，它是人们在长期的生产和生活中逐渐形成并世代相袭的行为规范。如禁止氏族内通婚，相互保护和进行血亲复仇，共同继承已故氏族成员的财产等。这些规范的遵守不需要暴力强制，只靠历来的习俗和世代相承的观念，靠社会舆论的力量和每个人的自觉行为。原始社会末期，由于生产力的发展，出现了剩余产品，促成了畜牧业与农业、手工业与农业分离的两次社会大分工。随着社会生产的发展和进一步分工，又促成了商业的独立。在这个过程中，个人家庭私有制产生了。从氏族中分化出来了少数的、最初的奴隶主阶级，而大多数氏族成员则沦为受剥削的奴隶。随着剥削者阶级和被剥削者阶级之间不断产生矛盾和冲突，使以血缘关系为基础的原始社会走向崩溃。原始的社会组织和行为规范已无法适应分裂为阶级以后的社会形态，社会需要生成新的规范。

在奴隶社会，奴隶主阶级逐步建立起国家。而自从有了国家后，统治阶级就需要有一种特殊的社会规范来维护其自身的利益。于是，原始社会的一般规范——习惯，便逐步转变为渗透了阶级内容的习惯法。随着社会的进一步发展，习惯法又发展为国家所进行的广泛的立法，即成文法。在人类历史发展的长河中，对人们社会行为的调整正是从个别调整逐渐演进为规范性调整，从一般规范性调整发展为法律调整，从习惯法调整发展为成文法调整。

概而言之，法是阶级社会特有的现象。它将伴随着阶级和国家的产生、发展和消亡而产生、发展及随之消亡。

（二）法的含义

关于法的概念，在规范性的语汇中，“法”或“法律”是有着明显区别的。拉丁文、法语、德语、意大利语、西班牙语等西方语汇中，“法”均是表示“权利”“公平”“正义”等较为抽象的含义。“法律”则是表示“规范”“规则”等具体的、明确的含义。如古罗马王政时期国王制定的法律和共和国时期各立法机构通过的法律法令。所以，西方学者把“法”视为永恒的、具有普遍意义的正义原则和道德公理，称其为自然法；把“法律”视为由国家立法机关制定与颁布的具体行为规则，称其为制定法。

在我国人们的日常生活中，一般不对“法”和“法律”加以严格区分，常混合使用。目前较为一致的认识是：法是指由国家制定或认可的，并由国家强制力保证实施的行为规范及其体系。它通过设定某种权利和义务，去规范人们（包括自然人和法人）的行为，从而确认、保护和发展一定的社会关系和社会秩序。

在现代汉语中，“法”有广义和狭义两层含义。广义的法，是指法的整体，包括由国家制定的宪法、法律、法令、条例、决议、指令、规章等规范性法律文件和国家认可的惯例、习惯、判例、法理等。狭义的法，是指拥有立法权的国家机关根据法定权限，依照法定程序所制定的规范性法律文件。在我国仅指全国人民代表大会及其常务委员会制定的法律。

二、法的基本特征

（一）法是调整人们社会行为的一般性规范

法的调整对象是社会关系。但在现实社会生活中，法是通过调整人们的社会行为来实现对社会关系的调整。法调整社会行为有如下三层意思：

1. 法直接调整人的行为，它一般不以行为主体作为区分标准（即对事不对人）。

2. 法只调整人的行为，而不直接调整人的内在思想。这是法与道德、宗教的一个明显区别。调整人们的内在思想一般依靠道德规范。道德规范通过思想（或良知）和舆论来教诲人们选择行为，进而调整与控制社会关系。

3. 法只调整人的社会性行为，而不过问纯粹个人的行为。

规范，是指通过约定俗成所形成或通过明文规定所确立的关于人们应该怎么样行为的标准、准则。规范既有普遍的稳定性，也有反复的适用性，使人们有所适从。法作为调整社会行为的规范，只是对社会行为的一般性调整，是基于对现实生活中与人的行为相关的众多相似或同类的现象和事件的共性或规律性认识，而抽象概括出来的一般性行为规范。法在实施中的一般性适用，表现为法律规范不是针对具体的特定的人和事，而是针对一般的人和事。由于法律规范具有全域约束力和反复适用性，因而，法无论对社会还是个人，都是相对公平的。

法作为一种社会规范具有规范性和概括性的特征。这种规范性和概括性规定人们可以这样行为、应该这样行为或不应该这样行为，对何种行为予以保护，对何种行为予以制裁等，从而为人们的行为规定出一个模式。

【阅读参考】

法律的规范性在于具体地规定了人们在何种情况下应该如何行为的确定标准。具体有三种行为模式：

一是行为的“应为模式”，即人们在此种情况下应该或必须这样行为；

二是行为的“可为模式”，即人们在此种情况下可以这样行为也可以不这样行为；

三是行为的“勿为模式”，即人们在此种情况下禁止这样行为。

（二）法具有明显的国家强制性

法是由国家强制力保证实施的。法的实施之所以要以国家强制力为后盾，是因为法作为社会利益关系的调整器，必然会触动一定社会主体的某些既得的或预期的社会利益，从而必然会受到这些人的抵触甚至反对。因此，如果没有国家强制力（相应的军队、警察、法庭等）作保障，法在许多方面就会变得毫无意义；违反法的行为如果得不到惩罚，法所体现的意志也就不可能在全社会的范围内得到实施。法的国家强制力不等于简单的暴力，它是以法定的强制措施和制裁措施为依据，并由专门机关依照缜密的法定程序执行的。

法的国家强制性表现了法具有国家意志的属性。在调整社会性规范中，涉及人们之间的利害关系，不仅有法，也有道德规范、传统习惯、宗教规范、组织纪律和社团章程等；而在涉及人们之间利害关系的权利义务配置中，作为法的基本特征是法与国家的不可分割的联系。法是由国家制定或认可的行为规范。制定和认可是国家创制法律的两种形式，是法律区别于其他社会规范来源的重要标志。制定，是指有相应权限的国家机关在其权限所允许的范围内，依照一定的法定程序制定有约束力的规范性文件，即所谓的制定法或成文法。认可，是指有相应权限的国家机关赋予社会上已经存在的某些习惯规范以一定的法律上的效力，使之成为具有国家意志的通常被称为习惯法或不成文法的行为规范。国家制定或认可的法律规范都是国家意志的表现。

【阅读参考】

强制性并非法律独有的特征，任何社会性规范都有某种强制性；不过，不同的社会性规范其强制力的性质、范围和实现方式是不尽相同的。

宗教规范、组织纪律和社团规章只有在特定的人群之内才有效力，对于非教徒、对组织和社团之外的其他社会成员就不具有约束力。

道德规范虽没有组织社团的界限，但由于其规范内涵和范围的不确定性特点，其效力只能靠风俗习惯、社会舆论和人们的良知反思等来维持。

法律则不同，其强制性是代表国家的意志，由国家强制力来保证实施的。

（三）法以规定人们的权利与义务为其主要内容

法作为一种社会性规范由于涉及人们之间的利害关系，因而是以人们的权利和义务（或职权和职责）关系的配置为基本内容。所谓权利，实质上是指人们在社会生活中行为的一个自由区间，即人们自主地决定是否从事某项活动，以什么方式去从事某项活动的限度、范围和区间。权利同时意味着利益，即以自己的自由不受他人干预地去实现自己的利益，或者要求他人去满足自己的利益。因而权利往往被称为权益。所谓义务，通常的说法是责成人们以特定的方式去从事某项活动的命令和制止人们以一定方式从事某项活动的禁令，即“令行禁止”。义务作为对自由的某种限制，意味着某项利益实现的不能或对他人的付出。所以，权利义务的实质是人们之间的利益关系。法就是通过设定人们在行为上的权利和义务来调节人们之间的利益关系。权利与义务的统一和一致，是一个人的自由与其他人的自由，按照社会公共良知应当和平共处、并行不悖的界碑。

【阅读参考】

与权利、义务相对应的是国家公务人员在执行公务时所行使和所承担的职权和职责。职权和职责是同一事物的两个方面，就像硬币的两个面一样不可分割地连在一起，即职权是不可放弃的，因为它同时就是一种职责。

法是通过规定权利和义务，把一定的行为规范具体化，指引人们的行为，调整社会关系。法具体规定了人们的权利以及侵犯这种权利所应受到的法律制裁；同时，法律具体规定了人们必须履行的义务以及拒绝履行这种义务所应受到的法律制裁。

（四）法具有严格的程序性

程序，是指人们为完成某项任务或达到某个目标而预先设定好的行为方式和步骤。法律程序则是指人们实施法律行为所必须遵循的法定步骤和方式。许多中外法学家都认为，程序法比实体法产生得更早，更为重要。古代社会的法律尽管十分野蛮、愚昧，但它仍然需要程序。如立法要通过宣誓、盟诅等仪式，审判和行刑要履行到神祇面前盟誓的程序。

近代以来，法律的程序性更加受到重视，并被认为是克服专制、维护公正、保护法律纯正性的重要手段。法律的制定和实施要是没有程序，就不成其为真正的法律。同时，法的程序性也是法与其他社会规范的重要区别之一。

(五) 法具有切实的可诉性

法的可诉性，是指法特别是法律（即成文法）作为一种规范人们外部行为的规则，可以被任何人在法定的机构中通过争议解决程序（特别是诉讼程序）加以运用的可能性。这是法与生俱来的基本特征，也是法区别于非法的一个重要方面。法的可诉性表现在立法时，要在法律规范中制定明确的行为模式和相应的法律后果（奖励或惩罚），要制定产生纠纷后的解决途径和规定诉讼主体。同时，法的可诉性要求建立解决纠纷的机构、解决纠纷的程序和有效的执行机构。否则，发生纠纷或争议的当事人申诉无路，或告状无门，或无程序可寻，立法上规定的权利也就如同虚设。

三、法律规范

(一) 法律规范的概念

法律规范是指由国家机关制定或认可、逻辑上周全的，由国家强制力保证其实施具有普遍约束力的一般行为规则。它规定了社会关系参加者在法律上的权利和义务。

法律规范直接实现着法对社会关系的调整功能，它通过规定一定的行为模式来指导人们的行为。这一功能具体表现在两个方面：一是它指出哪些事件或行为是具有法律意义的，即当发生何种事件或行为时，当事人之间就会产生、变更或者消灭法律上的权利义务关系；二是它指出当发生了某种在法律上具有意义的事实后，当事人之间在法律上将产生什么样的权利义务关系或责任关系。

(二) 法律规范的组成要素

一个完整的法律规范必须具有三个要素：假定、处理和制裁。

1. 假定，是指在法律规范中规定的适用该规范的条件和情况的部分，即指在一个法律规范中，规定该规范在什么空间范围、时间范围之内，对什么人具有效力的这一部分。它把规范的作用与一定事实状态联系起来，指出在发生何种情况或具备何种条件时，法律规范中规定的行为模式便生效。

2. 处理，是指法律规范中为主体规定的具体行为规则的部分，即指行为规则本身。具体地说，就是法律规范中规定人们应当做什么，不应当做什么，允许做什么，禁止做什么，要求做什么等。处理部分是法律规范的核心部分，任何一个法律规范都必须具备该部分。

3. 制裁，是指法律规范中规定的主体违反法律规定时应当承担何种法律责任、接受何种国家强制措施的部分。即对违反该法律规范的行为给予何种处置。

法律规范中的假定、处理和制裁三要素具有内在联系，缺一不可。一个法律规范有了假定部分，便设定了适用的条件；有了处理部分，便明确了行为的内容；有了制裁部分，就会使行为人预见到违反规范时的后果和相当承担的责任。当这三要素都完备时，一个逻辑结构完整的法律规范就构成了。

需要指出的是，不能把法律规范与法律条文等同起来。法律规范是一种行为规则。法律条文是法律规范的外部表现形式，也就是说，法律规范是通过法律条文表述出来并为公众所知晓的。有时一个法律条文包含三个要素，就是一个法律规范；有时几项法律条文才构成一个法律规范。例如，我国《劳动法》第44条规定："安排劳动者延长工作时间的，支付不低于工资的百分之一百五十的工资报酬。"在这一法律条文中，"安排劳动者延长工作时间"是假定部分，"支付不低于工资的百分之一百五十的工资报酬"是处理部分，而制裁部分则规定在这部法律的第91条，即对"拒不支付劳动者延长工作时间工资报酬的"用人单位，"由劳动行政部门责令支付劳动者的工资报酬、经济补偿，并可以责令支付赔偿金"。

（三）法律规范的种类

法律规范可以根据不同标准进行以下分类：

第一，按照法律规范的性质，可分为禁止性规范、义务性规范、授权性规范。禁止性规范是规定人们不得为某种行为的法律规范，即禁止人们作出一定行为和要求人们抑制一定的行为。义务性规范是规定人们必须作出一定行为的法律规范，即规定着人们必须作出的行为。授权性规范是规定公民或国家机关有权作出某种行为的法律规范，即规定允许作出的行为。这种规范的内容，一种是赋予公民以某种权利，如宪法中关于公民基本权利的规定即属此类，这种权利是否行使，一般由公民自行决定；另一种是授予国家机关的某种职权，如宪法关于各种国家机关职权的规定，即属此类。这种职权是必须执行的，它对国家机关来说，不但是权利，而且是义务。

第二，按照法律规范的强制程度，可分为强制性规范和任意性规范。强制性规范是规定人们必须作出或禁止作出一定的行为的规范，所规定的权利和义务十分明确具体，不允许法律关系主体一方或双方以任何方式加以变更或违反。任意性规范是规定人们可以作出一定行为的规范，但对权利与义务的具体内容一般不作出具体规定，允许法律关系参与者自行确定其权利与义务的具体内容。

第三，按照法律规范内容的确定性程度，可分为确定性规范、委托性规范、准用性规范。确定性规范是直接而明确地规定行为规则的内容，不需援用其他规范补充或说明的法律规范。委托性规范是在法律规范中没有直接规定具体的、明确的行为规则的内容，而是规定某一专门机关制定该项规则的内容。准用性规范是法律规范中没有直接规定具体、明确的规则内容，而是规定当法定的情况出现时，准许引用其他的有关法律规范。

第二节　法律事实与法律关系

一、法律事实

(一) 法律事实的概念

法律事实，是指法律规范所规定的，能够引起法律关系产生、变更和消灭的客观情况或现象。

理解这一概念，首先，要认识到法律事实是一种客观存在的外在现象，而不是人们的一种心理现象或心理活动，纯粹的心理现象不能看作是法律事实。其次，某一法律事实是由某一法律来规定的、具有法律意义的事实，是能够引起法律关系的产生、变更和消灭的。至于与人们生活无直接关系的纯粹的客观现象，如自然气候变化或天体运动等，都不是法律事实。

(二) 法律事实的构成

法律事实按照是否以当事人的意志为转移，可以分为法律事件与法律行为两大类。

1. 法律事件

法律事件，是指法律规范规定的、不以当事人的意志为转移而引起法律关系产生、变更或消灭的客观事实或现象。

法律事件在人们的现实生活中通过一些社会现象和自然现象来表现。如在市场经济条件下，若干求职人员通过人力资源市场被企业一一招用，集合在一起，从事社会生产劳动，就会形成法律关系主体之间的权利义务关系，即企业通过与职工依法建立起劳动合同关系，引起劳动和社会保障法律关系的产生。同时，由于职工在企业工作中可能受到一些职业伤害或者达到国家规定的退休年龄，因自然生理条件的原因要退出企业，就有可能导致劳动法律关系的变更和消灭等。

2. 法律行为

行为是受思想支配而表现在外部的人的活动。行为对于法律所具有的重要意义，是因为法律调整的是人们的行为，而不是人们的所思所想。

在法理学上，法律行为是指依当事人意志而作出的，能产生法律后果或引起法律关系产生、变更和消灭的行为。或者说，法律主体具有法律意义的活动就是法律行为。例如，劳动者与用人单位签订劳动合同的行为，会引起劳动法律关系的产生；劳动者与用人单位变更劳动合同中有关权利义务内容的行为，会引起劳动关系的变更；劳动者与用人单位解除劳动合同的行为，会导致劳动法律关系的消灭。

法律行为与法律事件的不同之处在于，当事人的主观因素成为引发此种事实的原因。因此，当事人既无故意也无过失，而是由于不可预见的原因引起了某种法律后果的行为，在法律上不被视为行为，而视为意外事件。

按照法律行为是否具有合法性，可以将法律行为分为合法行为和违法行为两种。应当指出的是，法律行为并不仅仅是指合法行为，合法行为仅是法律行为的一部分，违法行为也为法律所调整，也具有法律意义，因而也是法律行为的一部分。

（1）合法行为

合法行为，是指行为人在一定意志支配下作出的，符合法律规范所规定的条件和模式的，能够导致肯定的法律后果产生的行为。

评判某一具体行为的合法与违法的标准，主要是看它是否实施了法律规范所禁止的行为或所应该实施的行为。也就是说，如果一个行为是为法律所许可的并不为法律所禁止，则就是合法行为。合法行为应当受到法律的保护，这种保护主要表现为：行为人不能因该行为而被追究法律责任或受到法律制裁；行为人在合法行为的进行过程中受到阻碍时，有获得相应法律保护的权利。

根据实施合法行为的主体不同，可以将合法行为分为公民的合法行为、法人的合法行为和国家的合法行为等。公民的合法行为是最为普遍的法律行为；法人的合法行为主要是法人在经济生产、流通和交换过程中所为的法律行为，集中表现为民事合法行为和经济合法行为；国家的合法行为一般指由国家工作人员实施的行为，国家工作人员的合法行为是依据法定职务而产生、变更和消灭的。法定职务是国家工作人员合法行为产生、存在、继续、发展和消灭的主要根据，这种合法行为的国家强制性、约束力和连续性，不因国家工作人员事后职务的解除而无效。

依据合法行为的表现形式，合法行为可以分为作为的合法行为和不作为的合法行为。作为的合法行为是行为人以积极的态度和行动实施的符合法律规定的行为。比如，当事人办理社会保险登记的行为、签订劳动合同的行为，赔偿经济损失的行为等。只要符合法定条件，就是作为的合法行为。不作为的合法行为是行为人以形式上不实施某种行为的行为方式所实施的符合法律规范要求的行为。比如，我国《继承法》规定："继承开始后，继承人放弃继承的，应当在遗产处理前，作出放弃继承的表示。没有表示的，视为接受继承。"据此，只要继承人不为放弃继承的行为，即使没有为接受继承的行为，也视为接受继承。该不作为行为即表示接受继承的行为。

(2) 违法行为

违法行为，是与合法行为相对而言的行为，即指行为人违反法律规范所作出的危害社会的有过错的行为。广义的违法行为，包括一般违法行为和犯罪行为。狭义的违法行为，仅指一般违法行为，不包括犯罪行为在内。违法行为的标志是行为的违法性，即公民、法人、国家机关和其他组织不履行法定义务或作出法律所禁止的行为，以及滥用权利与职权的行为。

分析法律事实时应当注意：其一，同一法律事实（事件或者行为）可以引起多种法律关系的产生、变更和消灭。比如，企业职工因工伤致亡，不仅可以导致劳动关系、家庭婚姻关系的消灭，而且也会导致社会保险关系、继承关系的产生。其二，两个或两个以上的法律事实引起同一个法律关系的产生、变更或消灭。如建立职工的社会保险关系，除了企业与职工双方当事人要签订劳动合同来明确之外，还必须向社会保险经办机构办理登记手续才具有法律效力，相互之间的关系也才能成立。

二、法律关系

法律关系是指在法律规范调整一定社会关系过程中所形成的人与人之间的权利和义务关系。法律规范是法律关系产生的前提，如果没有相应的法律规范的存在，就不可能产生法律关系。法律关系是法律规范的实现形式，是法律规范的内容（行为模式及其后果）在现实社会生活中的具体贯彻。人们按照法律规范的要求行使权利、履行义务并由此而发生特定的法律上的联系，这既是一种法律关系，也是法律规范的实现状态。在此意义上，法律关系是人与人之间的符合法律规范的关系。

法律关系与其他社会关系（如友谊关系、爱情关系、政党社团的内部关系等）相比较，具有以下特征：

1. 法律关系的内容是由法律规范所确认的权利与义务关系

法律规范所确认的人与人之间的联系表现为法律上的权利义务关系。法律对各种不同的法律关系中各当事人的权利和义务都作了具体的规定，尽管人们可以经过协商约定各自的权利和义务，但约定权利和义务的范围、内容、性质等都不得违反法律的有关规定，最多只是在法律规定的基础上作出某些取舍。因此，所谓约定的权利义务，其实也是法律规定的，是依法订立的。

人们在进行社会活动、与他人相互交往中会产生各种社会关系，只有为法律所调整，即人们按照（或违反）法律规定进行活动，形成了法律上的权利与义务，才能构成某种法律关系。如劳动者与某一用人单位，依据劳动法的规定，签订了劳动合同，他们之间便形成了劳动关系或劳动过程中的权利义务关系。这一法律关系的形成，是劳动者与用人单位参加社会生产活动形成社会关系的体现，更是劳动法调整劳动者与用人单位社会关系的结果。

2. 法律关系以相应的现行法律规定为前提

法律关系是以规定这一法律关系的现行法律规范为根据。法律规定了法律关系的种类、性质和各种法律关系中当事人之间的权利和义务。没有法律规定不能形成法律关系。例如，友谊关系、师生关系等，法律并未对其作出规定，这些社会关系不受法律的调整，其参加者之间不存在法律的权利与义务。因此，这类不受法律调整的社会关系，不具有法律关系的性质。

法律关系的形成还有赖于一定的法律事实，由于法律事实的存在，法律的规定才会形成现实的人与人之间的权利义务关系。但是，哪些客观情况能够影响法律关系，也要由法律来加以确定。

3. 法律关系一经形成就受到国家强制力的保护

法律关系的强制性是指一旦某种社会关系接受法律的调整成为法律关系后，即受到法律的保护，任何人不得违反或破坏，否则就要由相应的国家机关追究其法律责任。例如，劳动合同关系一旦依法成立，任何一方都不得自行随意变更或解除；如果当事人一方未依法变更或解除，则对方有权请求相应的国家机关或有关机构依法责令改正或赔偿损失。

法律关系有不同的种类，如法律调整平等民事主体之间财产和人身关系而形成的民事法律关系；调整劳动者与用人单位之间劳动权利与义务而形成的劳动法律关系；侵害他人人身和财产，触犯刑法而形成的国家或被害人同犯罪人之间的刑事法律关系，等等。

三、法律关系的构成

法律关系由主体、客体和内容三个要素构成。法律关系主体、法律关系客体、法律关系内容三个要素相互联系，相互制约，缺一不可。如果缺少其中一个要素就不能形成具体的法律关系。一个要素的改变，将带来整个法律关系的变化。

（一）法律关系的主体

法律关系的主体是指法律关系的参加者，即在法律关系中享有权利或承担义务的人。

在每一具体的法律关系中，主体的多少各不相同，但大体上都归属于相对应的双方。享有权利的一方称为权利人，承担义务的一方称为义务人。

法律上所称的“人”主要包括自然人和法人、组织和国家。

在我国，法律关系主体主要有三种：

第一，自然人（公民）。自然人是指有生命并具有法律人格的个人，既指本国的公民，也指居住在一国境内或在境内活动的外国公民和无国籍人。此外，我国还有一类由公民集合的特定主体，即个体户、个人合伙等，可以参与一定范围的法律关系。

公民是一个法律概念，与自然概念的“人”、政治概念的“人民”不同，是指由法律规定的具有特定国籍的人。各个国家对于哪些人属于本国公民，在法律上有严格、明确的规定。我国《宪法》第33规定：“凡具有中华人民共和国国籍的人都是中华人民共和国公民。”

第二，法人（各种机构的组织）。法人是与自然人相对称的概念，指具有法律人格，能够以自己的名义独立享有权利或承担义务的组织。它包括三类：(1) 各种国家机关（立法机关、行政机关、司法机关等）；(2) 各种企业事业组织；(3) 各政党、社会团体。对这些机构和组织主体，法学上统称为“法人”。

第三，国家。国家作为一个整体，只有在特殊的条件下才能成为法律关系的主体。比如，国家作为主权者是国际公法关系的主体，可以成为外贸关系中的债权人或债务人。在国内法，国家作为法律关系主体的地位比较特殊，既不同于一般公民，也不同于法人，国家可以直接以自己的名义参与国内的法律关系（如发行国库券），但在多数情况下则由国家机关或授权的组织作为代表参加法律关系。

法律关系主体作为法律关系的参加者，必须具有外在的独立性，能以自己的名义享有权利和承担义务，具有一定的意志自由。这种意志自由在法律上的表现就是权利能力和行为能力。

【阅读参考】

权利能力，是指法律关系主体依法享有权利和承担义务的能力或资格。是参加任何法律关系都必须具备的前提条件。各种具体权利的产生必须以主体的权利能力为前提，不同的法律关系所需要的权利能力不同。公民的权利能力分为一般权利能力和特殊权利能力两种。我国法律规定，一般权利能力是所有公民普遍享受，始于公民的出生，终于公民的死亡，与权利主体不能分离，如人身权利能力等。特殊的权利能力须以一定的法律事实出现为条件才能享有，如参加选举的权利能力须以达到法定年龄为条件。又如我国《劳动法》规定公民必须达到最低就业年龄 16 周岁，才具有参加劳动法律关系的资格。国家机关、企业事业单位、社会团体和其他组织的权利能力始于法人依法成立，终于法人被撤销或解散。法人权利能力的内容和范围与法人成立的宗旨和目的直接相关，并由有关法律和法人组织的章程加以规定。

行为能力，是指法律所确认的，由法律关系主体能够通过自己的行为实际行使权利和履行义务的能力。在法律关系中，就法人来说，其权利能力和行为能力同时存在，两者是统一的；如果法人无行为能力了，法人就不复存在了，法人的权利能力和行为能力是同时产生和同时消灭的。然而就公民来说，具有行为能力的人必须具有权利能力，但是具有权利能力的人，却不一定都具有行为能力，丧失行为能力并不意味着权利能力的丧失。

我国把自然人的行为能力分为三类。一类为完全行为能力人，第二类为限制行为能力人，第三类为无行为能力人。

与行为能力直接相关的是责任能力。责任能力即对自己的行为承担法律责任的能力。责任能力是行为人的行为能力在刑事法律关系中的表现形式，它与关于行为能力规定的精神是一致的。完全行为能力人即完全的责任能力人，限制行为能力人即限制责任能力人，而且无行为能力人则是无责任能力人。

一般地说，公民只有对自己的行为具有明确的认识能力，能够意识到自己行为的意义，并能预见到行为后果，才能被认为具有行为能力。我国法律规定，公民的行为能力按年龄分为以下三类：

（1）年满18周岁的是完全行为能力人，即能够通过自己的行为取得权利，承担义务的公民；

（2）已满10周岁不满18周岁的是限制民事行为能力人，即行为能力受到一定限制，只能以与其年龄、智力相适应的行为享有权利、承担义务的公民，如未成年人和不能完全辨认自己行为的精神病人为限制行为能力人；

（3）未满10周岁的是无民事行为能力人，指完全不能以自己的行为取得权利、承担义务的公民。

【案例】

王某年满17岁，已有工作，月收入1 000元。王某未征得家长同意，把自己的自行车卖给了同工厂的李某。之后王某因患精神分裂，被宣告无民事行为能力人。其父据此诉请法院确认自行车的买卖无效。

本案中，王某年满17岁，已有工作，月收入1 000元。符合《民法通则》第11条第2款的规定：16周岁以上不满18周岁的公民，以自己的劳动收入为主要生活来源的，视为完全民事行为能力人。

王某作为完全行为能力人，即视为成人，因此其买卖自行车的行为显然是有效的民事行为。至于王某后来患精神分裂症，被宣告无行为能力人，不可能具有溯及其完全行为能力人的行为。

因此，王某生病之前的民事行为均为有效。

（二）法律关系的客体

法律关系客体，是指法律关系主体的权利和义务所共同指向的对象，也称权利客体和义务客体。它是法律关系主体之间的权利和义务联系在一起的客观基础或者说是一个中介。没有客体为中介，就不可能形成法律关系。因此，法律关系客体是构成任何法律关系都必须具备的一个要素。

构成法律关系的客体应满足下述三个条件：一是必须是一种资源，能够满足人们的某种需要，因而被认为具有价值；二是必须具有一定的稀缺性，因而不能被需要它的人毫无代价地占有利用；三是必须具有可控制性，因而可以被需要它的人为一定目的而占有和利用。

根据我国法律的规定，法律关系的客体大致有以下几类：

1. 物

作为法律关系客体的物，是指在法律关系中可以为主体作为财产权利对象的物品或其他可以支配的物质财富。它们可以是劳动创造的财富，如机器、工具、房屋等；也可以是天然存在的，如森林、土地等。可以是有形的，如建筑特、各种生产资料；也可以是无固定形状的，如天然气等。但是，并不是说自然界的一切物都可以成为法律关系的客体，当某一物尚不能为人类所认识、控制和支配，从而也没有相应的法律加以确认、规定和保护时，这种物就不是法律关系的客体，不具有法律意义。

2. 非物质财富（或称精神财富）

作为法律关系客体的非物质财富或精神财富，是指权利主体通过智力活动所取得的成果，即权利主体通过脑力劳动在科技、文化等精神领域内创造的产品，包括科学发明、学术著作、艺术作品、专利等。非物质财富是知识产权所指向的对象。由于它是与人身相联系的智力成果和精神财富，故被称为“和人身相联系的非物质财富”。

3. 行为

在法律关系客体的意义上，行为指的是法律关系中的义务人以作为或不作为的方式满足权利人的利益要求。如果作为，是一种积极的行为，是从事一定的活动；如果不作为，是一种消极的行为，是对一定活动的抑制。其结果表现为两种：一是物化结果，即义务人的作为或不作为凝聚在一定的物体上；二是非物化结果，即义务人的作为或不作为没有转化为一定的物体，而是表现为服务行为、行为效果等。

4. 人身利益

作为法律关系客体的人身利益，主要是指包括人格利益和身份利益，是人格权和身份权的客体。

【阅读参考】

人身能否作为法律关系的客体，是存在不同意见的。有关专家研究指出：

作为一个整体活着的人是不能充当客体的，但随着医学的发展，人体器官的移植技术、血液的运输等现象的出现，与此相联系也发生了一些交易的契约行为，从而对法律关系的客体提出了挑战；人身不仅是法律关系的主体，而且在特定的条件和范围内也可以成为法律关系的客体。

那么在什么条件和范围内，人身才能成为法律关系的客体呢？

(1) 当人身的各个组成部分与活着的人没有脱离之前，属于主体之人体本身的时候不能充当客体。

(2) 当人身组成部分，血液、毛发、皮肤、脏器等与活着人脱离之后，将其储存保管起来（符合医学要求，不得坏死），此时这些人身的组成部分已与人身相脱离，可以视为法律上的物，可以充当客体。如血液从活体的人体内输出来，保存起来备用，此时血液就成为法律上的物。

(3) 符合卫生部公布的《人体器官移植技术临床应用管理暂行规定》，通过登记准许，经过伦理委员会讨论通过，在确保捐赠者有权事先变卦的权利的条件下，将他人具有功能的器官移植给患者以代替其病损器官的，此时人体器官可以视为客体。

人身作为法律关系的客体，必须注意以下三点：

(1) 活人的整个身体或者部分不得作为法律上的物，禁止任何人将活人整体或者部分作为物进行转让、买卖，这是法律禁止的违法犯罪行为。

(2) 权利人自身也不能滥用人身，或自杀、自残，或卖淫，也包括不得用人身进行伤风败俗的活动，这也是法律所禁止或不提倡的行为。

(3) 人身能否充当客体，必须严格依法进行，不允许超越法律或者法律所授权的界限，严禁对他人人身非法强行行使权利。

(三) 法律关系的内容

法律关系的内容，是指法律关系主体间在一定条件下依照法或约定所享有的权利和承担的义务。它是人们之间利益的获取或付出的状态。

1. 法律权利

法律权利，是指法律关系主体依法享有的某种权能或利益。它表现为允许权利享有者为了满足自己的利益而采取的、由其他人的法律义务所保证的法律手段，即权利人有可以自己决定作出一定行为的权利，也有可以要求他人作出或不作出一定行为或履行一定法定义务的权利，同时还可以有当自己的权利受到侵犯时，请求国家机关予以保护的权利。

法律权利的特点在于：

(1) 它来自于法律的规定，得到国家的确认和保障。如我国《劳动法》第3条规定：“劳动者享有平等就业和选择职业的权利、取得劳动报酬的权利、休息休假的权利、获得劳动安全卫生保护的权利、接受职业技能培训的权利、享受社会保险和福利的权利、提请劳动争议处理的权利以及法律规定的其他劳动权利。”

（2）它是保证权利人利益的法律手段。权利与利益密切相关，权利人实现自己利益的行为是法律权利的社会内容，而权利则是这一内容的法律形式。

（3）它确定权利人从事法律所允许的行为的范围，在这一范围内，权利人满足自己利益的行为或要求义务人从事一定行为是合法的，而超过这一范围，则是非法的或不受法律保护的。

2. 法律义务

法律义务，是与法律权利相对称的一个概念，指法律关系主体依法承担的某种必须履行的责任，表现为义务人应按权利人的要求作出一定行为或不行为，以满足权利人利益的法律手段。

义务是由法律确定的，法律对于义务的内容、履行方式等作出了具体的规定。对于规定人们作为义务的法律规范称为义务性规范或命令性规范，规定人们不作为义务的法律规范通常称为禁止性规范。要求任何公民、法人和其他组织履行义务是遵守法律的基本要求。法律义务是保障社会正常运转的基本条件，是建立社会秩序的必要条件，也是保障每个公民正常地、不受他人干涉地行使其权利的必要条件。

法律义务的产生有三种情形：

（1）来自于法律的直接规定，即法律规定了人们必须承担一定的义务，这是每一个人都同等地承担的法律义务。如我国《劳动法》中规定的与用人单位形成劳动关系的劳动者的义务有：“劳动者应当完成劳动任务，提高职业技能，执行劳动安全卫生规程，遵守劳动纪律和职业道德。”

（2）由于当事人担任了一定职务或从事一定业务而获得的义务，如国家工作人员必须依法履行公务的义务。

（3）当事人的先行行为而产生的义务，如由于用人单位与劳动者签订了劳动合同的行为，使用人单位和劳动者都承担了履行劳动合同的义务等。

法律义务的特点在于义务的必要性。义务人必须从事或不从事一定的行为，否则权利人的利益不可能得到满足。如果义务人不履行义务，就要受到国家强制力的制裁。同时，义务人的必要行为也是在一定范围内，超过这一范围，义务人有权利拒绝权利人的要求。

3. 法律权利与法律义务的关系

法律权利与法律义务是相对的。法律在赋予法律关系的主体一定权利的同时，也就设定了一定的义务。在任何法律关系中，权利人享受权利依赖于义务人承担义务，义务人不承担义务，权利人不可能享受权利。权利与义务表现的是同一行为，对一方当事人是权利，对另一方当事人则是义务；而且不能一方只享受权利不承担义务，另一方只承担义务不享受权利。法律主体在行使权利的同时，必须履行自己的义务，不得滥用这些权利，否则，其权利不可能得到真正的保障。

值得注意的是，法律权利和法律义务是有区别的，不能混淆两者的界限。法律权利不能被看作法律义务，法律义务也不能被视为法律权利，权利和义务有各自的范围和限度，超出了这个限度，就可能构成“越权”或“滥用权利”，属于违法行为；而要求义务人作出超出义务范围的行为，同样也是法律所禁止的。在一个国家的立法过程中或在某一法律关系体系中，是强调“权利本位”或是“义务本位”，还是两者兼顾，反映出不同的法律精神和法律价值取向。

四、法律关系的产生、变更和消灭

法律关系的产生、变更和消灭是指法律关系的主体、客体和权利义务的变化。

法律关系产生、变更和消灭，须具备一定的条件，主要有：

1. 法律规范，即引起法律关系产生、变更、消灭的法律依据；

2. 法律关系主体，即权利和义务的承担者；

3. 法律事实，即法律规范所假定出现的情况。

其中法律规范和法律关系主体是法律关系产生、变更、消灭的抽象条件和一般条件，而法律事实则是法律关系产生、变更、消灭的具体条件。法律关系只有在一般条件与具体条件都具备的情况下才能产生。

法律事实在产生法律关系的条件中占有突出地位。只有法律并不能在主体间产生法律关系，因为法律只是规定在某些事实存在的情况下主体间的权利义务关系，而在这些事实没有产生的情况下，法律所规定的主体间的关系只是一种可能性，并不是现实的关系。因此，法律事实具有使法律转化为现实的作用。只有主体也不能产生法律关系，因为主体的存在只表明主体具有享受权利和承担义务的资格，具有以自己的行为参加到法律关系中的能力，并不意味着主体实际享有权利和承担义务。比如，在中国凡女性年满 20 周岁、男性年满 22 周岁的公民都可以成为婚姻法律关系的主体。但是只有男女双方到指定的主管机关登记这一法律事实发生时，才可能产生婚姻法律关系。

第三节 法 律 效 力

一、法律效力的概念

法律效力，是指法律和以法律为根据而产生的非规范性法律文件所具有的约束力或强制力。从世界各国的情况看，法律效力主要从空间地域、时间和适用对象来确定。即法律在什么地方、什么时间、对什么人具有普遍的约束力或强制力。

法律效力的实质是法律的生效范围问题。在理论上我们可以将法律的效力分为三个方面：法律的时间效力、法律的空间效力和法律对人的效力。但是在实践中这三个方面是紧密联系的，它们从不同的角度共同描述着法律的效力和解决法律效力的范围问题。

二、法律的时间效力

法律的时间效力，是指法律在什么时间具有或者丧失约束力和强制力。它包括法律何时开始生效、何时终止效力，以及法律对其颁布以前的事件和行为是否具有溯及力。

(一) 法律生效时间

法律的生效时间一般要在法律中加以明确规定。法律生效的时间通常有以下几种情况：

1. 自法律公布之日起开始生效。例如1993年7月2日第八届全国人民代表大会常务委员会第二次会议通过的《中华人民共和国农业法》第66条规定："本法自公布之日起施行。"

2. 由法律明文规定其具体的生效时间。这是一种比较常见的情况。例如，1994年7月5日第八届全国人民代表大会常务委员会第八次会议通过的《中华人民共和国劳动法》第107条规定："本法自1995年1月1日起施行。"

3. 规定法律在公布后到达一定期限开始生效。比如1986年12月通过的《企业破产法（试行）》第43条规定："本法自全民所有制工业企业法实施满三个月之日起试行。"而《全民所有制工业企业法》直到1988年4月才通过，所以，《企业破产法（试行）》的生效时间为1988年8月1日。

（二）法律终止生效

法律终止生效或称法律失效，即法律丧失效力或法律被废止。它是指法律绝对地失去其约束力和强制力。法律失效在现实中一般通过明示废止或默示废止两种方式。

明示废止，是指在新法或者其他法律中明文规定对旧法加以废止。这种直接用语言文字明确表示的方式称为“积极的表示方式”，是世界上多数国家普遍采用的做法。

默示废止，是不以明文规定废止旧法，而是在司法实践中认定新法与旧法规定相冲突而废止旧法的效力。一般认为，只有立法机关所立新法客观上与原有的法有矛盾，而立法时没有被发现的情况下，才采用“新法优于旧法”或者说“后法优于前法”的原则默示废止旧法。

法律失效一般有以下几种情况：

1. 有权的国家机关颁布特别的决定或命令等专门的法律文件，宣布废除某项法律，从宣布废除之日，该法停止生效，或者宣布修改某法的某些条款，使旧条款失效。

2. 新法律取代原有法律，同时在新法中明文宣布原有的相同内容的旧法自新法生效之日起终止效力。

3. 新的法律公布实施生效后，根据新法优于旧法的原则，原有的相同内容的法律自行丧失效力。

4. 某些法律本身自行规定了其有效期限，期限届满之日而又无延期施行的特别规定的，即该法自行终止生效。

5. 某些法律因其担负的历史任务完成后，或其所依据的特定条件业已消失，或其所调整的社会关系不复存在，该法律则自然失效。如新中国成立初期的《土地改革法》等。

（三）法律的溯及力

法律的溯及力又称法律溯及既往的效力，是指新的法律颁布施行后，对其生效以前所发生的事件或行为是否适用的问题。如果适用，则具有溯及力；如果不适用，则不具有溯及力。一般情况下，法律只应适用于它生效后发生的事件和行为，即坚持“法律不溯及既往”的原则，国家不能用现在制定的法律指导人们过去的行为，更不能由于人们过去从事了某种当时是合法而现在看来是违法的行为而依照现在的法律处罚他们。这已成为被世界各国法律所确认和采用的一个基本原则。如美国1787年《宪法》第1条第9款规定："追溯既往的法律不得通过。"法国1804年的《法国民法典》第2条规定："法律仅仅适用于将来，没有溯及力。"但是法律不溯及既往的原则也不是绝对的。作为"法律不溯及既往"原则的补充，许多国家还同时认为法律规范的效力可以有条件地适用于既往行为，即"有利追溯"原则。如在刑法中，目前各国确认有无溯及力一般有以下几种情况：

1. 从旧原则：新法没有溯及力；

2. 从新原则：新法有溯及力；

3. 从轻原则：比较新法与旧法，哪个对行为人的处罚较轻就按照哪个法处理；

4. 从新兼从轻原则：新法原则上有溯及力，但如果旧法的处罚较新法轻，就按照旧法处理；

5. 从旧兼从轻原则：对犯罪者要按照行为时的法律规定执行，新法原则上没有溯及力，但如果新法不认为是犯罪或者对行为人的处罚比旧法较轻时，就适用新法。

现代各国刑法大都采用从旧兼从轻原则，我国也是采用这一原则。根据我国《刑法》第12条的规定："中华人民共和国成立以后本法施行以前的行为，如果当时的法律不认为是犯罪的，适用当时的法律；如果当时的法律认为是犯罪的，依照本法总则第四章第八节的规定应当追诉的，按照当时的法律追究刑事责任，但是如果本法不认为是犯罪或者处刑较轻的，适用本法。"

【阅读参考】

美国独立战争和法国大革命前，不溯及既往原则一直是一项法律适用原则。

1787年，美国人率先在宪法中写入了不溯及既往原则。该宪法第1条第9项第3目和第10项规定，不论是联邦还是州均不得制定任何溯及既往的法律。

法国人紧步美国人后尘。1793年宪法第14条明确规定法律不能溯及既往，并将溯及既往的法律视为暴君的法律。1795年宪法第17条前言重申，任何法律，不论民法或刑法，皆不得有溯及既往效力的规定。

此外，近代德国萨克森阿登堡大公国基本法第47条也规定：任何法律不得有溯及既往的效力。

这些规定明确地将不溯及既往原则定为立法原则。

三、法律的空间效力

法律的空间效力是指法律在什么地方，或者说是在哪些地域内具有约束力和强制力。根据国家主权原则，对于一个主权国家来说，其法律应当适用于其主权管辖范围内的全部领域，包括领土、领海、领空，以及其他延伸意义上的领域（如本国驻外使馆、航行或停泊在任何地方的悬挂本国国旗的船舶及飞行器）。就具体的法律来说，由于法律内容和制定机关的不同，其空间效力也不同。法律的空间效力大致可分为域内效力和域外效力两种情况。

（一）法律的域内效力

法律的域内效力是指法律在本国主权管辖领域内的约束力和强制力。一是法律在全国范围内有效。一般地说，在一个主权国家里，法律无疑适用于主权管辖所及的全部领域。包括领陆、领水、领空，还包括延伸意义上的领土，即驻外使馆和领域外的本国交通工具。如我国的法律、行政法规和国务院颁布的有关决定、命令等，除有特别规定之外，一般在全国范围内都有效。二是法律在国家局部地区有效。地方国家机关在宪法和法律授权范围内制定的地方性法规、自治条例和单行条例及规章等在制定机关管辖的行政区域内有效。如《民族区域自治法》《香港特别行政区基本法》《广东省经济特区条例》等，只在我国特定的行政区域内才具有法律效力。

（二）法律的域外效力

法律的域外效力是指法律不仅在本国领域内具有约束力和强制力，有时其效力也及于本国主权管辖范围之外。这是因为在现代社会，国际经济贸易文化交流日益频繁，为了在国际交流中维护国家的主权和利益，各国大都规定了有的法律在一定条件下可能在本国领域之外生效。例如，我国公民、法人在我国领域外所发生的法律关系，依据国际公约、国际私法的法律适用原则或当事人的选择适用中国法时，我国的法律即在域外发生效力。我国《刑法》第 7 条规定：“中华人民共和国公民在中华人民共和国领域外犯本法规定之罪的，适用本法，但是按本法规定的最高刑为三年以下有期徒刑的，可以不予追究。中华人民共和国国家工作人员和军人在中华人民共和国领域外犯本法规定之罪的，适用本法。”

四、法律对人的效力

法律对人的效力指的是法律适用于哪些人，对什么人（包括自然人、法人或其他社会组织）具有约束力。

（一）法律对人的效力的一般原则

在解决一国法律对人的效力的问题时，往往要遇到以下几种情况，即法律对本国公民在本国领域内的效力问题，法律对本国公民在本国领域外的效力问题，法律对外国公民在本国领域内的效力问题。针对上述种种情况，世界各国确立了不同的法律适用原则。

1. 属人原则

法律对人的效力以其国籍为参照。只要是本国公民无论其在国内还是在国外的行为，一律适用本国法；外国人或无国籍人不适用本国法。

2. 属地原则

法律对人的效力以地域为参照。只要是在本国主权领域内，无论本国公民还是外国人或无国籍人都无一例外地适用本国法。而本国法在域外对任何人都没有效力。

3. 保护主义原则

法律对人的效力以维护本国利益为基础。不管是本国人还是外国人或无国籍人，也不论是在本国领域内还是在本国领域外，只要侵害了本国或本国公民、法人和组织的利益，都要受到本国法律的追究

4. 结合主义原则

在确定法的效力时，以属地原则为基础，同时结合属人原则和保护主义原则。目前许多国家都采用这一原则以加强对本国和本国公民、法人和组织利益的保护，我国也采用此种原则。

（二）我国法律对人的效力的规定

具体地说，我国法律对人的效力的规定，包括以下两个主要方面：

1. 我国法律对我国公民的效力

根据我国宪法和法律规定，我国法律适用于中国领域内的所有公民、国家机关、武装力量、政党、社团、企业事业单位，在我国，法律面前人人平等。在国外，中国人原则上仍受我国法律保护，并应遵守我国法律，在违反我国法律时应受我国法律的追究。但是由于各国法律规定不同，既要尊重所

在国司法主权，又要遵守国际公约、国际私法的原则，因而也会发生一些法律适用的冲突。对此，我国本着既要维护中国的主权，又要尊重他国的主权的原则，采取原则性与灵活性相结合来协商解决法律冲突，如我国《民法通则》第143条规定："中华人民共和国公民定居国外的，他的民事行为能力可以适用定居国法律。"即我国公民在一定条件下，在国外也可以适用外国法。

2. 我国法律对外国人、无国籍人的效力

根据国家主权原则，外国人在中国领域内，除法律有特别规定的，都应当适用中国法律。如我国《宪法》第32条规定："中华人民共和国保护在中国境内的外国人的合法权利和利益，在中国境内的外国人必须遵守中华人民共和国的法律。"《民法通则》第8条规定："在中华人民共和国领域内的民事活动，适用中华人民共和国法律，法律另有规定的除外。本法关于公民的规定，适用于在中华人民共和国领域内的外国人、无国籍人，法律另有规定的除外。"此外，我国《民事诉讼法》《刑事诉讼法》等法律也有类似的规定。但是，我国法律又规定对于享有特权和豁免权的外国人犯罪应当追究刑事责任时，按照国际惯例通过外交途径解决。

关于外国人在中国领域外能否适用中国法律的问题，主要反映在刑事方面。如我国《刑法》第8条规定："外国人在中华人民共和国领域外对中华人民共和国国家或者公民犯罪，而按本法规定的最低刑为三年以上有期徒刑的，可以适用本法，但是按照犯罪地的法律不受处罚的除外。"作出这样的规定，其目的是为了保护中国的国家利益，保障中国驻外工作人员、留学生、侨民的合法利益。

第四节 法律责任

一、法律责任的特征

法律责任，一般是指法律所规定的行为人因其违法行为、违约行为或者由于法律的特别规定而应当承担的某种具有强制性的、不利的法律后果。也就是人们通常解释的"损坏东西要赔""欠债还钱""杀人偿命"等。

责任的本意是分内应做之事，与法律上的义务有相通之处。法律责任与法定权利义务有着密切的联系，因此也可以说，法律责任是指法律关系中的主体因侵犯权利，或者违反义务，或者没有履行某种法定义务而按照法律规定必须承担的法律后果。承担法律责任，就是指法律关系中的有关当事人，由于未能执行或者未能正确执行法律规范的具体规定，造成了应当承担的法律后果，所必须受到的由法律规定的制裁或者惩罚。

法律责任不同于政治责任、道义责任等其他社会责任，具有以下特征：

1. 法律责任以违法行为存在为前提。只有对违法者才能追究法律责任，不构成违法，不承担法律责任。

2. 法律责任由有权的国家机关依法追究。有权的国家机关是指法律授权的国家机关。法律责任只能由国家机关在法律规定的权限范围内对违法者施行，其他任何组织或者个人都无权行使追究法律责任的职权。

3. 法律责任以国家的强制力作保证，依靠国家强制力强制违法者承担相应的法律责任。强制性表现为，如果违法行为人逃避或者抗拒法律责任，有权的国家机关可以依法强制执行或者依法申请人民法院强制执行。

二、法律责任的种类

法律责任同违法行为密切相关，不同性质的违法行为要承担不同的法律责任。我国法学界一般按照违反法律的性质将违法行为分为四种，即违宪、刑事违法、民事违法、行政违法。与违法行为的种类相对应，法律责任的种类也有四种，即违宪法律责任、刑事法律责任、民事法律责任、行政法律责任。

1. 违宪法律责任是违反宪法的行为所导致的。违宪行为包括有关国家机关制定的法律、法规或规章与宪法相抵触，有的国家机关违反宪法的规定行使职权等。追究违宪法律责任的国家机关是监督宪法实施的国家权力机关。承担违宪法律责任的形式主要有：撤销有关国家机关所制定的同宪法相抵触的法律、法规、规章，罢免国家机关的领导成员，罢免人大代表等。

2. 刑事法律责任是由刑事违法（即犯罪）而引起的。追究刑事法律责任的国家机关是司法机关。承担刑事法律责任的方式是对犯罪人实施刑罚。

3. 民事法律责任是公民、法人或其他组织违反民事法律规范而应承担的法律责任。民事法律责任由司法机关依法追究。承担民事法律责任的方式有多种，主要有停止侵害、排除妨碍、消除危险、返还财产、恢复原状、支付违约金等。

4. 行政法律责任是由行政违法而导致的法律责任。行政违法是指违反有关国家行政管理的法律、法规的行为，如国家工作人员违法行使职权的行为，公民、法人违反国家行政管理法律、法规的行为。行政法律责任由有权的国家行政机关追究。承担行政法律责任的形式主要有行政处分、行政处罚等。

三、法律责任的构成

法律责任的构成是指认定法律责任所必须考虑的条件。法律责任的构成包括责任主体、违法行为或违约行为、损害后果、因果关系、主观过错五个方面。

（一）责任主体

责任主体是指因违法、违约而承担法律责任的人，包括自然人、法人和其他社会组织。责任主体是法律责任构成的必备条件。违法、违约行为首先是一种行为，而行为是由人的意志支配的活动，因此，实施违法或违约必须有行为人。但是，并非任何人都可以成为违法行为或违约行为的实施者，没有行为能力的人就不可能成为实施违法行为或违约行为的人。因此，责任主体对于法律责任的有无、种类、大小有着密切的关系。

（二）违法行为或违约行为

违法行为或违约行为是法律责任构成的核心要素。违法行为或违约行为包括作为和不作为。作为是指人的积极的活动。直接从事了法律所禁止或合同所不允许的事情自然要导致法律责任。不作为是指人的消极的活动，行为人在能够履行自己义务的情况下不履行义务。区分作为与不作为，对于确定法律责任的范围、大小具有重要意义。

（三）损害后果

损害后果是指违法或违约行为侵犯他人或社会的权利和利益所造成的损失和伤害，包括实际损害、丧失所得利益以及预期可得利益。损害结果可以是对人身的损害、财产的损害、精神的损害。损害结果表明法律所保护的合法权益遭受了侵害，因而具有侵害性。同时，损害结果具有确定性，它是违法行为或违约行为已经实际造成的侵害事实，而不是推测、臆想、虚构的情况。损害结果的确定性，表明损害事实在客观上能够认定。损害结果一般根据法律、社会普遍认识、公平观念并结合社会影响、环境等因素来认定。

（四）因果关系

因果关系是违法或违约行为与损害后果之间的必然联系。因果关系是一种引起与被引起的关系，即一种现象的出现是由于先前存在的另一种现象而引起的。因果关系是归责的基础和前提，是认定法律责任的基本依据。因果关系是客观的，不以人的意志为转移，只能根据事物之间的客观关系来判断因果关系的有无。事实上的因果关系极为复杂，一个结果可能由多种原因造成，法律只考虑其中与法律责任认定有关的因素。因果关系是法律所规定的因果关系，具有法定性。

（五）主观过错

主观过错是指行为人实施违法或违约行为时的主观心理状态。不同的主观心理状态对认定某一行为是否有法律责任及承担何种法律责任有着直接的联系。主观过错包括故意和过失两种。所谓故意，是指明知自己的行为会发生危害社会的结果，希望或放任这一结果发生的心理状态。所谓过失，是指应当预见自己的行为可能会发生损害他人、危害社会的结果，因为疏忽大意而没有预见，或已经预见而轻信能够避免，导致发生这种结果的心理状态。

四、法律责任的功能

法律责任的功能是惩罚、救济、预防。

法律责任的惩罚功能，就是惩罚违法者和违约人，维护社会安全与秩序。

法律责任的救济功能，就是救济法律关系主体受到的损失，恢复受侵犯的权利。法律责任通过设定一定的财产责任，赔偿或补偿在一定法律关系中受到侵犯的权利或者在一定社会关系中受到损失的利益。救济，即赔偿或补偿，指把物或人恢复到违约或违法侵权行为发生前它们所处的状态。

法律责任的预防功能，就是通过使违法者、违约人承担法律责任，教育违法者、违约人和其他社会成员，预防违法犯罪或违约行为。法律责任通过设定违法犯罪和违约行为必须承担的不利的法律后果，表明社会和国家对这些行为的否定态度。这不仅对违法犯罪或违约者具有教育、震慑作用，而且也可以教育其他社会成员依法办事，不作有损社会、国家、集体和他人合法利益的行为。

【阅读参考】

近年来，恶意拖欠劳动者报酬的事件频发。2009 年全国人大常委会工会法执法检查的报告显示，欠薪逃匿事件多发。以广东为例，2007 年 786 起，2008 年上升至 1 985 起，涉及职工 20.6 万人，欠薪总额达 6 亿多元。

劳动者的劳动报酬依照法律规定是必须支付的。不支付劳动者的劳动报酬，直接侵害了劳动者的合法权利，还会造成社会不稳定，有时还引发一些讨薪人被打等恶性事件。对此，全国人大代表、政协委员以及有关部门多次建议将恶意拖欠劳动者报酬的行为纳入刑法规定，加大对此类行为的惩罚力度。

2011 年 2 月 26 日，全国人大常委会表决通过《刑法修正案（八）》，首次将恶意拖欠劳动者报酬行为纳入刑法规定。

《刑法修正案（八）》明确规定：以转移财产、逃匿等方法逃避支付劳动者的劳动报酬或者有能力支付而不支付劳动者的劳动报酬，数额较大，经政府有关部门责令支付仍不支付的，处三年以下有期徒刑或者拘役，并处或者单处罚金；造成严重后果的，处三年以上七年以下有期徒刑，并处罚金。

第五节　法律体系与依法治国

一、法律体系的概念

法律体系，也称法的体系，指一国现行法律规范按照不同的法律部门分类组合形成的内在统一、有机联系的系统。

法律体系一般具有以下特征：

（一）客观性

法律体系的客观性指的是法律体系是不以人的意志为转移的客观存在。一个法律要想能够在一定的区域内存在和运行，必须以能够满足此区域需求的法律体系的存在为前提，否则单独的一个法律无法发挥应有的作用和职能。只要法律在一个区域中发挥应有的调整社会现象和关系的作用，那么必然存在有这种法律与其他法律共同互相配合和协调进而构成的法律体系。因而，调整不同社会关系和社会现象的法律规范、法律制度和法律部门之间必然会相互交错、相互配合和相互支持，而不是断然分开并无丝毫联系的。具体表现为同一种社会现象或者社会关系为几个法律规范、法律制度或者法律部门所同时调整，或者一个法律规范、法律制度或法律部门可以调整几种不同的社会现象和社会关系。

（二）系统性

法律体系的系统性是法律体系的应有之义。法从形式上应合理组织，内部结构要协调一致。法律体系的系统性在一定的程度上表现为法律体系的统一性。

法律体系的统一性表现在：

1. 贯穿于各部门法之中的共同的法律精神、指导思想、法律原则和概念。

2. 较低的效力层次的法律是相应较高效力层次的法律规则或原则的具体化和制度化。

3. 法律规范之间具有等级层次性，即纵向的等级从属关系。

4. 法律规范、法律部门之间的横向联系和制约。即遵守某项法律规定，同时会引起所有法律的承认和保护；违反某项法律规定，可能会招致其他法律的制裁。

5. 立法技术和标准，以及规范性法律文件的名称、规格的一致性。

（三）实用性

一个法律体系存在与否的一个重要的标准就是法律体系能否实际满足某一地域社会生活的法律需求，即法律体系是否具有实用性。因为，只有在实际的运行中，才能将相互冲突的法律规范、法律制度和法律部门等构成法律体系的要素，磨合进而整合成统一的、系统化的法律体系。

二、我国社会主义法律体系

（一）中国特色社会主义法律体系的含义

中国特色社会主义法律体系，是指以宪法为统帅，以法律为主干，由宪法相关法、民法商法、行政法、经济法、社会法、刑法、诉讼与非诉讼程序法等多个法律部门组成的有机统一整体。它包括法律、行政法规、地方性法规等多个层次。

中国特色社会主义法律体系，是中国特色社会主义永葆本色的法制根基，是中国特色社会主义创新实践的法制体现，是中国特色社会主义兴旺发达的法制保障。它的形成，是中国社会主义民主法制建设的一座重要里程碑，体现了改革开放和社会主义现代化建设的伟大成果，具有重大的现实意义和深远的历史意义。

（二）中国特色社会主义法律体系的形成

新中国成立以来特别是改革开放30多年来，我国立法工作取得了举世瞩目的成就。1997年9月，党的十五大明确提出，到2010年形成中国特色社会主义法律体系的立法工作目标。2007年，党的十七大提出，要完善中国特色社会主义法律体系。2011年3月10日上午，全国人大常委会委员长吴邦国在十一届全国人大四次会议第二次全体会议上宣布，中国特色社会主义法律体系已经形成。

截至2011年8月底，我国已制定现行宪法和有效法律共240部，涵盖宪法及宪法相关法、民法商法、行政法、经济法、社会法、刑法、诉讼及非诉讼程序法等七个法律部门。行政法规706部、地方性法规8 600多部，民族自治地方人大共制定现行有效的自治条例和单行条例600余件；五个经济特区共制定现行有效的法规200余件；国务院部门和有立法权的地方政府共制定规章2万余件。涵盖社会关系各个方面的法律部门已经齐全，各个法律部门中基本的、主要的法律已经制定，相应的行政法规和地方性法规比较完备，法律体系内部总体做到科学和谐统一，中国特色社会主义法律体系已经形成。

在中国特色社会主义法律体系中，宪法居于核心和统帅地位。我国现行宪法是在1954年宪法的基础上，经过全民讨论，于1982年由第五届全国人民代表大会第五次会议通过的。宪法是国家的根本大法，具有最高的法律效力。在中国，各族人民、一切国家机关和武装力量、各政党和各社会团体、各企业事业组织，都必须以宪法为根本的活动准则，并负有维护宪法尊严、保证宪法实施的职责。

为保证国家法制统一和法律规范之间的协调，我国法律规定了不同层级法律规范的效力：宪法具有最高的法律效力，一切法律、行政法规、地方性法规、自治条例和单行条例、规章都不得与宪法相抵触；法律的效力高于行政法规、地方性法规、规章；行政法规的效力高于地方性法规、规章；地方性法规的效力高于本级和下级地方政府规章。法律规定了法规和规章的备案审查制度：行政法规报全国人民代表大会常务委员会备案，地方性法规报全国人民代表大会常务委员会和国务院备案，部门规章和地方政府规章报国务院备案。全国人民代表大会有权改变或者撤销全国人民代表大会常务委员会制定的不适当的法律；全国人民代表大会常务委员会有权撤销同宪法和法律相抵触的行政法规，有权撤销同宪法、法律和行政法规相抵触的地方性法规等；国务院有权改变或者撤销不适当的部门规章和地方政府规章。全国人民代表大会授权香港、澳门特别行政区依照特别行政区基本法的规定享有立法权；特别行政区的任何法律，均不得同特别行政区基本法相抵触。

我国法律还规定了对行政法规、地方性法规、自治条例和单行条例的合宪性和合法性审查的程序：国务院、中央军事委员会、最高人民法院、最高人民检察院和各省、自治区、直辖市的人民代表大会常务委员会认为行政法规、地方性法规、自治条例和单行条例同宪法或者法律相抵触的，可以向全国人民代表大会常务委员会书面提出进行审查的要求；其他国家机关和社会团体、企业事业组织以及公民也可以向全国人民代表大会常务委员会书面提出进行审查的建议。

我国的法律体系，既与人类政治文明发展的普遍性原则相一致，又与中国社会主义初级阶段的基本国情相适应，与社会主义的根本任务相协调，具有鲜明的中国特色。这一法律体系的本质是以人为本，反映人民的共同意志，保障人民的根本利益。这一法律体系与国家经济发展和社会进步相适应，为国家的科学发展、和谐发展、和平发展提供法律保障。

中国特色社会主义法律体系是开放的和发展的，我国正处在社会转型期，法律体系具有阶段性和前瞻性特点，今后仍将继续制定新的法律和修改原有的法律，使法律体系不断发展和完善。

（三）中国特色社会主义法律体系的部门

1. 宪法相关法

宪法相关法是与宪法相配套、直接保障宪法实施和国家政权运作等方面的法律规范，调整国家政治关系，主要包括国家机构的产生、组织、职权和基本工作原则方面的法律，民族区域自治制度、特别行政区制度、基层群众自治制度方面的法律，维护国家主权、领土完整、国家安全、国家标志象征方面的法律，保障公民基本政治权利方面的法律。截至2011年8月底，我国已制定宪法相关法方面的法律38部和一批行政法规、地方性法规。

2. 民法商法

民法是调整平等主体的公民之间、法人之间、公民和法人之间的财产关系和人身关系的法律规范，遵循民事主体地位平等、意思自治、公平、诚实信用等基本原则。商法调整商事主体之间的商事关系，遵循民法的基本原则，同时秉承保障商事交易自由、等价有偿、便捷安全等原则。截至2011年8月底，我国已制定民法商法方面的法律33部和一大批规范商事活动的行政法规、地方性法规。

3. 行政法

行政法是关于行政权的授予、行政权的行使以及对行政权的监督的法律规范，调整的是行政机关与行政管理相对人之间因行政管理活动发生的关系，遵循职权法定、程序法定、公正公开、有效监督等原则，既保障行政机关依法行使职权，又注重保障公民、法人和其他组织的权利。截至2011年8月底，我国已制定行政法方面的法律79部和一大批规范行政权力的行政法规、地方性法规。

4. 经济法

经济法是调整国家从社会整体利益出发，对经济活动实行干预、管理或者调控所产生的社会经济关系的法律规范。经济法为国家对市场经济进行适度干预和宏观调控提供法律手段和制度框架，防止市场经济的自发性和盲目性所导致的弊端。截至2011年8月底，我国已制定经济法方面的法律60部和一大批相关行政法规、地方性法规。

5. 社会法

社会法是调整劳动关系、社会保障、社会福利和特殊群体权益保障等方面的法律规范，遵循公平和谐和国家适度干预原则，通过国家和社会积极履行责任，对劳动者、失业者、丧失劳动能力的人以及其他需要扶助的特殊人群的权益提供必要的保障，维护社会公平，促进社会和谐。截至2011年8月底，中国已制定社会法方面的法律18部和一大批规范劳动关系和社会保障的行政法规、地方性法规。

6. 刑法

刑法是规定犯罪与刑罚的法律规范。它通过规范国家的刑罚权，惩罚犯罪，保护人民，维护社会秩序和公共安全，保障国家安全。截至2011年8月底，我国已制定一部统一的刑法、8部刑法修正案以及关于惩治骗购外汇、逃汇和非法买卖外汇犯罪的决定，并通过了9个有关刑法规定的法律解释。

7. 诉讼与非诉讼程序法

诉讼与非诉讼程序法是规范解决社会纠纷的诉讼活动与非诉讼活动的法律规范。诉讼法律制度是规范国家司法活动解决社会纠纷的法律规范，非诉讼程序法律制度是规范仲裁机构或者人民调解组织解决社会纠纷的法律规范。截至2011年8月底，我国已制定了诉讼与非诉讼程序法方面的法律10部。

三、中国特色社会主义法律体系的特征

各国的历史文化传统、具体国情和发展道路不同，社会制度、政治制度和经济制度不同，决定了各国的法律体系必然具有不同特征。

中国特色社会主义法律体系，是中国特色社会主义伟大事业的重要组成部分，是全面实施依法治国基本方略、建设社会主义法治国家的基础，是新中国成立60多年特别是改革开放30多年来经济社会发展实践经验制度化、法律化的集中体现，具有十分鲜明的特征。

（一）体现了中国特色社会主义的本质要求

一个国家法律体系的本质，由这个国家的法律确立的社会制度的本质所决定。我国是工人阶级领导的、以工农联盟为基础的人民民主专政的社会主义国家。在社会主义初级阶段，我国实行公有制为主体、多种所有制经济共同发展的基本经济制度，这就决定了我国的法律制度必然是社会主义的法律制度，所构建的法律体系必然是中国特色社会主义性质的法律体系。中国特色社会主义法律体系所包括的全部法律规范、所确立的各项法律制度，有利于巩固和发展社会主义制度，充分体现了人民的共同意志，维护了人民的根本利益，保障了人民当家做主。我国制定哪些法律，具体法律制度的内容如何规定，都坚持从中国特色社会主义的本质要求出发，从人民群众的根本意志和长远利益出发，将实现好、维护好、发展好最广大人民的根本利益作为根本出发点和落脚点。

（二）体现了改革开放和社会主义现代化建设的时代要求

我国新时期最鲜明的特点是改革开放。中国特色社会主义法律体系与改革开放相伴而生、相伴而行、相互促进。一方面，形成中国特色社会主义法律体系，是改革开放和现代化建设顺利进行的内在要求，是在深入总结改革开放和现代化建设丰富实践经验基础上进行的；另一方面，中国特色社会主义法律体系的形成，为改革开放和社会主义现代化建设提供了良好的法制环境，发挥了积极的规范、引导、保障和促进作用。同时，中国特色社会主义法律体系妥善处理了法律稳定性和改革变动性的关系，既反映和肯定了改革开放和现代化建设的成功做法，又为改革开放和现代化建设进一步发展预留了空间。

（三）体现了结构内在统一而又多层次的国情要求

一个国家的法律体系如何构成，一般取决于这个国家的法律传统、政治制度和立法体制等因素。我国是统一的多民族的单一制国家，由于历史的原因，各地经济社会发展很不平衡。与这一基本国情相适应，我国宪法和法律确立了中国特色的统一而又多层次的立法体制，这就决定了中国特色社会主义法律体系内在统一而又多层次的结构特征，这既反映了法律体系自身的内在逻辑，也符合我国国情和实际。与其相适应，中国特色社会主义法律体系以宪法为统帅，由法律、行政法规、地方性法规等多个层次的法律规范构成。这些法律规范由不同立法主体按照宪法和法律规定的立法权限制定，具有不同法律效力，都是中国特色社会主义法律体系的有机组成部分，共同构成一个科学和谐的统一整体。

（四）体现了继承我国法制文化优秀传统和借鉴人类法制文明成果的文化要求

各国的法律制度基于本国历史文化传统和社会现实情况不断发展，也随着经济全球化趋势的增强而相互沟通、交流、借鉴。中国特色社会主义法律体系的形成，始终立足于我国国情，坚持将传承历史传统、借鉴人类文明成果和进行制度创新有机结合起来。一方面，注重继承我国传统法制文化优秀成分，适应改革开放和社会主义现代化建设需要进行制度创新，实现了传统文化与现代文明的融合；另一方面，注意研究借鉴国外立法有益经验，吸收国外法制文明先进成果，但又不简单照搬照抄，使法律制度既符合我国国情和实际，又顺应当代世界法制文明时代潮流。这个法律体系具有很强的包容性和开放性，充分体现了它的独特文化特征。

（五）体现了动态、开放、与时俱进的发展要求

一个国家的法律体系通常是对这个国家一定历史发展阶段现状的反映。随着经济社会的发展，法律体系需要不断丰富、完善、创新。我国处于并将长期处于社会主义初级阶段，整个国家还处于体制改革和社会转型时期，社会主义制度还需要不断自我完善和发展，这就决定了中国特色社会主义法律体系必然具有稳定性与变动性、阶段性与连续性、现实性与前瞻性相统一的特点，决定了中国特色社会主义法律体系必然是动态的、开放的、发展的，而不是静止的、封闭的、固定的，必将伴随我国经济社会发展和法治国家建

设的实践而不断发展完善。

四、中国特色社会主义法律体系形成的历史意义

中国特色社会主义法律体系的形成，是我国社会主义民主法制建设史上的重要里程碑，具有重大的现实意义和深远的历史意义。

第一，中国特色社会主义法律体系是中国特色社会主义永葆本色的法制根基。

把马克思主义基本原理同中国具体实际相结合，走自己的路，建设中国特色社会主义，是我们党总结历史经验得出的基本结论，也是我们国家发展进步的唯一正确道路。坚持中国特色社会主义道路，最重要的是坚持正确的政治方向，在涉及国家根本制度等重大原则问题上不动摇。动摇了，不仅社会主义现代化建设无从谈起，已经取得的发展成果也会失去，甚至国家可能陷入内乱的深渊。

中国特色社会主义法律体系，是以宪法和法律的形式，确立了国家的根本制度和根本任务，确立了中国共产党的领导地位，确立了马克思列宁主义、毛泽东思想、邓小平理论和“三个代表”重要思想的指导地位，确立了工人阶级领导的、以工农联盟为基础的人民民主专政的国体，确立了人民代表大会制度的政体，确立了国家一切权力属于人民、公民依法享有广泛的权利和自由，确立了中国共产党领导的多党合作和政治协商制度、民族区域自治制度以及基层群众自治制度，确立了公有制为主体、多种所有制经济共同发展的基本经济制度和按劳分配为主体、多种分配方式并存的分配制度。

从我国国情出发，郑重表明我们不搞多党轮流执政，不搞指导思想多元化，不搞“三权鼎立”和两院制，不搞联邦制，不搞私有化。中国特色社会主义法律体系的形成，夯实了立国兴邦、长治久安的法律根基，从制度上、法律上确保中国共产党始终成为中国特色社会主义事业的领导核心，确保国家一切权力牢牢掌握在人民手中，确保民族独立、国家主权和领土完整，确保国家统一、社会安定和各民族大团结，确保坚持独立自主的和平外交政策、走和平发展道路，确保国家永远沿着中国特色社会主义的正确方向奋勇前进。

第二，中国特色社会主义法律体系是中国特色社会主义创新实践的法制体现。

改革开放是我们党带领全国各族人民作出的决定当代中国命运的关键抉择，也是坚持和发展中国特色社会主义、实现中华民族伟大复兴的必由之路，赋予社会主义新的生机活力。30 多年来，我们始终坚持以经济建设为中心，

全面推进改革开放，成功实现了从高度集中的计划经济体制到充满活力的社会主义市场经济体制、从封闭半封闭到全方位开放的伟大历史转折，极大地调动了亿万人民的积极性，极大地解放和发展了社会生产力，我国以世界上少有的速度持续快速向前发展。我们及时把改革开放和社会主义现代化建设的实践经验上升为法律，并与时俱进，根据改革开放中出现的新情况新问题，从推动经济发展方式转变，推动依法行政和公正司法，推动以保障和改善民生为重点的社会建设，推动社会主义文化大发展大繁荣，推动人与自然和谐相处等方面制定和完善相应的法律制度，充分发挥法律的规范、引导、保障和促进作用。中国特色社会主义法律体系的形成，从制度上、法律上保障国家始终坚持改革开放的正确方向，着力构建充满活力、富有效率、更加开放、有利于科学发展的体制机制，推动我国社会主义制度不断自我完善和发展。

第三，中国特色社会主义法律体系是中国特色社会主义兴旺发达的法制保障。

实现现代化，是一代又一代中国人梦寐以求的美好愿景和矢志不渝的奋斗目标。改革开放 30 多年来，我们开辟了中国特色社会主义道路，形成了中国特色社会主义理论体系，这是我们取得一切成绩和进步的根本原因。我们将始终高举中国特色社会主义伟大旗帜，不为任何风险所惧，不被任何干扰所惑，聚精会神搞建设，一心一意谋发展，到 2020 年实现全面建成小康社会的奋斗目标，到本世纪中叶基本实现现代化。我们已经取得的发展成就离不开法制的保障，我们奋力开创更加美好的未来也离不开法制的保障。

中国特色社会主义法律体系的形成，把国家各项事业发展纳入法制化轨道，从制度上、法律上解决了国家发展中带有根本性、全局性、稳定性和长期性的问题，为社会主义市场经济体制的不断完善、社会主义民主政治的深入发展、社会主义先进文化的日益繁荣、社会主义和谐社会的积极构建，确定了明确的价值取向、发展方向和根本路径，为建设富强民主文明和谐的社会主义现代化国家、实现中华民族伟大复兴奠定了坚实的法制基础。

中国特色社会主义法律体系的形成，总体上解决了有法可依的问题，对有法必依、执法必严、违法必究提出了更为突出、更加紧迫的要求。我国将积极采取有效措施，切实保障宪法和法律的有效实施，加快推进依法治国、建设社会主义法治国家的进程。

五、依法治国，建设社会主义法治国家

（一）依法治国的科学内涵

“依法治国，建设社会主义法治国家”是在党的十一届三中全会以来我国社会主义法制建设取得巨大成就的基础上提出的。1997年9月12日，党的十五大报告中第一次明确而完整地提出了依法治国、建设社会主义法治国家的基本治国方略。十五大报告指出：“依法治国，是党领导人民治理国家的基本方略，是发展社会主义市场经济的客观需要，是社会文明进步的重要标志，是国家长治久安的重要保障。”

“依法治国，建设社会主义法治国家”的科学内涵，就是广大人民群众在党的领导下，依照宪法和法律规定，通过各种途径和形式管理国家事务，管理经济文化事业、管理社会事务，保证国家各项工作都在依法进行，逐步实现社会主义民主的制度化、法律化，使这种制度和法律不因领导人的改变而改变，不因领导人看法和注意力的改变而改变。

第一，人民是实行依法治国的主体。社会主义法制将人民的意志上升为国家意志。依法治国的核心就是切实保障广大人民群众依法管理国家和社会事务的权力。

第二，依法治国的对象是国家的各项工作。就是将国家的各项工作严格纳入法律调整的轨道，实现国家各项工作的法制化、规范化。

第三，依法治国的依据和标准，是以宪法为核心的法律体系。任何人、任何组织都必须严格依法办事，维护宪法和法律的尊严。

第四，依法治国的方式，是广大人民群众在党的领导下，依法通过各种途径和方式治理国家。党是依法治国的倡导者，党和人民一起制定法律，又自觉在宪法和法律的范围内活动，带头遵守和实施法律。

依法治国是党领导人民治理国家的基本方略，是广大人民群众的共同愿望。全面落实依法治国基本方略、建设社会主义法治国家，是保证人民当家做主的必然要求，是发展中国特色社会主义的必然要求，是促进社会和谐稳定、实现党和国家长治久安的必然要求。

（二）建设法治国家是依法治国的重要目标

依法治国，建设社会主义法治国家是一个完整的、不可分割的治国方针。依法治国，是建设社会主义法治国家的基础，建设社会主义法治国家是依法

治国的重要目标。主要内容包括：

1. 建立起完备的中国特色社会主义法律体系。法律体系应达到法的门类要齐全，不同法律部门内部基本的、主要的法律规范要齐备，法律体系内部不同的法律门类之间，不同法律规范之间，不同层次法律规范之间，要做到逻辑严谨、结构合理、和谐统一。法律体系要以宪法为核心，包括法律、行政法规、部门规章、地方性法规及规章、自治条例和单行条例等法律规范。要发展民主政治，推进社会事业，健全社会保障，规范社会组织，加强社会管理方面的立法，抓紧制定有关尊重和保障人权和公民权的法律法规，完善市场主体、市场交易、市场监管、可持续发展等方面的法律法规。

2. 加大执法力度，做到执法必严、违法必究。坚持法律面前人人平等的原则，坚持司法机关独立行使职权的原则，坚持实事求是有错必纠的原则。全面推进依法行政，规范行政执法行为。采取有效措施，努力提高执法人员的政治素质、业务素质和职业道德素质，做到严格、公正、文明执法。对于执法犯法、贪赃枉法、刑讯逼供等违法乱纪和犯罪问题，要坚决查处、严肃处理。

3. 提高人们的法律意识和法制观念。要通过开展面向全社会的法制宣传教育，不断强化干部、群众的法律意识和法制观念，树立法律至上观念、法治观念、依法办事观念、依法治理观念，形成全社会自觉学法守法用法的良好风尚。

4. 健全完善权力制约和监督机制。综合运用党内监督以及人大、行政、政协、司法和社会监督等多种形式，努力健全和完善中国特色权力制约和监督体系。强化人民代表大会及其常委会对政府、法院、检察院的监督。进一步完善司法监督和行政监督的制度和体系，使监督工作更加经常化、规范化和程序化。要充分发挥社会舆论监督的特殊作用，营造一个人人拒腐防腐、人人思廉促廉的良好氛围。

（三）依法治国的基本要求

在新世纪新阶段，全面落实依法治国方略、加快建设社会主义法治国家，要高举中国特色社会主义伟大旗帜，以邓小平理论和“三个代表”重要思想为指导，深入贯彻落实科学发展观，从完善立法、严格执法、公正司法、自觉守法等方面扎实推进，为深化改革、推动科学发展、促进社会和谐提供有力保障，从法律上制度上保证党的路线方针政策的贯彻落实。

1. 要加强和改进立法工作，进一步提高立法质量。要坚持科学立法、民主立法，紧紧围绕党和国家工作大局，抓紧完善改革开放和社会主义现代化建设迫切需要、与人民群众利益密切相关、对中国特色社会主义法律体系起支架作用的重要法律，按照法定的立法程序，扩大公民对立法的有序参与，推动解决好人民最关心、最直接、最现实的利益问题，维护人民合法权益和社会公平正义。

2. 要加强宪法和法律实施，维护社会主义法制的统一、尊严和权威。坚持公民在法律面前一律平等，维护社会公平公正。坚持公民权利平等受到保护，公民义务平等得到履行，违法犯罪平等受到法律追究，决不允许任何人凌驾于法律之上。各级党组织和全体党员要自觉在宪法和法律范围内活动，带头维护宪法和法律权威，为全社会作出表率。

3. 要深化司法体制和工作机制改革，优化司法职权配置，规范司法行为，建设公正高效权威的社会主义司法制度。要规范司法行为，加强司法监督，促进司法公正，维护社会正义和司法权威，为在全社会实现公平和正义，为构建社会主义和谐社会，促进人的全面发展，提供可靠的司法保障。要加强司法机关的自身建设，特别是加强司法队伍建设，推进司法工作全面、协调、可持续发展。

4. 要加强对执法活动的监督，确保法律正确实施。要完善权力制约和监督机制，综合运用各种监督形式，增强监督合力和实效，真正做到有权必有责、用权受监督、违法要追究。

5. 深入开展法制宣传教育，弘扬法治精神。要坚持不懈地开展法制宣传教育，认真组织实施普法规划，加强公民意识教育，不断提高全民的法律意识和法治观念。要深入开展社会主义法治理念教育，增强各级党委依法执政的意识，增强各级政府依法行政的能力和水平，增强各级干部和国家机关工作人员依法办事的素质和本领。

思 考 题

1. 法的基本特征有哪些？
2. 权利能力、行为能力和责任能力之间是什么关系？
3. 我国法律规定对不同的人效力有何区别？
4. 法律责任的功能有哪些？
5. 如何准确把握依法治国基本方略？

第二章

人力资源和社会保障立法

本章导读

人力资源和社会保障立法是人力资源社会保障法制工作的重要前提和基础性工作，立法由特定国家机关在法定权限内依法定程序进行，遵循立法法规定的基本原则。

人力资源和社会保障立法体制是有关人力资源社会保障法律规范创制的权限划分所形成的制度和结构。立法法根据宪法确定的“在中央的统一领导下，充分发挥地方的主动性、积极性”的原则，确立了我国的统一而又分层次的立法体制。

人力资源和社会保障立法程序是指立法机关制定、修改和废止人力资源社会保障法律规范的法定步骤和方式。《立法法》《行政法规制定程序条例》和《规章制定程序条例》等法律、行政法规对立法程序作了明确、系统的规定。人力资源和社会保障立法活动必须遵守这些规定。

本章通过对人力资源和社会保障立法的概念、原则，立法体制和程序等内容的介绍，旨在帮助读者掌握人力资源社会保障立法的基础知识。

第一节　人力资源和社会保障立法的概念和原则

一、立法的概念

立法是特定国家机关在其法定职权范围内，依法定程序，制定、修改和废止法律规范以及认可法律规范的活动。人力资源和社会保障立法即国家专门机关依法定职权，按法定程序，有关人力资源和社会保障领域制定、修改、废止以及认可法律规范的活动。

理解立法的概念，需要把握以下特征：

1. 立法是国家的一项专门活动，是国家履行职能的主要方式之一。首先，它是由国家专门机关进行的，其他任何组织、团体和个人，非经国家机关授权，都不得进行立法活动。其次，它不是任何国家机关都可以进行的，而是享有立法权的国家机关的专有活动，这种权限是由宪法和立法法等法律规定的。最后，它不是国家机关的唯一职能，国家职能包括立法、行政、司法等，立法职能的履行主要是通过法的制定活动来实现的，并且为其他国家职能的履行和实现提供标准和依据。

2. 立法是一种严格按照程序进行的活动。首先，立法活动必须遵循法定的程序。其次，不同效力等级的法律，有不同的程序规定。违反法定程序制定的法律不具法律效力。

3. 立法既包括法律的创制，也包括对已有法律规范的修改、补充和废除。首先，立法是对社会实行国家领导的一种方式，直接目的是产生具有普遍约束力的法律规范。其次，立法不仅包括产生新的法律规范的活动，而且包括对已有的规范从法律上加以认可或者进行修改、废止的活动。

二、基本原则

立法的基本原则，是指立法活动必须遵循的指导思想和方针、准则。根据立法法的规定，我国立法应当遵循以下原则：

（一）遵循宪法的基本原则

宪法是国家的根本大法。宪法规定了国家的根本制度和根本任务，是社会主义法治的基础，具有最高的法律效力。一切法律、行政法规、地方性法规、规章和规范性文件必须符合宪法的精神，都不得与宪法相抵触，合宪是立法活动最基本、最重要的原则。宪法的基本原则是：以经济建设为中心，坚持四项基本原则，坚持改革开放。这是党和国家在社会主义初级阶段的基本路线，符合我国经济社会发展的实际情况，代表和反映了全国各族人民的共同意志和根本利益。党和国家一切工作都要坚持基本路线，因此，这也是人力资源和社会保障立法工作的一条根本原则。

坚持以经济建设为中心。这是由我国社会主义初级阶段的主要矛盾，即人民群众日益增长的物质文化需要同落后的社会生产力之间的矛盾决定的。在社会主义各项事业中，必须坚持以经济建设为中心，其他各项工作都服从和服务于这个中心。要抓紧时机，加快发展，实施科教兴国战略、人才强国战略和可持续发展战略，充分发挥科学技术作为第一生产力的作用，依靠科技进步，提高劳动者素质，促进国民经济又好又快发展。坚持四项基本原则。就是坚持社会主义道路，坚持人民民主专政，坚持中国共产党的领导，坚持马克思列宁主义毛泽东思想，这是我们的立国之本。坚持四项基本原则，重要的是坚持中国共产党的领导和坚持社会主义。人力资源和社会保障立法工作要坚持党的领导，体现和贯彻党的路线、方针和政策。坚持改革开放。就是要从根本上改革束缚生产力发展的经济体制，坚持和完善社会主义市场经济体制。与此相适应，进行政治体制改革以及其他领域的改革。在这一过程中，要吸收和借鉴人类社会创造的一切文明成果。这是我们的强国之路。

（二）从国家整体利益出发，维护社会主义法制的统一和尊严原则

坚持社会主义法制的统一，是法制建设的一条根本原则。《宪法》第 5 条规定："国家维护社会主义法制的统一和尊严。"宪法具有最高的法律效力，一切法律、行政法规、地方性法规、自治条例和单行条例、规章都不得同宪法相抵触；法律的效力高于行政法规、地方性法规、规章；行政法规的效力高于地方性法规、规章；地方性法规的效力高于本级和下级地方政府规章，省、自治区的人民政府制定的规章的效力高于本行政区域内的较大的市的人民政府制定的规章等。在内容上，下位法不得与上位法抵触，抵触即无效。维护法制的统一也是实行社会主义市场经济的客观要求。因为只有法制的统一，才能形成全国统一的、开放的、有序的市场，有利于公平竞争。所以，维护法制的统一和尊严是维护国家统一以及国内市场统一的重要保障。为了维护社会主义法制的统一，在起草制定劳动和社会保障法律、行政法规、地方性法规、规章时，要从国家的整体利益出发，从人民长远、根本的利益出发，防止不从国家整体利益考虑，只考虑地方、部门利益狭隘的部门、地方观点。

（三）体现人民意志，发扬社会主义民主原则

法是上升为国家意志的行为规范。我国是人民民主专政的社会主义国家，人民是国家的主人，因此，立法一定要体现人民的意志，代表和反映全国人民长远的、整体的、根本的利益。体现人民意志，必须发扬社会主义民主原则，包括：其一，人民是立法的主人，立法权在根本上属于人民，由人民行使。人民代表大会是人民行使立法权的主要形式。其二，立法的内容要体现人民性，坚持以人为本、立法为民。在立法工作中，始终坚持把实现好、维护好、发展好最广大人民的根本利益作为出发点和落脚点。其三，立法活动

过程和程序民主，坚持群众路线，保障人民通过多种途径参与立法活动。如通过公布法律法规草案和举行立法座谈会、论证会、听证会等，广泛听取各方面意见尤其是基层群众的意见，切实做到集思广益、凝聚共识，使我们制定的法律法规充分体现人民群众的共同意愿。

（四）从实际出发，科学、合理地规范社会关系原则

一切从实际出发、理论联系实际、实事求是，是我党的基本路线。坚持从我国国情和实际出发，是法制建设的客观要求。在立法工作中，要始终坚持从我国国情和实际出发，把改革开放和社会主义现代化建设的伟大实践作为立法基础，紧紧围绕经济建设这个中心任务，紧紧围绕全面建设小康社会的奋斗目标，紧紧围绕推动科学发展和促进社会和谐开展立法工作。正确把握改革发展稳定的关系，妥善处理法律稳定性和实践变动性的关系，妥善处理法律前瞻性与可行性的关系，确保立法进程与改革开放和社会主义现代化建设进程相适应。立法还要科学合理地规定公民、法人和其他组织的权利与义务、国家机关的权力与责任。有的地方和部门在立法工作中对公民的义务强调得多，对公民权益保护力度不够；对部门的权力强调得多，对应负的责任规定不够。这些都是在立法工作中应当克服和避免的。

（五）依照法定权限和程序原则

立法应依法定权限进行。一是主体要合法，必须是具有立法职权的特定机关；二是立法主体要在法定权限范围内立法，不得越权立法。同时，立法要遵循法定的程序。程序对保证立法质量具有重要意义，没有程序公正，就很难保证实体公正和结果公正。应当提高对程序重要性的认识，严格按照法定的程序立法。

第二节　人力资源和社会保障立法体制和程序

一、立法体制

（一）立法体制的概念

立法体制，是关于一国立法机关设置及其立法权限划分的体系和制度，即有关法的创制的权限划分所形成的制度和结构，它既包括中央和地方关于

法的创制权限的划分制度和结构，也包括中央各国家机关之间及地方各国家机关之间关于法的创制权限的划分制度和结构。

一个国家的立法体制是同该国家的国家性质和国家结构形式密不可分的。从国家性质看，在古代君主专制的国家里，基本上是君主个人专制独裁立法体制。在现代民主宪政国家里，由于实行人民主权，一般采用民主形式的立法体制。从国家结构形式看，在实行单一制国家结构形式的国家里，一般是采用一元立法体制，即立法权集中在最高权力机关，全国只有一个立法体系。当然，世界上也有一些单一制的国家允许地方在一定范围内享有立法权限。在实行联邦制国家结构形式的国家里，一般采用二元或多元立法体制。在这种立法体制下，一国内有两个或多个机关拥有各自的立法权限，联邦制国家的宪法，一般对联邦的专有立法权限和联邦与联邦成员并有的或共有的立法权限都有明确规定。

（二）我国现行的立法体制

我国是统一的、单一制的国家，各地方经济、社会发展又很不平衡。与这一国情相适应，在最高国家权力机关集中行使立法权的前提下，为了使我们的法律既能通行全国，又能适应各地方千差万别的不同情况的需要，在实践中能行得通，立法法根据宪法确定的“在中央的统一领导下，充分发挥地方的主动性、积极性”的原则，确立了我国的统一而又分层次的立法体制。

1. 全国人大及其常委会行使国家立法权。根据我国宪法规定，全国人民代表大会和全国人民代表大会常务委员会行使国家立法权。全国人民代表大会修改宪法，制定和修改刑事、民事、国家机构的和其他的基本法律。全国人民代表大会常务委员会制定和修改除应当由全国人民代表大会制定的法律以外的其他法律；在全国人民代表大会闭会期间，对全国人民代表大会制定的法律进行部分补充和修改，但是不得和该法律的基本原则相抵触；解释法律。

2. 国务院即中央人民政府根据宪法和法律，制定行政法规。

3. 省、自治区、直辖市的人大及其常委会根据本行政区域的具体情况和实际需要，在不同宪法、法律、行政法规相抵触的前提下，可以制定地方性法规；较大的市（包括省、自治区人民政府所在地的市、经济特区所在地的市和经国务院批准的较大的市）的人大及其常委会根据本市的具体情况和实际需要，在不同宪法、法律、行政法规和本省、自治区的地方性法规相抵触的前提下，可以制定地方性法规，报省、自治区的人大常委会批准后施行。

4. 经济特区所在地的省、市的人大及其常委会根据全国人大的授权决定，还可以制定法规，在经济特区范围内实施。

5. 自治区、自治州、自治县的人大还有权依照当地民族的政治、经济和文化的特点，制定自治条例和单行条例，对法律、行政法规的规定作出变通规定。自治区的自治条例和单行条例报全国人大常委会批准后生效，自治州、自治县的自治条例和单行条例报省、自治区、直辖市的人大常委会批准后生效。

6. 国务院各部门、各委员会、中国人民银行、审计署和具有行政管理职能的直属机构，可以根据法律和国务院的行政法规、决定、命令，在本部门的权限范围内，制定规章。此类规章被称为部门规章。

7. 省、自治区、直辖市和较大的市的人民政府，可以根据法律、行政法规和本省、自治区、直辖市的地方性法规，制定规章。此类规章被称为地方政府规章。

8. 中央军事委员会根据宪法和法律，制定军事法规。中央军事委员会各总部、军兵种、军区，可以根据法律和中央军事委员会的军事法规、决定、命令，在其权限范围内，制定军事规章。

9. 中华人民共和国特别行政区根据宪法的规定，在《中华人民共和国香港特别行政区基本法》和《中华人民共和国澳门特别行政区基本法》的框架内行使立法权。

在分层次的立法体制中保证法制统一，主要靠两种制度。一是明确不同层次法律规范的效力。宪法具有最高的法律效力，一切法律、法规都不得同宪法相抵触。法律的效力高于行政法规，行政法规不得同法律相抵触。法律、行政法规的效力高于地方性法规和规章，地方性法规和规章不得同法律、行政法规相抵触。地方性法规的效力高于地方政府规章，地方政府规章不得同地方性法规相抵触。二是实行立法监督制度。行政法规要向全国人大常委会备案，地方性法规要向全国人大常委会和国务院备案，规章要向国务院备案。全国人大常委会有权撤销同宪法、法律相抵触的行政法规和地方性法规，国务院有权改变或者撤销不适当的规章。

二、立法程序

立法程序，是指立法机关制定、修改和废止法律的法定步骤和方式。立法程序是立法决策民主化和科学化的重要保障，对于规范立法活动，加快立法步伐，提高立法质量，建立和完善社会主义法律体系，具有十分重要的意

【阅读参考】中华人民共和国立法体系示意图

全国人民代表大会	修改宪法，制定、修改刑事、民事、国家机构的和其他的基本法律
全国人民代表大会常务委员会	制定和修改除应当由全国人民代表大会制定的法律以外的其他法律；对全国人民代表大会制定的法律进行部分补充和修改；立法解释
国务院	根据宪法和法律，制定行政法规
省、自治区、直辖市人民代表大会及其常务委员会	根据本行政区域的具体情况和实际需要，在不同宪法、法律、行政法规相抵触的前提下，制定地方性法规
较大的市的人民代表大会及其常务委员会	根据本市的具体情况和实际需要，在不同宪法、法律、行政法规和本省、自治区和地方性法规相抵触的前提下，制定地方性法规，报批准后执行
经济特区所在地的省、市的人民代表大会及其常务委员会	根据全国人民代表大会的授权决定、制定法规，在经济特区范围内实施
民族自治地方的人民代表大会	依照当地民族的政治、经济和文化的特点，制定自治条例和单行条例，报批准后生效 对法律和行政法规的规定作出变通的规定、但不得违背法律或者行政法规的基本原则，不得对宪法和民族区域自治法的规定以及其他有关法律、行政法规专门就民族自治地方所作的规定作出变通规定
国务院各部、委员会、中国人民银行、审计署和具有行政管理职能的直属机构	根据法律和国务院的行政法规、决定、命令，在本部门的权限范围内，制定部门规章
省、自治区、直辖市和较大的市的人民政府	根据法律、行政法规和本省、自治区、直辖市的地方性法规，制定地方政府规章
中央军事委员会	根据宪法和法律制定军事法规，在武装力量内部实施
中央军事委员会各总部、军兵种、军区	根据法律和中央军事委员会的军事法规、决定、命令，在其权限范围内，制定军事规章，在武装力量内部实施
特别行政区立法机关	根据特别行政区基本法制定法律

说明：较大的市是指省、自治区的人民政府所在地的市、经济特区所在地的市和国务院批准的较大的市。我国目前“较大的市”有49个，其中省会城市27个、经济特区城市4个、国务院批准的其他城市有18个。国务院先后4次批准19个城市为“较大的市”（其中重庆于1997年3月升格为直辖市）：1984年10月批准唐山、大同、包头、大连、鞍山、抚顺、吉林、齐齐哈尔、青岛、无锡、淮南、洛阳、重庆共13个市；1988年3月批准宁波市；1992年7月批准淄博、邯郸、本溪市；1993年4月批准苏州、徐州市。

义。《立法法》《行政法规制定程序条例》和《规章制定程序条例》等法律、行政法规对立法程序作了明确、系统的规定。人力资源社会保障立法活动必须遵守这些规定。

（一）全国人大及其常委会制定法律的立法程序

根据《立法法》的规定，制定法律的立法程序包括四个环节：法律案的提出，法律案的审议，法律案的表决和通过，法律案的公布。

1. 法律案的提出

即享有法定权限的国家机关、团体、组织和个人向全国人大及其常委会提出关于制定、修改、废止法律的议案。法律案的提出是进入立法程序的第一阶段。

（1）法律案。法律案是国家立法机关予以审议、讨论的具有法律性质的议案。提出法律案与起草法律（草案）是两个不同的概念。提出法律案的主体只能是法定主体，即只有享有立法提案权的机关、团体、组织和个人才有权提出法律案。提出法律案是一项法定的专属活动。起草法律（草案）的主体不具有法定性，任何机关、团体、组织和个人都可以自行或委托他人起草法律（草案），但是并不因此而享有提出法律案的权利。

（2）法律案的提案权。根据《立法法》规定，有权向全国人民代表大会提出法律案的主体是：全国人民代表大会主席团、全国人民代表大会常务委员会、国务院、中央军事委员会、最高人民法院、最高人民检察院、全国人民代表大会各专门委员会。一个代表团或者 30 名以上代表联名，也可以向全国人民代表大会提出法律案。可以向全国人民代表大会常务委员会提出法律案的主体是：委员长会议、国务院、中央军事委员会、最高人民法院、最高人民检察院、全国人民代表大会各专门委员会、常务委员会 10 人以上联名。

法律案提出后要列入议程，必须经过一定程序。根据《立法法》规定：全国人大常委会、各专门委员会、国务院等中央国家机关提出的法律案，由大会主席团或者委员长会议决定列入大会或者常委会会议议程；一个代表团或者 30 名以上代表和 10 名以上常委会组成人员联名提出的法律案，是否列入会议议程，由大会主席团或者委员长会议决定。

从我国的立法实践来看，人力资源社会保障方面的法律案，一般是由国务院提出。截至目前，人力资源社会保障方面的法律，主要是由国务院所属的人力资源社会保障行政部门起草法律草案，这些法律（草案）经过法定程序，经国务院审议通过后，作为国务院的法律案，由国务院总理签署后提请全国人大常委会审议。也有例外，《劳动争议调解仲裁法（草案）》就是由全国人大常委会法工委起草，并由全国人大法律委员会于2007年8月提请全国人大常委会审议。

2. 法律案的审议

法律案的审议，是制定法律的一个十分重要的、关键的阶段，要充分发扬民主，在广泛民主基础上集中。立法法强调了以下几个问题：

（1）事先通知代表或委员要审议的问题，以便有时间进行准备。《立法法》规定，常委会决定提请全国人大审议的法律案，应当在会议举行的1个月前将法律草案发给代表；列入常委会会议议程的法律案，除特殊情况外，应当在会议举行的7日前将法律草案发给常委会组成人员。同时，这里规定的7日前发给常委会组成人员，是指第一次列入议程的法律草案，至于二审、三审稿不在此列，因为委员一审后已知道法律案的内容和问题。

（2）提供对法律案的说明和有关资料。《立法法》规定，提出法律案应当同时提出法律草案文本及其说明，并提供必要的资料。法律草案的说明应当包括制定该法律的必要性和主要内容。全国人大各代表团和常委会分组审议法律案时，提案人应当派人听取意见，回答询问，根据代表团或常委会小组的要求，有关机关、组织应当派人介绍情况。

（3）要广泛听取各方面的意见。《立法法》规定，列入常委会会议议程的法律案，法律委员会、有关的专门委员会和常务委员会可以采取座谈会、论证会、听证会等多种形式征求意见。常委会工作机构应当将法律草案发送有关机关、组织和专家征求意见，将意见整理后送法律委员会和有关的专门委员会，并根据需要，印发常委会会议。

《立法法》还规定，列入常委会会议议程的重要的法律案，经委员长会议决定，可以将法律草案公布征求意见。公开法律草案征求意见的优点首先是使那些在正常立法程序中没有机会发出声音或者表达自己要求的群体发表自己的看法，使法律能够更好地、更充分地反映人民意志，提高立法质量。2008年4月，全国人大常委会办公厅宣布，今后，全国人大常委会审议的法律草案一般都予以公开，广泛征求各方面意见，法律草案公开征求意见成为常态。

【阅读参考】

2005年3月20日，全国人大常委会办公厅公布《中华人民共和国劳动合同法（草案）》，广泛征求意见。截至4月20日，全国人大常委会法工委共收到各界意见191 849条，是历届全国人大常委会公布的13部法律草案征求意见中，收到意见最多的一次。

2005年4月21日，全国人大常委会办公厅举行新闻发布会，介绍劳动合同法草案广泛征求意见情况。全国人大常委会法工委指出，本次征求意见的特点：第一是参与面很广。有用人单位、社会团体、专家学者和普通劳动者。这些意见，来自全国的31个省、市、自治区、直辖市和香港、澳门两个特别行政区。第二个特点是基层普通劳动者的声音表现比较充分。来自劳动者的意见，占收到意见的65%左右。第三个特点是很多意见都经过认真地准备，很有建设性。在制定劳动合同法的过程中，有这么多的公众参与，表现了大家对构建和谐劳动关系的关心，也表现了国家立法和人民意志的一致性。

(4) 有关专门委员会进行审议，法律委员会统一进行审议。《立法法》规定，法律案由有关的专门委员会进行审议，提出审议意见，印发常委会会议。法律委员会根据常委会组成人员、有关的专门委员会的审议意见和各方面提出的意见，对法律案进行统一审议，提出修改情况的汇报或者审议结果报告和法律草案修改稿，对重要的不同意见应当在汇报或者审议结果报告中予以说明。对有关的专门委员会的重要审议意见没有采纳的，应当向有关的专门委员会反馈。为了加强配合，法律委员会和各专门委员会审议法律案时，可以邀请有关专门委员会成员列席会议，发表意见。

(5) 常委会审议法律案一般要实行三审制。《立法法》规定，列入常委会会议议程的法律案，一般应当经三次会议审议后再交付表决。常委会会议第一次审议法律案，在全体会议上听取提案人的说明，由分组会议进行初步审议。常委会会议第二次审议法律案，在全体会议上听取法律委员会关于法律草案修改情况和主要问题的汇报，由分组会议进一步审议。常委会会议第三次审议法律案，在全体会议上听取法律委员会关于法律草案审议结果的报告，由分组会议对法律草案修改稿进行审议。

同时，有三种特殊情况，可不受三次审议的约束。第一种情况是《立法法》第38条规定的，法律案经三次审议后，仍有重大问题需要进一步研究的，可以暂不付表决，继续审议。如《物权法》就审议了7次。第二种情况是《立法法》第39条规定的，法律案经审议之后，因各方面对制定该法律的必要性、可行性等重大问题存在较大分歧搁置审议满两年的，或者因暂不付表决经过两年没有再次列入常委会审议议程的，由委员长会议向常委会报告，该法律案终止审议。第三种情况是列入常委会审议的法律案，各方面意见比较一致，可以经两次常务会审议后交付表决；部分修改的法律案，各方面意见比较一致的，也可以经一次常委会审议后交付表决。

法律案的审议是立法程序中十分重要的阶段，对法律案的审议过程，实际是审议者们对立法项目所规范调整的客观事实进行深入认识和了解的过程；是审议者们对该立法项目的立法目的、意义、作用、可行性和预期社会效果等，进行认识、了解和研究的过程；是审议者们交换观点、沟通看法，对法律（草案）进行修改、补充和完善的过程；更重要的是审议者们通过行使审议权，对法律案最终认同与否作出决策。因而，法律案的审议在立法程序中有着重要作用和意义。

3. 法律案的表决和通过

这是立法程序的第三个阶段，即全国人大及其常委会对经过审议的法律案正式表示同意与否的活动。

（1）表决通过需要一定的法定票数，我国采取的是绝对多数原则。《立法法》规定，法律草案修改稿经各代表团审议，并经法律委员会根据各代表团的审议进行修改，提出法律草案表决稿，由主席团提请大会全体会议表决，由全体代表的过半数通过。法律草案经常委会会议审议，并经法律委员会根据常委会组成人员的审议意见进行修改，提出法律草案表决稿，由委员长会议提请常委会全体会议表决，由常委会全体组成人员的过半数通过。从我国的立法实践看，绝大多数法律都是高票通过的，有的法律全票通过。也有交付表决后未获通过的例子。九届全国人大常委会第九次会议上国务院提交的《公路法》修正案，由于赞成票等于常委会组成人员的半数而未超过半数未获通过。

【阅读参考】

1999 年 4 月，人称“燃油税法案”的《公路法》修正案草案提交全国人大常委会二审，许多委员虽然赞同费改税的改革方向，但普遍担忧征收燃油税的具体方法将增加农民负担。4 月 29 日，该法律案按计划正式交付表决，但因一票之差不足法定票数被否决，开创了全国人大立法史上的先例。

（2）表决的方式。根据全国人大及其常委会议事规则规定，表决方式采用投票方式、举手方式或者其他方式。从实践看，1986 年 3 月以前采取举手表决方式，后来采取电子表决器方式。电子表决器不记名，常委会组成人员可以赞成、反对、弃权。

对于未获通过的法律案的处理，立法法规定，如果提案人认为必须制定该法律，可以按照法律规定的程序再次提出。但是，是否列入议程，由大会主席团或者委员长会议决定。

4. 法律案的公布

法律案经全国人大或者其常委会通过，还不能说完成了立法程序，必须经国家主席签发主席令公布，才算完成立法程序。

我国宪法规定，中华人民共和国主席根据全国人大或者全国人大常委会的决定，公布法律。公布法律是立法程序必经的步骤，获得通过的法律未经这一步骤，不能产生法律效力。因为法律是要人人遵守的，要大家遵守，就要大家知道，法律签署公布后，应当及时在全国人大常委会公报和在全国范围内发行的报纸上刊登。

法律经国家主席令公布，就发生法律效力，但发生法律效力和法律施行时间并不都完全一样。有的法律自公布之日起施行，但大多数法律要经过一段时间再实施，一般经过半年左右，短的几个月，长的一年之后再实施。这样做有以下好处：(1) 可以使大家了解法律规定；(2) 可以为法律实施进行准备，包括思想、组织、制度、物质等各方面的准备，以保证法律更好地实施。因此，《立法法》专门规定，法律应当明确规定其施行时间。签署公布法律的主席令应当载明该法律的制定机关、通过日期和施行时间。

我国地方各级人大及其常委会制定包括人力资源和社会保障法规在内的地方性法规的程序，大体上与上述步骤相似。

(二) 国务院制定行政法规的立法程序

根据《立法法》和《行政法规制定程序条例》等法律法规规定，行政法规的立法程序依次是：立项、起草、审查、决定和公布、备案和解释。

1. 行政法规的立项

即有行政法规报请立项权的单位向国务院提出制定、修改、废止行政法规的意见和建议。这些单位主要有：国务院各部、委，国务院直属机构，国务院的办事机构，国务院由部委归口管理的国家局，国务院非常设机构。立项申请应当说明立法项目所要解决的主要问题、依据的方针政策和拟确立的主要制度。国务院法制机构应当根据国家总体工作部署对部门报送的行政法规立项申请汇总研究，突出重点，统筹兼顾，拟订国务院年度立法工作计划，报国务院审批。

国务院人力资源社会保障行政部门认为需要制定行政法规的，应当及时向国务院报请立项。根据《行政法规制定程序条例》的规定，列入国务院年度立法工作计划的行政法规项目应当符合下列要求：

（1）适应改革、发展、稳定的需要；

（2）有关的人力资源社会保障改革实践经验基本成熟；

（3）所要解决的问题属于国务院职权范围并需要国务院制定行政法规的事项。

2. 行政法规的起草

行政法规由国务院组织起草，国务院年度立法工作计划确定行政法规由国务院的一个部门或者几个部门具体负责起草工作，也可以确定由国务院法制机构起草或者组织起草。

起草行政法规，应当深入调查研究，总结实践经验，广泛听取有关机关、组织和公民的意见。听取意见可以采取召开座谈会、论证会、听证会等多种形式。起草行政法规，起草部门应当就涉及其他部门的职责或者与其他部门关系紧密的规定，与有关部门协商一致；经过充分协商不能取得一致意见的，应当在上报行政法规草案送审稿时说明情况和理由。起草部门将行政法规送审稿报送国务院审查时，应当一并报送行政法规送审稿的说明和有关材料。行政法规送审稿的说明应当对立法的必要性，确立的主要制度，各方面对送审稿主要问题的不同意见，征求有关机关、组织和公民意见的情况等作出说明。有关材料主要包括国内外的有关立法资料、调研报告、考察报告等。

根据《人力资源社会保障部立法工作规定》规定，人力资源和社会保障行政法规草案，由法规司组织部内有关单位和相关方面专家成立起草小组负责起草。起草小组应当根据情况组织调查研究，总结实践经验，广泛听取各有关方面的意见。行政法规送审稿经部务会审议通过后，由部长签署后报送国务院。

3. 行政法规送审稿的审查

行政法规起草完成后，起草单位应当将草案及其说明、各方面对草案主要问题的不同意见以及其他有关材料送国务院法制机构进行审查。国务院法制机构应当将行政法规送审稿或者行政法规送审稿涉及的主要问题发送国务院有关部门、地方人民政府、有关组织和专家征求意见。除依法需要保密的外，所有行政法规草案都要通过中国政府法制信息网公布，公开征求社会各方面意见。行政法规送审稿涉及重大、疑难问题的，国务院法制机构应当召开由有关单位、专家参加的座谈会、论证会，听取意见，研究论证。行政法规送审稿直接涉及公民、法人或者其他组织的切身利益的，国务院法制机构可以举行听证会，听取有关机关、组织和公民的意见。国务院法制机构应当认真研究各方面的意见，与起草部门协商后，对行政法规送审稿进行修改，形成行政法规草案和对草案的说明，提请国务院常务会议审议。对调整范围单一、各方面意见一致或者依据法律制定的配套行政法规草案，可以采取传批方式，由国务院法制机构直接提请国务院审批。

4. 行政法规的决定和公布

行政法规草案由国务院常务会议审议，或者由国务院审批。国务院常务会议审议通过行政法规与全国人大及其常委会通过法律案的最大差别是，前者不实行少数服从多数的表决制，而是由总理根据会议人员的意见，在民主集中制的原则下最后作出决定。

行政法规由总理签署国务院令公布。行政法规签署公布后，在国务院公报和在全国范围内发行的报纸上刊登。在国务院公报上刊登的行政法规文本为标准文本。

5. 行政法规备案和解释

备案制度是一种有效的立法监督制度。《行政法规制定程序条例》规定，行政法规在发布后的30日内由国务院办公厅报全国人大常委会备案。

《行政法规制定程序条例》规定：行政法规条文本身需要进一步明确界限或者作出补充规定的，由国务院解释。行政法规的解释与行政法规具有同等效力。国务院各部门或者省、自治区、直辖市人民政府可以向国务院提出行政法规解释的要求。

对属于行政工作中具体应用行政法规的问题，省、自治区、直辖市人民政府法制机构以及国务院有关部门法制机构请求国务院法制机构解释的，国务院法制机构可以研究答复；其中涉及重大问题的，由国务院法制机构提出意见，报国务院同意后答复。

（三）人力资源社会保障规章的立法程序

根据《立法法》规定，国务院各部、各委员会、中国人民银行、审计署和具有行政管理职能的直属机构，可以根据法律和国务院的行政法规、决定、命令，在本部门的权限范围内，制定规章。省、自治区、直辖市和较大的市的人民政府，可以根据法律、行政法规和本省、自治区、直辖市的地方性法规，制定规章。2001 年 11 月，国务院制定颁布了《规章制定程序条例》，对规章的立项、起草、审查、决定与公布、解释与备案等程序作了规定。

1. 规章的立项

《规章制定程序条例》规定：国务院部门内设机构或者其他机构认为需要制定部门规章的，应向该部门报请立项；省、自治区、直辖市和较大的市的人民政府所属工作部门或者下级人民政府认为需要制定地方政府规章的，应当向省、自治区、直辖市的人民政府报请立项。国务院部门法制机构，省、自治区、直辖市和较大的市的人民政府法制机构，应当对制定规章的立项申请进行汇总研究，拟订本部门、本级人民政府年度规章制定工作计划，报本部门、本级人民政府批准后执行。

2. 规章的起草

《规章制定程序条例》规定：部门规章由国务院部门组织起草，地方政府规章由省、自治区、直辖市和较大的市的人民政府组织起草。

起草规章应当深入调查研究，总结实践经验，广泛听取有关机关、组织和公民的意见。听取意见可以采取书面征求意见、召开座谈会、论证会、听证会等多种形式。起草的规章直接涉及公民、法人或者其他组织切身利益，有关机关、组织或者公民对其有重大意见分歧的，应当向社会公布，征求社会各界的意见；起草单位也可以举行听证会。

起草部门规章，涉及国务院其他部门的职责或者与国务院其他部门关系紧密的，起草单位应当充分征求国务院其他部门的意见。起草地方政府规章，涉及本级人民政府其他部门的职责或者与其他部门关系紧密的，起草单位应当充分征求其他部门的意见。起草单位与其他部门有不同意见的，应当充分协商；经过充分协商不能取得一致意见的，起草单位应当在上报规章送审稿时说明情况和理由。

起草单位应当将规章送审稿及其说明、对规章送审稿主要问题的不同意见和其他有关材料按规定报送审查。规章送审稿的说明应当对制定规章的必要性、规定的主要措施、有关方面的意见等情况作出说明。有关材料主要包括汇总的意见、听证会笔录、调研报告、国内外有关立法资料等。

3. 规章的审查

《规章制定程序条例》规定：部门规章送审稿由法制机构负责统一审查。法制机构应当将规章送审稿或者规章送审稿涉及的主要问题发送有关机关、组织和专家征求意见。法制机构应当就规章送审稿涉及的主要问题，深入基层进行实地调查研究，听取基层有关机关、组织和公民的意见。规章送审稿涉及重大问题的，法制机构应当召开由有关单位、专家参加的座谈会、论证会，听取意见，研究论证。规章送审稿直接涉及公民、法人或者其他组织切身利益，有关机关、组织或者公民对其有重大意见分歧，起草单位在起草过程中未向社会公布，也未举行听证会的，法制机构经本部门或者本级人民政府批准，可以向社会公布，也可以举行听证会。

有关机构或者部门对规章送审稿涉及的主要措施、管理体制、权限分工等问题有不同意见的，法制机构应当进行协调，达成一致意见；不能达成一致意见的，应当将主要问题、有关机构或者部门的意见和法制机构的意见上报本部门或者本级人民政府决定。法制机构应当认真研究各方面的意见，与起草单位协商后，对规章送审稿进行修改，形成规章草案和对草案的说明。说明应当包括制定规章拟解决的主要问题、确立的主要措施以及与有关部门的协调情况等。规章草案和说明由法制机构主要负责人签署，提出提请本部门或者本级人民政府有关会议审议的建议。

4. 规章的决定与公布

《立法法》和《规章制定程序条例》规定，部门规章应当以部务会议或者委员会会议决定；地方政府规章应当经政府常务会议或者全体会议决定。

经会议审议认为规章草案可行，即为通过，予以公布。部门规章签署公布后，部门公报或者国务院公报和全国范围内发行的有关报纸应当及时予以刊登；地方政府规章签署公布后，本级人民政府公报和本行政区域范围内发行的报纸应当及时刊登。在部门公报或者国务院公报和地方人民政府公报上刊登的规章文本为标准文本。

规章应当自公布之日起 30 日后施行；但是，涉及国家安全、外汇汇率、货币政策的确定以及公布后不立即施行将有碍规章施行的，可以自公布之日起立即施行。

5. 规章的解释与备案

《规章制定程序条例》规定：规章解释权属于规章制定机关。规章的解释与规章具有同等效力。

部门规章公布后，应当自公布之日起 30 日内，由国务院部门报国务院备案；地方政府规章公布后，由省、自治区、直辖市和较大的市的人民政府报国务院备案。报送国务院备案的规章，可直接报送国务院法制机构。

第三节　人力资源和社会保障立法体系设想

一、现行人力资源和社会保障立法概况

改革开放以来，我国人力资源和社会保障立法取得长足进展。目前，由全国人大常委会制定的现行有效的法律有 11 部，包括《劳动法》《公务员法》《劳动合同法》《就业促进法》《劳动争议调解仲裁法》《社会保险法》以及若干具有法律效力的规定；由国务院制定的现行有效的行政法规有 33 件，包括《国务院关于职工工作时间的规定》《职工带薪年休假条例》《行政机关公务员处分条例》《失业保险条例》《工伤保险条例》《劳动合同法实施条例》《女职工劳动保护特别规定》等以及若干具有行政法规效力的规定；由国务院人力资源社会保障部门制定的现行有效的规章共 100 余件。各个地方也制定了 2 000 多件人力资源和社会保障方面的地方性法规和政府规章。

上述法律、法规和规章，从内容上基本涵盖了目前人力资源和社会保障工作的各个方面，如就业培训、社会保险、收入分配、劳动关系协调、公务员管理、人才队伍建设、军转安置等。可以说，适应社会主义市场经济体制的人力资源和社会保障立法体系框架已初步形成。

但是，按照形成中国特色社会主义法律体系的要求，按照人力资源和社会保障事业科学发展的要求，目前的人力资源和社会保障立法还有较大差距。存在的突出问题包括：

一是体系不完善。收入分配、人力资源开发、人力资源市场、事业单位人事管理等业务领域，都还没有支架性、综合性法律或者行政法规，制约了业务工作的发展。

二是配套不健全。现行的一些法律，如《公务员法》《就业促进法》《劳动合同法》《劳动争议调解仲裁法》《社会保险法》都比较原则，与其配套的法规、规章还没有出台，影响了这些法律的全面有效实施。

三是边界不清晰。2008 年组建人力资源和社会保障部后，原劳动和人事分别管理所形成的一些法律制度边界不清、交叉重叠的问题凸显出来，如劳动合同与聘用合同、人才市场与劳动力市场、公共管理和服务与市场调节和服务等，有的需要重新厘清边界关系，有的应当尽快加以整合，否则，既影响业务发展，也影响立法的统一和推进。

四是清理不及时。多年累积下来的法规、规章，特别是庞杂的规范性文

件，由于清理废改不及时，与上位法不一致、相互之间不协调、与形势发展不适应的问题日益严重。

总之，今后一个时期，人力资源和社会保障立法任务十分繁重。因此，研究制定未来一段时期内人力资源和社会保障立法体系构想工作是人力资源和社会保障部组建后的一项重要的基础性工程，是人力资源和社会保障立法工作的基本蓝图，是规范和促进人力资源和社会保障事业科学发展的指引。

二、人力资源和社会保障立法体系构想

为了贯彻落实党中央关于形成中国特色社会主义法律体系的要求，明确人力资源和社会保障立法工作目标，加快立法步伐，促进立法内容和谐统一，为人力资源社会保障事业科学发展提供法律保障，2010 年人力资源和社会保障部制定了《人力资源和社会保障立法体系构想》，从完善人力资源社会保障法律立法体系的整体布局出发，对加强人力资源社会保障立法工作作出了部署。

根据《人力资源和社会保障立法体系构想》，人力资源和社会保障立法体系，是以人力资源和社会保障各业务领域的支架性法律为骨干，由各个专门法律和相应的行政法规、规章相配套而构成的立法文件统一体。完善的人力资源和社会保障立法体系的基本标志是：人力资源和社会保障各业务领域都有相应的支架性法律，专门法律和相配套的法规、规章比较齐备；各个法律、法规、规章之间，下位法与上位法不相抵触，同位法之间互不冲突，内容和谐一致，符合实践需要。

（一）确定立法体系构想的原则

1. 从工作实际出发

在法律部类划分上，在坚持立法体系一般分类标准（即按所调整社会关系的属性和所调整的机制来划分）的同时，立足人力资源和社会保障业务工作的实际需要，力争使立法体系理论分类与业务工作实践需要有机结合。

2. 促进制度统一和业务整合

人力资源和社会保障工作是从原来劳动、人事两块业务整合而来的，管理的对象和方式各有不同，调整的社会关系复杂，涉及的利益群体多元而敏感，因此，制定人力资源和社会保障立法体系是一项系统而复杂的工程，需要对组建后的人力资源和社会保障工作进行梳理和归类，科学论证和预测，填补空缺、厘清边界，通过立法促进制度统一和业务整合，推进人力资源和

社会保障事业在法制上实现统一。

3. 立足当前，着眼长远，处理好立法与改革的关系

立法是规范当前，保障长远的制度性安排，是促进事业发展的法制保障，但是，当前人力资源和社会保障事业处在不断的改革与发展过程中，改革的思路、方向有的尚不明确，有的处于试点，需要不断总结完善，如社会保险工作、事业单位改革、军转安置、职业资格管理等。因此，立法体系构想要妥善处理好改革与发展的关系，在对事业发展和改革进行科学预测的基础上，立足当前，放眼长远，适度超前，提出下一步立法设想，并结合人力资源和社会保障部的“十二五”发展规划统筹考虑，以体现对人力资源和社会保障事业科学发展的前瞻性和指导性。

（二）立法体系的基本框架

按照人力资源和社会保障法律法规所调整的社会关系性质及调整方式，以及人力资源和社会保障部的主要工作职能，未来人力资源和社会保障立法体系总体上可以划分为就业类、劳动类、人才开发类、国家公职及相关人员管理类、国家荣誉类以及社会保障类六个干系，分别以《就业促进法》《劳动法》《人才开发促进法》《公务员法》《国家勋章和荣誉称号法》《社会保险法》等6部法律为支柱，各自包含若干支系，各个干（支）系所包含的立法文件按照其法律效力的位阶划分为法律、行政法规、部门规章和地方性法规四个层次。因此，初步预测，要建立比较完善的人力资源和社会保障立法体系，未来至少需要新制定（修订）10部以上的法律、40余件行政法规和100多件部门规章以及大量的地方性法规。

下一步将在研究制定人力资源和社会保障立法体系构想的基础上，对其中需要在未来5年左右制定和废改的立法项目进行梳理，提出具体的立法规划，通过规划来协调各个立法项目间的关系，兼顾需要与可能，区分轻重与缓急，提高立法效率和质量，并通过年度立法计划来分步实施，逐步完善人力资源和社会保障立法体系。

思 考 题

1. 人力资源社会保障立法的概念和特征是什么？
2. 人力资源社会保障立法应坚持哪些原则？
3. 什么是立法体制？我国现行的立法体制是如何规定的？
4. 简述制定法律的程序。

第三章 人力资源和社会保障法律制度

本章导读

改革开放以来，随着经济体制改革的不断深入，社会主义市场经济建立并不断完善，我国人力资源社会保障领域发生了重大变革，相关立法获得了前所未有的发展，经历了恢复、转型、发展和成熟几个阶段，形成了中国特色社会主义法律体系下的人力资源社会保障法律子体系。

人力资源社会保障领域以《劳动法》《社会保险法》和《公务员法》为基础，以《劳动合同法》《就业促进法》《劳动争议调解仲裁法》等为主干，人力资源社会保障重要法律制度基本建立，为构建和谐劳动关系、调整社会保险法律关系和国家公职人员法律关系发挥了重要作用。

本章通过对人力资源和社会保障法律体系的概念、原理、发展进程、现状以及几项重要法律制度的介绍，帮助读者了解把握中国特色社会主义法律体系下人力资源和社会保障法律体系建设情况和重要的法律制度及原则。

第一节 劳动就业法律制度

一、劳动就业法律的基本知识

（一）劳动就业法律的概念

对劳动就业法律概念的理解，有广义和狭义之分。狭义上理解的劳动就业法律指《劳动法》《劳动合同法》《就业促进法》《劳动争议调解仲裁法》等劳动就业领域专项法律。广义上理解的劳动就业法律包括调整劳动关系以及与劳动关系有密切联系的其他关系的法律规范的总和。其中，除包括上述狭义劳动就业法律中的法律规范外，还包括宪法、法律、行政法规、地方性法规以及其他规范性文件中有关调整劳动关系以及与劳动关系有密切联系的其他关系的法律规范。无论是广义的还是狭义的劳动就业法律，都以调整劳动关系为主，同时还调整与劳动关系密切相关的其他一些社会关系。这些社会关系构成一个相对独立的领域，由劳动就业法律规范调整。

（二）劳动就业法律的构成

2011 年 3 月，全国人大常委会委员长吴邦国在向十一届全国人大四次会议作全国人大常委会工作报告时宣布，一个立足中国国情和实际、适应改革开放和社会主义现代化建设需要、集中体现党和人民意志的，以宪法为统帅，以宪法相关法、民法商法等多个法律部门的法律为主干，由法律、行政法规、地方性法规等多个层次的法律规范构成的中国特色社会主义法律体系已经形成。

体现在劳动就业领域，目前已经形成了以《宪法》为根本法，以《劳动法》为基础，以《劳动合同法》《就业促进法》《劳动争议调解仲裁法》等为主干，包括《关于实施技师聘任制的暂行规定》《女职工劳动保护特别规定》《禁止使用童工规定》《劳动保障监察条例》等行政法规和《企业职工带薪年休假实施办法》《劳动人事争议仲裁办案规则》《工资支付暂行规定》《就业训练规定》等部门规章和大量地方性法规、规章在内的多层次劳动就业法律规范体系。

劳动就业法律的各种具体形式，即劳动就业法律的渊源，主要有以下几种：

1. 宪法中有关劳动就业问题的规定

宪法是我国的根本法，它具有最高的法律效力，是指导国家政治生活、经济生活、社会生活的最高准则，是制定一切法律规范的依据。我国宪法中有关劳动问题的规定，构成了全部劳动法律规范的立法基础。

2. 劳动就业基本法律和主干法律

在我国，法律由全国人民代表大会及其常委会制定，其效力仅次于宪法。属于这一层次的劳动就业法律的表现形式，最重要的是全国人大常务委员会于 1994 年 7 月制定的《劳动法》，它是劳动就业法律体系的“龙头”和基础，是统帅劳动就业法律体系的基本法律，它全面规定了劳动就业法律的基本原则、促进就业、劳动合同与集体合同、工作时间和休息休假、工资、劳动安全卫生、女职工和未成年工特殊保护、职业培训、社会保险和福利、劳动争议、监督检查等劳动就业领域的基本制度，既对规范劳动就业领域法律关系发挥着重要作用，又为劳动就业领域各单项立法提供了重要依据。但它的规定比较原则，与现时的客观实际相比，有些内容也有待调整完善。

《劳动合同法》《就业促进法》《劳动争议调解仲裁法》是劳动就业法律体系的主干，它们与《劳动法》的关系，从规范的对象看，是子母法的关系，是对《劳动法》内容的体现、落实和补充。但从制定机关看，它们都是全国人大常委会制定的法律，处于同一位阶。同时，《劳动合同法》《就业促进法》和《劳动争议调解仲裁法》在总结《劳动法》实施十多年来的实践经验的基础上，借鉴国外有益经验，对劳动合同、就业促进和劳动争议调解仲裁制度作出了进一步规范和完善。根据新法优于旧法的原理，《劳动合同法》《就业促进法》和《劳动争议调解仲裁法》在坚持《劳动法》立法目的和基本精神的原则下，就部分体制性和技术性内容作了突破性规定。

此外，其他法律，如《中华人民共和国中外合资经营企业法》《中华人民共和国外资企业法》等都包含有关于调整劳动就业关系的法律规范，也属于劳动就业法律渊源的范畴。

3. 劳动就业行政法规

国务院颁布的大量的劳动就业行政法规，是当前我国调整劳动关系的重要依据，如《女职工劳动保护特别规定》《禁止使用童工规定》《劳动保障监察条例》《残疾人就业条例》《劳动合同法实施条例》等，都是劳动法的重要渊源。

4. 地方性劳动法规

在我国，依据宪法规定，由省、直辖市人民代表大会及其常务委员会，在不与宪法、法律、行政法规相抵触的前提下，可以制定和发布地方性法规，报全国人大常务委员会备案。民族自治区地方的人民代表大会，有权依照当地民族的政治、经济和文化的特点，制定和发布自治条例和单行法规，报全国人大常务委员会批准后生效。上述这些适用于本地区的有关劳动问题的地方性法规以及其他地方性法规中的劳动法律规范也都属于劳动法渊源的范畴。

5. 劳动就业规章

劳动就业规章包括国务院部门颁布的部门规章和地方政府规章。部门规章主要由国务院劳动就业行政部门——人力资源和社会保障部，或其他国务院有关部委依照法律、行政法规的规定，在法定权限内制定的劳动就业规范性法律文件。如《最低工资规定》《集体合同规定》《就业服务与就业管理规定》《企业职工带薪年休假实施办法》等。地方政府规章是省、自治区、直辖市和较大的市的人民政府，依据法律和行政法规和本区域的地方性法规制定的劳动规范性法律文件。如《北京市劳动合同规定》等。

6. 我国政府批准生效的国际劳工组织通过的劳动公约和建议书

国际劳工组织通过的劳动公约和建议书属于国际劳动法的范畴，其中经我国政府批准后的公约和建议书在我国具有法律效力，因此也是我国劳动法的组成部分。目前，我国已经批准加入了 25 个国际劳工公约，涉及最低工资、最低就业年龄、休息休假、工伤赔偿、女工保护、残疾人就业等方面。

7. 其他规范性文件

其他规范性文件是指除劳动法律、法规、规章以外的一些规范性文件。这些规范性文件不能设立行政处罚，但可对劳动就业起到一定的指导作用。

【阅读参考】国外劳动立法简介

在 18 世纪末至 19 世纪初，随着各国工人运动逐步兴起，工人阶级强烈要求废除原有的“工厂法规”，通过新的立法，保护广大劳动者的合法权益。最早的劳动立法始于 1802 年英国制定的《学徒健康和道德法》，随后 1864 年英国又颁布了《工厂法》。其他一些国家步英国后尘，先后制定了工厂法。例如，法国于 1841 年制定《童工、未成年工保护法》，1848 年发布关于“成年男工 12 小时劳动”的命令；德国于 1839 年颁布《普鲁士工厂矿山规则》，禁止未成年工从事每天 10 小时以上的劳动或者夜间劳动。

随着资本主义经济的发展，工厂法在 19 世纪下半叶有了很大发展。主要表现在两个方面：一是工厂法的适用对象从初期主要为童工、未成年工、女工，逐步扩大到男工和所有工人，原来立法着眼点为工厂，后来推广到矿山、运输、商业等各行业。二是工厂法的内容初期仅限于童工最低年龄限制和童工、女工、未成年工等的最高工时限制，后来增加到包括工资、劳动安全卫生、组织和参加工会、劳动保险、劳动契约等涉及劳动关系的各方面。

进入 20 世纪以后，西方主要国家大都相继颁布了劳动法规。1900 年比利时首先制定了独立的劳动合同法，意大利于 1902 年、德国于 1907 年、法国于 1910 年分别制定了劳动合同法。美国于 1935 年颁布《国家劳工关系法》，规定工人有组织工会和工会有代表工人同雇主订立集体合同的权利；1938 年颁布《公平劳动标准法》，规定最低工资标准和最高工作时间限额及工资支付办法。作为金砖国家的巴西，于 1943 年颁布了《统一劳工法》，后经不断修改，至今仍是巴西劳工政策的基础。俄国“十月革命”后于 1918 年颁布、1922 年修订的《苏俄劳动法典》，是世界上第一部劳动法典，这也标志着劳动法作为独立部门法地位的确立。

第二次世界大战后，东欧国家建立起社会主义制度，以后又有一大批殖民地、附属国逐步独立成为新兴的发展中国家。新的科学技术革命引起生产技术的全面变革，大大提高了劳动生产率，促进了社会经济的快速发展。在世界社会、经济、政治发展形势的客观推动下，劳动立法不断调整变化，有了很大发展。主要体现在：一是劳动立法的内容更加丰富，劳动法的适用对象和范围更加扩大，对劳动权利的保障被视为人权保障的一个重要构成部分而受到人们的普遍重视；二是劳动权纳入宪法之中，劳动权作为公民的一项基本权利，在很多国家的宪法中得到体现；三是劳动法律体系逐步趋于完善，到20世纪末，约有六七十个国家都制定了综合性的劳动法、劳工法或者劳动标准法，有的还制定了劳动法典，在综合性法律的基础上辅之以诸多单项法律，劳动法律体系更趋完善；四是劳资之间由尖锐的斗争关系转为协商谈判的平和关系，随着知识经济时代的到来，劳资合作的主张又成为新的热点话题，有些国家已付诸实践，劳动立法也随之出现了新的内容。

参阅材料：史探径．社会法学［M］．北京：中国劳动社会保障出版社，2007

（三）劳动就业法律的主要特征

劳动就业法律具有一般法律的特征，此外，它还具有自身鲜明的特征。

1.“公法”与“私法”兼容的法律

在社会发展史上，劳动关系最初由民法调整，作为合同关系而存在的劳动关系纯属私法关系。随着社会的发展，劳动法逐渐从民法中分离出来，其标志为国家对劳动关系的干预逐渐加强，作出了许多强制性规定，如最低就业年龄、最高工时、最低工资、劳动安全和卫生标准等。劳动关系不再纯属私法关系，兼有了公法因素。基于此，调整劳动关系的劳动法被称为私法公法化的法律。到了现在，劳动法与具有相同性质的一些法律构成了法律体系中的一个独特的法律部门——社会法部门。

2. 劳动保护与劳动关系调整统一的法律

劳动就业法律首先是劳动者保护法。劳动就业法律在总体上是向劳动者倾斜的。这种保护主要表现在：劳动就业法律对劳动关系双方权利义务的设定，对劳动者而言是以权利为本位，对用人单位而言是以义务为本位。在劳动者的利益方面，强制性规定了只允许提高而不允许降低的标准，如工资、社会保险等，对用人单位则要求其必须遵守这些规定。由于劳动者在劳动关系中往往处于弱者地位，因此劳动法把维护劳动者权益作为主旨是必要的。劳动就业法律同时还是劳动关系调整法。不仅要保护劳动者的权益，还负有将劳动关系调整纳入法制轨道，保障劳动力资源合理配置和使用的任务。劳动就业法律既保护劳动者又调整劳动关系，两种作用相互促进，体现公平与效率的结合。

3. 实体法和程序法兼有的法律

一般情况下，实体法应当有一定的程序法与之相对应。如作为实体法的民法，对应的程序法有民事诉讼法；作为实体法的刑法，对应的程序法有刑事诉讼法。劳动法则是实体内容和程序内容兼有的法律，主要是以实体法为主，兼有程序法的内容，如既包括劳动标准的规定，又有劳动争议处理程序的规定。因此，实体法和程序法兼而有之是劳动就业法律的又一重要特点。

（四）劳动就业法律的基本原则

我国宪法关于劳动就业法律基本原则的规定，概括起来主要有："各尽所能、按劳分配、同工同酬"；"劳动既是公民权利也是公民义务，包括平等就业和自主择业等"；"国家促进就业，保护劳动者合法权益"等。随着我国社会主义市场经济的发展，这些原则在劳动就业法律中具体化为劳动关系协调的合同化、劳动条件的基准化、劳动者保障的社会化、劳动执法的规范化等基本原则。前两条是调整劳动关系的原则，后两条是调整与劳动关系有密切联系的劳动行政关系的原则。

1. 劳动关系协调的合同化

合同化是根据劳动关系建立时所具有的平等性和财产性的特征，在劳动管理中进一步突出集体合同和劳动合同的作用。它是通过集体合同和劳动合同来明确用人单位和劳动者各自的权利和义务，是在市场经济条件下通过"双向选择"而建立起来的劳动关系，通过双方平等协商所订立的合同来调整。《劳动法》第三章"劳动合同和集体合同"的规定体现了这一原则。

2. 劳动条件的基准化

基准化是根据劳动关系所具有的隶属性和人身性的特征，由国家制定劳动标准，明确劳动的基本条件，保护劳动者的合法权益。国家通过劳动法确定最低标准，即使劳动者得到最基本的保护，也为劳动关系双方的协商和用人单位行使自主权留下余地。根据"基准化"的要求，各类企业最低的保护要求应当是一致的，否则就会形成不平等竞争。《劳动法》第四章至第七章的规定都体现了劳动条件的基准化原则。

3. 劳动者保障的社会化

劳动者的保障，包括社会保险、社会救济以及与其相联系的发展职业教育、组织就业培训、职业介绍等促进就业的措施。在市场经济条件下，劳动者保障的社会化，主要在两个阶段进行：劳动者成为企业职工前，有权依法接受政府的职业教育、就业培训、职业介绍等；劳动者因故退出企业后，有权依法享受养老、失业等社会保险待遇。《劳动法》第二章、第八章、第九章体现了这一原则。

4. 劳动执法的规范化

通过建立和健全劳动保障监察、劳动保障行政管理、劳动争议处理机构，维护正常的劳动秩序，使劳动保障执法规范化。与劳动关系协调的合同化相适应，我国应完善劳动争议的调解、仲裁制度；与劳动条件的基准化相适应，我国应完善劳动保障监察制度。因此，《劳动法》对劳动争议、监督检查、法律责任进行了专章规定。

二、我国劳动立法概况与进展

(一) 我国劳动就业立法进程

改革开放前，我国一直没有制定出调整劳动就业关系的基本法律，而是适应当时的需要制定了一些单项法规和文件，如《工厂卫生暂行条例（草案）》《国营企业内部劳动规则纲要》《关于工资改革的决定》《关于加强企业生产中安全工作的几项规定》等。“文化大革命”期间，劳动立法基本停滞，已有的规定也不能贯彻实施。

改革开放以来，我国的劳动就业立法与其他经济、社会领域立法一样，随着经济体制改革的不断深入和经济社会发展形势，获得蓬勃发展，逐步健全和完善起来，这一进程大体可分三个阶段。

第一阶段，劳动就业立法的恢复和转型时期（1978—1994 年）。

这一阶段是改革开放初期，国家的主要任务是在恢复国民经济建设的同时，实行经济体制改革，劳动用工制度发生了深刻变革。1982 年《宪法》就劳动者享有的劳动权、休息权、获得物质帮助权、接受教育权等作了全面规定，有关条文达 20 多条，为劳动就业立法提供了依据和方向。这一阶段的劳动立法，在恢复已有规定、规范生产秩序的同时，围绕劳动用工领域的深刻变革进行了艰辛的探索，颁布了大量劳动法规，并一直关注和酝酿着《劳动法》的制定工作。

1. 制定了有关建立劳动关系的法规。推行劳动合同制。1983 年 2 月，劳动人事部发布了《关于积极试行劳动合同制的通知》。1986 年 7 月，国务院又发布了《国营企业实行劳动合同制暂行规定》及《国营企业招用工人暂行规定》，劳动合同制得以建立并获较快发展，逐步成为企业用工的主要形式。

2. 颁发了规范各项劳动标准的法规。为了调整劳动关系，国家必须明确规定劳动标准，在工资制度方面，1980 年 4 月，国务院发布了《关于试行国营企业计件工资暂行办法（草案）》。1981 年 1 月，国务院发布了《关于正确实行奖励制度，坚决制止滥发奖金的几项规定》。在加强劳动保护工作方面，1982 年 3 月，国务院发布了《矿山安全条例》《矿山安全监督条例》和《锅炉压力容器安全监察条例》。在对女职工实行特殊保护方面，1988 年 7 月，国务院发布了《女职工劳动保护规定》，1990 年 1 月，劳动部颁发了《女职工禁忌劳动的规定》。在保护未成年工特殊利益方面，1987 年 6 月，劳动人事部发布了《严格禁止招用童工的规定》。这些法规都从不同的角度提供了劳动标准，为调整劳动关系确立了法律规范。

3. 发布了加强劳动纪律的法规。为了整顿劳动纪律，恢复正常的生产秩序，1982 年 4 月，国务院发布了《企业职工奖惩条例》；1986 年 7 月，国务院又发布了《国营企业辞退违纪职工暂行规定》，这些法规对建立巩固的劳动纪律发挥了作用。

4. 制定了关于实现企业民主管理的法规。为了健全企业民主管理制度，1981 年 7 月，中共中央、国务院转发了《国营工业企业职工代表大会暂行条例》，并于 1986 年 9 月又联合发布了新的《全民所有制工业企业职工代表大会条例》，此后在 1988 年 4 月第七届全国人民代表大会第一次会议上通过了《企业法》，这一法律对职工代表大会的组织形式及职代会的职权作出了明确的规定，这些法律文件有力地促进了企业民主管理制度的完善。

5. 颁布了关于解决劳动争议的法规。在调整劳动关系方面，不仅需要有实体法的规定，还应当有程序法的规定，为了恢复我国自 1956 年停止的劳动争议处理制度，1987 年 7 月，国务院发布了《国营企业劳动争议处理暂行规定》，此后在总结劳动争议处理工作经验的基础上，1993 年 7 月由国务院颁发了《中华人民共和国企业劳动争议处理条例》，使我国的劳动争议处理工作得到了复苏。

第二阶段，劳动就业立法快速发展时期（1994—2007 年）。

这一阶段，我国确立了建立社会主义市场经济的改革方向，在长达十几年的改革实践和与之相适应的立法实践基础上，第八届全国人大常委会第八次会议于 1994 年 7 月 5 日通过了《中华人民共和国劳动法》，这是我国劳动立法的一座重要里程碑，标志我国的劳动立法登上了新的台阶。为了有效地贯彻实施《劳动法》，劳动部先后制定了一系列配套规章制度。主要有：《职业指导办法》《劳动监察员管理办法》《企业经济性裁减人员规定》《企业职工患病或非因工负伤医疗期规定》《违反和解除劳动合同的经济补偿办法》《集体合同规定》《工资支付暂行规定》《就业训练规定》《未成年工特殊劳动保护规定》《企业实行不定时工作制和综合计算工时工作制的审批办法》《职业培训实体管理规定》《违反〈劳动法〉行政处罚办法》等。此后，国家又制定出台了一些重要劳动就业法律法规，如 2001 年颁布了《中华人民共和国职业病防治法》、2002 年颁布了《中华人民共和国安全生产法》、2004 年颁布了《劳动保障监察条例》等。值得一提的是：这一阶段，与《劳动法》密切相关的《工会法》也获得了较大发展。我国于 1950 年 6 月颁布了第一部《工会法》，并于 1992 年颁布了第二部《工会法》，随着时间的推移，必须进行适当的修改。2001 年 10 月，全国人大常委会九届二十四次会议通过了《关于修改〈中华人民共和国工会法〉的决定》，修订后的《工会法》突出了维护职工合法权益的职能，并明确规定了维权的基本方法，为工会工作提供了法律后盾。

第三阶段，劳动就业立法成熟时期（2007 年至今）。

这一阶段，推动科学发展和促进社会和谐成为时代主题，社会主义现代化建设步入政治、经济、文化、社会全面建设时期，劳动就业立法趋于稳健成熟。2007 年，全国人大常委会相继通过了《就业促进法》《劳动合同法》和《劳动争议调解仲裁法》三部劳动就业法律，这一年被称为“劳动立法年”。同年，国务院还颁布了《残疾人就业条例》。2008 年，国务院又颁布了《劳动合同法实施条例》。这是我国劳动就业立法史上前所未有的黄金阶段。

《劳动合同法》的颁布进一步明确了劳动关系双方当事人的权利与义务，为构建和谐劳动关系提供了法律保障。对《劳动合同法》的制定，全国广大人民群众给予了高度关注，当 2006 年 3 月 20 日全国人大常委会向社会公布草案，征集各方面的意见时，仅仅一个月，就收到来自群众的 191 848 条意见，这一数字创造了全国第一，在我国民主立法史上写下了光辉的一页。这一事实正说明广大人民群众对这一法律的热切期待。这部法律扩大了劳动合同的实施范围，提高了劳动合同的签订率，严格规范了试用期，纠正了劳动合同的短期化和纠正拖欠工资的行为，并对劳务派遣、非全日制用工等作出了规范，这部法律为调整劳动关系弥补了《劳动法》的不足。

《就业促进法》的颁布加强了对就业工作的管理，有力地促进了就业工作的发展。这是我国第一部对就业问题的专门立法，这部法律有针对性地对我国的就业与失业问题作出了法律规范，具体规定了政府对劳动就业工作的责任，要求政府对劳动就业予以财政支持，应为劳动者提出平等就业机会和公平就业条件，反对就业歧视，要求为农业富余劳动力有序地向城市异地转移就业创造条件，要求加强对劳动就业的管理与服务，加强对就业中介机构的管理，坚决纠正职业中介机构的违法行为，并要求依法发展职业教育，鼓励开展职业培训，增强劳动者的就业能力和创业能力。这部法律有助于加强就业工作和促进就业工作的改善。

《劳动争议调解仲裁法》的颁布为改进和健全劳动争议处理制度确立了法律规范。这是劳动就业立法的又一重大成果，《劳动争议调解仲裁法》对原有的劳动争议处理制度作了适当的修改与补充，加强了劳动争议的调解工作，进一步规范了劳动争议的调解机构和调解程序，改进了劳动争议仲裁的管理、仲裁案件的程序、仲裁申请的时效及仲裁时效的中止和中断的有关规范。这一法律的颁布健全了劳动争议处理制度。

总体来看，改革开放以来的劳动就业立法具有以下特点：一是在调整方式上，实现了从政策调整到法律调整的转变；二是在劳动就业法律价值上，确立了侧重保护劳动者权益的原则；三是在立法定位上，实现了从国家本位到社会本位的转变；四是在治理模式上，实现了从政府单一指令到个体自治、团体自治和国家强制三种模式共存的转变。以《劳动法》为基本法，以《劳动合同法》《就业促进法》《劳动争议调解仲裁法》等作为支架，社会主义市场经济体制下劳动就业法律体系基本形成。

（二）我国劳动就业法律制度的完善

目前，我国劳动就业法律体系已初具规模，基本涵盖了劳动合同、就业促进，包括调解仲裁和劳动监察在内的劳动争议处理等重要领域。但是，按照形成中国特色社会主义法律体系的要求，按照人力资源和社会保障科学发展的要求，按照社会主义市场经济体制的要求，我国在劳动就业领域的立法还不完善。

完善的劳动就业法律体系将由宪法、劳动法、各单项劳动法律、劳动行政法规、劳动规章等构成，形成一个层次分明、内容全面，比较完备的劳动就业法律体系。

1. 宪法。宪法是我国整个劳动就业法律体系的根本法。

2. 劳动法。这是调整劳动关系，规范劳动力市场行为，调控劳动力市场运行的基本法。

3. 单项劳动法律。它们是劳动就业法律体系中的主干法，主要包括：

(1) 就业促进法。主要规定国家在发展经济，促进劳动就业，保障劳动者就业权利实现方面的职责。

(2) 劳动合同法。规定劳动合同的订立原则，劳动合同的形式、内容、期限、终止、解除等，是劳动关系产生、变更、终止的依据。

(3) 集体合同法（可先制定条例）。规定集体合同的订立原则，集体合同的形式、内容，违反集体合同的法律责任等。

(4) 基本劳动标准法。规定工时、劳动定额、工作条件等劳动标准。

(5) 企业工资法。规定企业工资的分配原则、工资水平、工资的增长机制、最低工资的确定及标准等。

(6) 劳动安全卫生法。规定用人单位和劳动者在劳动安全卫生方面的权利和义务。

(7) 劳动争议调解仲裁法。规定劳动争议的处理原则、处理机构、处理方式、审理程序、申诉程序等。

(8) 劳动保障监察法。提高《劳动保障监察条例》的立法层次，规定劳动保障监察的职责、程序和手段、实施方式、法律责任等。

4. 劳动行政法规。劳动行政法规以劳动法律为立法依据，将劳动法律规范进一步具体化，使之具有可操作性。因此，劳动行政法规是劳动法律体系的重要组成部分。包括《职业技能培训和鉴定条例》《人力资源市场管理条例》《残疾人就业条例》《劳动合同法实施条例》《职工带薪年休假条例》《国务院关于职工工作时间的规定》《禁止使用童工规定》《女职工劳动保护特别规定》《企业工资条例》等。

5. 劳动规章。随着我国市场经济法律体系的建立及社会主义法制的进一步完善，劳动规章将成为劳动法律规范的重要补充形式。包括：《技工院校管理规定》《人力资源服务机构管理规定》《就业服务与就业管理规定》《企业劳动规章制度管理规定》《工资集体协商试行办法》《企业实行特殊工时制度管理规定》《企业职工带薪年休假实施办法》《女职工禁忌劳动范围规定》《未成年工特殊劳动保护规定》《工资支付暂行规定》《最低工资规定》《劳动人事争议仲裁办案规则》《劳动人事争议仲裁员管理办法》《劳动人事争议仲裁组织规则》等。

三、我国几项重要的劳动就业法律制度

(一) 就业促进法律制度

1. 概述

(1) 就业的概念

就业是指有劳动能力的人，通过一定方式与生产资料相结合，实现劳动过程，获得劳动报酬或者经营收入的活动。就业不仅是劳动者赖以生存的条件，也是劳动者融入社会、实现自身价值的渠道。

(2) 劳动者的就业权利

劳动者就业权是我国宪法赋予劳动者享有的一项基本权利，是法律赋予有劳动能力的公民获得职业并通过劳动取得劳动报酬的一项资格，包括劳动者平等就业和自主择业的权利。同时，反对就业歧视也是保障劳动者就业权利的基本前提。《就业促进法》第3条规定："劳动者依法享有平等就业和自主择业的权利。劳动者就业，不因民族、种族、性别、宗教信仰等不同而受歧视。"

(3) 国家促进就业的方针

《就业促进法》第2条规定："国家把扩大就业放在经济社会发展的突出位置，实施积极的就业政策，坚持劳动者自主择业、市场调节就业、政府促进就业的方针，多渠道扩大就业。"在社会主义市场经济条件下，做好促进就业工作，实现社会就业比较充分的目标，必须调动各方面的积极性，充分发挥各方面在促进就业中的作用，因此，《就业促进法》从法律层面确立了"劳动者自主择业、市场调节就业、政府促进就业"的方针。

2. 政策支持

《就业促进法》将促进就业作为国家和政府的一项重要职责，规定了促进就业的政策体系，大体包括十个方面：一是实行有利于促进就业的产业政策；二是实行有利于促进就业的财政政策；三是实行有利于促进就业的税收政策；四是实行有利于促进就业的金融政策；五是实行城乡统筹的就业政策；六是实行区域统筹的就业政策；七是实行群体统筹的就业政策；八是实行有利于灵活就业的劳动和社会保障政策；九是实行就业援助制度；十是实行失业保险促进就业政策。

3. 公平就业

公平就业，是指所有劳动者享有公平的就业机会，既包括形式公平意义

上的反就业歧视，也包括实质公平意义上的对特殊就业群体给予扶持、援助和保护。其基本要求和目标是，保障劳动者依法享有平等就业和自主择业的权利。其基本原则是机会均等和同工同酬。

公平就业的一项重要内容是反就业歧视，我国《就业促进法》第三章规定了反就业歧视的原则，并就我国现阶段比较突出的几类就业歧视现象，作出了专门规定。这些规定包括：反对性别歧视，规定妇女享有与男子平等的就业权利；反对民族歧视，规定各民族劳动者享有平等的就业权利；反对残疾歧视，规定国家保障残疾人的劳动权利；反对疾病或传染病歧视，规定用人单位招用人员，不得以是传染病病原携带者为由拒绝录用。反对户籍歧视或身份歧视，规定农村劳动者进城就业享有与城镇劳动者平等的就业权利。

【阅读参考】

1958 年第 42 届国际劳工大会通过了《1958 年消除就业和职业歧视公约》（第 111 号），其主要内容是：批准国应根据本国国情制定和实行促进就业和职业机会均等和待遇平等的国家政策，以消除基于《公约》所列原因的歧视。《公约》要求批准国采取措施，撤销或者修改任何不符合非歧视原则的法律规定和实际做法，并与雇主和工人组织协商，制定有利于贯彻此项原则的法律法规和宣传教育计划。《公约》还要求国家主管部门采取切实行动，确保关于禁止和消除就业歧视的国家政策在职业指导和培训，以及就业安置服务工作中得到切实贯彻。

我国政府于 2006 年 1 月 12 日正式批准了该《公约》。

4. 就业服务和管理

就业服务，是指就业服务主体为劳动者实现就业和用人单位招用劳动者提供的社会服务。就业服务的对象是劳动力供求双方。就业服务的内容包括就业登记、职业指导、职业介绍、就业前培训、失业保险、组织生产自救和以工代赈等。根据《就业促进法》的规定，就业服务分为非营利性就业服务和营利性就业服务两类。《就业促进法》规定，地方各级政府和有关部门不得自行举办或参与举办营利性就业服务，包括举办营利性职业中介机构和招聘会等。《就业促进法》第四章还规定了公共就业服务机构的设立和类型、公共就业服务机构的服务项目，职业中介机构的设立条件、设立申请和服务项目，职业指导服务等。

《就业促进法》还规定了县级以上人民政府和有关部门对就业服务活动实

施管理，包括对人力资源市场的管理、对职业中介机构的管理等。

【案例】

老张是一名下岗职工，在别人的介绍下，来到了一家职业中介所。工作人员当即给老张联系了一家单位，条件是需交100元押金，成功了再加交50元算是中介费，失败了则只需交5元服务费，100元押金退回。老张去了那家单位进行了面试，结果发现工作环境太差而且待遇很低，就没有签约。等回到职业中介所要押金时，工作人员却说单位已经给你找好了，是你自己不愿意去，就等于介绍成功了，执意不肯退押金。

分析：

当今的职业中介机构鱼龙混杂，不仅很多机构不正规，而且收费项目繁多。一般而言，即使一些正规中介承诺在未被录用或试用时不收介绍费，但也都会收取一定数量的押金，虽然承诺在一定条件下可全额或扣除一定服务费用后退回，但最终能完全兑现承诺的却并不多。针对这种情况，《就业促进法》规定了职业中介机构未经依法许可和登记，不得从事职业中介活动。此外还特意规定了职业中介机构不得扣押劳动者的居民身份证和其他证件，或者向劳动者收取押金。如果扣押劳动者居民身份证等证件的，由劳动行政部门责令限期退还劳动者，并依照有关法律规定给予处罚。如果向劳动者收取押金的，由劳动行政部门责令限期退还劳动者，并以每人500元以上2 000元以下的标准处以罚款。

案例来源：中国教育在线

5. 职业教育和培训

职业教育和培训是按照不同职业岗位要求，对劳动者进行职业道德教育、传授职业知识、培训职业技能、开展职业指导的教育培训活动。职业教育和培训的目的在于使劳动者获得一定文化知识和职业技能，增强其就业能力和创业能力。《就业促进法》第44条规定：“国家依法开展职业教育，鼓励开展职业培训，促进劳动者提高职业技能，增强就业能力和创业能力。”《就业促进法》第五章规定县级以上人民政府和有关部门在开展职业教育和培训方面的职责，规定职业教育培训机构和职业培训的种类，规定国家实行劳动预备制度。

6. 就业援助

《就业促进法》第52条规定：“各级人民政府建立健全就业援助制度，采取税费减免、贷款贴息、社会保险补贴、岗位补贴等办法，通过公益性岗位安置等途径，对就业困难人员实行优先扶持和重点帮助。”《就业促进法》第六章对就业援助制度作出了专章规定，包括：就业援助的方法主要是税费减免、贷款贴息、岗位补贴；就业援助的途径是通过公益性岗位安置就业困难人员，使其实现就业；就业援助的对象是就业困难人员，包括因身体状况、技能水平、家庭因素、失去土地等原因难以实现就业，以及连续失业一定时间仍未能实现就业的人员。就业困难人员的具体范围，由省、自治区、直辖市人民政府根据本行政区域的实际情况规定。《就业促进法》针对重点群体，对残疾人就业制度、零就业家庭的就业援助制度和资源开采型城市、独立工矿区就业援助制度作出了专门规定。

【案例】

小王是某高校一名理工类的女硕士研究生，现在一家科技公司工作，由于工作出色，颇受领导赏识和同事好评。但想起自己在求职过程中受到的歧视，感慨万千。她曾经去过一个招聘会现场，一百多家单位招聘，竟然一份简历也没有投出去。因为很多单位在招聘海报上明确说明仅限男生，其余单位即使不明确标示，对于女生也大都含蓄拒绝，“我们单位经常会出差，你一个女生禁不起出差的折腾，还是另谋高就吧”。“我们单位经常加班，而且以往招的人大都是男生，你如果进我们单位工作会不适应的”。虽然也有少数单位有招女生意向，但开出的条件很是苛刻，比如在三年之内不许结婚，即使结婚也不能生育。再有在待遇方面规定女生硕士与本单位本科男生一样标准，等等。

分析：

其实，我国不少法律都有关于反对就业性别歧视的阐述和规定。如《劳动法》第13条规定，妇女享有与男子平等的就业权利。但这些规定都是一些政策性口号，太过原则和笼统，没有技术层面的可操作性，因此广大女性面对性别歧视束手无策。而《就业促进法》不仅规定了政府在保障公平就业方面的职责和用人单位与职业中介机构不得性别歧视的义务，还规定了一个极具可操作性的内容——如果自己遭受到就业歧视，可以向人民法院提起诉讼。也就是说，凡劳动者遇到就业歧视，如前述健康和性别歧视外，还有民族、种族、信仰、年龄、身体（如身高、相貌、残疾）、地域、学历等各种五花八门、或明或暗的就业歧视，都可以向法院提起诉讼，通过司法途径获得救济，由法院根据法律规定和具体情况作出裁决，责令用人单位改正或作出赔偿。

案例来源：中国教育在线

(二) 劳动合同法律制度

1. 概述

(1) 劳动合同的概念

我国《劳动法》第 16 条规定:“劳动合同是劳动者与用人单位确立劳动关系、明确双方权利和义务的协议。建立劳动关系应当订立劳动合同。”劳动合同是调整劳动关系的基本法律形式,也是确立劳动者与用人单位劳动关系的基本前提,在劳动关系中占据核心地位。

《劳动合同法》进一步明确了签订劳动合同与建立劳动关系的联系:用人单位自用工之日起即与劳动者建立劳动关系;强调建立劳动关系,应当订立书面劳动合同;规定用人单位与劳动者在用工前订立劳动合同的,劳动关系自用工之日起建立。

(2) 劳动合同的法律特征

根据《劳动法》和《劳动合同法》对劳动合同本质属性作出的法律界定,劳动合同是一种特殊的合同,除具有一般合同的特征外,还有其自身的法律特征。

第一,劳动合同的双方主体身份特定,即一方是用人单位,另一方是劳动者,而不能发生在两个用人单位或两个劳动者之间。根据《劳动合同法》规定,用人单位包括直接适用劳动合同法的企业、个体经济组织、民办非企业单位等组织,也包括依照执行劳动合同法的国家机关、事业单位和社会团体等。

第二,劳动合同双方当事人法律地位平等。劳动合同是双方当事人在平等自愿、协商一致的基础上达成的协议,是用人单位的用人自主权和劳动者的择业自主权都得以实现的结果,是两者的结合。

第三,劳动合同双方当事人在职责上具有从属关系。劳动合同订立后,劳动者一方必须加入到用人单位的生产和工作中去,成为该用人单位职工,服从用人单位的管理。劳动者需遵守用人单位的规章制度,完成用人单位分配的生产、工作任务。当然,用人单位也有为劳动者提供必需的劳动条件、支付劳动者的劳动报酬、为职工缴纳社会保险费,并提供相关的生活福利等义务。劳动者有权获取劳动报酬,获得社会保险和生活福利待遇等。

2. 劳动合同法调整的对象

劳动合同法的调整对象是劳动关系以及与劳动关系密切联系的经济社会关系。

(1) 劳动关系

劳动关系是劳动者在运用劳动能力，实现社会劳动过程中与用人单位之间通过劳动合同确定的一种社会关系。劳动法调整的对象主要是劳动关系，然而，不是所有的劳动关系都在劳动法调整范围之内。劳动法所调整的对象是狭义上的劳动关系，即劳动者和用人单位通过签订劳动合同，在使用劳动能力、实现劳动过程中所发生的关系，这种关系与劳动有着直接的联系，劳动是这种关系的基础，也是它的实质。具体有以下特征：

第一，劳动关系是劳动者与用人单位之间发生的社会关系。劳动关系当事人一方是劳动者，另一方是用人单位。劳动者提供劳动力，用人单位使用劳动力。劳动关系双方当事人形成提供劳动力与使用劳动力的关系。

第二，劳动关系是在实现劳动过程中发生的社会关系。所谓实现劳动过程，就是劳动者参加其所在单位某种劳动的过程。劳动者所从事的劳动，既可以是体力劳动，也可以是脑力劳动。

第三，劳动关系是兼具人身关系和财产关系属性的社会关系。劳动者是劳动力的所有者，劳动力与劳动者的人身须臾不可分离。用人单位因使用劳动力而发生的社会关系是与劳动者的人身尤其是生命、健康紧密相连。同时，用人单位因使用劳动力而发生的社会关系是活劳动与物化劳动等量交换，具有财产关系属性。

第四，劳动关系双方主体在法律地位上具有平等性，但在具体劳动过程中又具有从属性。劳动关系的双方当事人，在法律上享受平等的权利，劳动者向用人单位提供劳动或者服务，用人单位向劳动者支付劳动报酬，双方的权利义务在平等自愿的基础上通过劳动合同约定。但是在劳动关系目的实现过程中，用人单位负有对生产经营的组织、指挥、协调和监督的权利，作为用人单位管理范围之内的劳动者负有完成单位交给的生产或工作任务、遵守用人单位劳动纪律和内部规章制度的义务，这使用人单位与劳动者之间的劳动关系又具有了指挥与服从的从属性特征。

(2) 与劳动关系密切联系的经济社会关系

劳动关系是劳动法所调整的主要对象，但是还必须看到劳动法不仅仅调整劳动关系，它还承担着调整与劳动关系密切联系的一些关系。这些关系本身不是劳动关系，但是却与劳动关系有着密切的联系，有的是发生劳动关系的必要前提，有的是劳动关系的直接后果，有的是随着劳动关系而附带产生的关系。这些关系包括以下几个方面：

第一，劳动力市场运行与调控方面的关系，即为维护劳动力市场的规范运行，国家政府部门（如劳动保障行政部门）对有关劳动力市场准入、劳动力供需等市场活动进行调控发生的关系。

第二，处理劳动争议而发生的关系，即为有效维护劳动者和用人单位的合法权益，劳动争议处理机构、人民法院与企业等用人单位、职工之间由于调处和审理劳动争议而产生的关系。

第三，监督劳动法律执行方面的关系，即国家政府部门（如劳动保障行政部门等）与企业、机关、事业单位之间因监督、检查劳动法律的执行而产生的关系。

第四，因组织工会和工会活动而发生的关系，即工会与职工、用人单位因组织工会、职工参加民主管理、维护职工合法权益而发生的关系。

（3）劳动合同法的适用范围

《劳动合同法》的适用范围包括直接适用和依照执行。《劳动合同法》第2条第1款规定："中华人民共和国境内的企业、个体经济组织、民办非企业单位等组织（以下称用人单位）与劳动者建立劳动关系，订立、履行、变更、解除或者终止劳动合同，适用本法。"第2款规定："国家机关、事业单位、社会团体和与其建立劳动关系的劳动者，订立、履行、变更、解除或者终止劳动合同，依照本法执行。"

3. 劳动合同的订立

（1）订立劳动合同的主体

订立劳动合同双方主体要有符合法律规定的资格。用人单位应当依法成立，能够依法支付工资，缴纳社会保险费，提供劳动保护条件，并能够承担相应的责任。在我国，用人单位不包括自然人雇主。劳动者必须符合法定的就业年龄，一般还要具备相应的劳动能力等。

（2）订立劳动合同的原则和形式要求

《劳动合同法》第3条第1款规定："订立劳动合同，应当遵循合法、公平、平等自愿、协商一致、诚实信用的原则。"

《劳动合同法》第10条第1款规定："建立劳动关系，应当订立书面劳动合同。"书面形式是订立劳动合同的法定形式。《劳动法》规定，建立劳动关系应当订立劳动合同。但在实践中很多用人单位用工却不与劳动者订立劳动合同或仅订立口头合同，导致大量事实劳动关系，发生争议时，难以确定双方的劳动关系和权利义务。针对这一问题，《劳动合同法》进一步明确了用人单位签订书面劳动合同的义务，加大了用人单位不签订书面劳动合同的法律责任。一是用人单位自用工之日起即与劳动者建立劳动关系。二是建立劳动关系应当订立书面劳动合同。已建立劳动关系，未同时订立书面合同的，应当自用工之日起一个月内订立书面劳动合同。三是用人单位自用工之日起超过一个月不满一年未与劳动者订立书面劳动合同的，应当向劳动者每月支付2倍的工资。四是用人单位自用工之日起满一年不与劳动者订立书面合同的，视为双方已订立无固定期限的劳动合同。

（3）劳动合同的内容

根据《劳动法》和《劳动合同法》的规定，劳动合同的内容分为法定条款和约定条款。法定条款是劳动合同必须具备的内容，包括：用人单位的名称、住所和法定代表人或者主要负责人，劳动者的姓名、住址和居民身份号码或者其他有效身份证件号码，劳动合同的期限，工作内容和工作地点，工作时间和休息休假，劳动报酬，社会保险，劳动保护、劳动条件和职业危害防护，法律、行政法规规定应当纳入劳动合同的其他事项等。约定条款是劳动者和用人单位双方除法定条款以外，协商确定的内容，包括试用期、培训、保守秘密、补充保险、福利待遇等。

（4）劳动合同的期限

根据《劳动合同法》第12条规定，劳动合同分为固定期限劳动合同、无固定期限劳动合同和以完成一定工作任务为期限的劳动合同三种。固定期限的劳动合同，明确了合同有效的起止日期，既有长期的，如5年、10年等；也有短期的，如1年、3年等。劳动合同期限未满，合同不能随意提前解除；合同期限届满，劳动关系即告终止。根据《劳动合同法》第14条第1款规定："无固定期限劳动合同，是指用人单位与劳动者约定无确定终止时间的劳动合同。"意味着无固定期限劳动合同没有确定的终止时间，也不得约定终止的条件，只能依法解除或终止。以完成一定工作任务为期限的劳动合同，经双方约定，用人单位招用劳动者从事某项工作或任务开始之时为合同起始之日，劳动者完成该项任务或工作，合同即告期满，劳动关系也自行终止。

（5）劳动合同的效力

《劳动合同法》第3条第2款规定："依法订立的劳动合同具有约束力，用人单位与劳动者应当履行劳动合同约定的义务。"

《劳动合同法》第26条规定了劳动合同无效的法定情形：一是以欺诈、胁迫的手段或乘人之危，使对方在违背真实意思的情况下订立或变更劳动合同的；二是用人单位免除自己的法定责任，排除劳动者权利的；三是违反法律、行政法规强制性规定的。劳动合同无效或部分无效，由劳动争议仲裁机构或者人民法院确认。劳动合同被确认无效，劳动者已经付出劳动的，用人单位应当向劳动者支付劳动报酬；劳动合同无效，给对方造成损害的，有过错的一方应当承担赔偿责任。

【案例】

李某是某公司的销售代理。2008年，该公司与其签订劳动合同。合同规定：李某可以从产品销售利润中提取60%的提成，本人的病、伤、残、亡等企业均不负责。在一次外出公干中，由于交通事故，李某负伤致残。李某和该公司发生了争议并向劳动行政部门投诉，要求解决其伤残保险待遇问题。

分析：

《劳动合同法》第3条规定的订立劳动合同要遵循的合法原则，是指劳动合同的订立不得违反法律、法规的规定。法律、法规既包括现行的法律、行政法规，也包括以后颁布实施的法律、行政法规，既包括劳动法律、法规，也包括民事、刑事、行政和经济方面的法律、法规。合法原则包括：劳动合同的主体必须合法，劳动合同的内容必须合法和劳动合同订立的程序和形式合法。

《劳动合同法》第26条规定：用人单位免除自己的法定责任，排除劳动者权利的，属于劳动合同的无效或者部分无效。赵某与公司订立的劳动合同中规定的公司不负担赵某任何伤残待遇费的条款属于用人单位免除自己的法定责任，内容明显违法。因此，这一条款是无效的。

4. 劳动合同的履行和变更

有效的劳动合同应当得到全面、准确的履行。用人单位应当承担以下义务：一是依法支付劳动报酬。为有力保护劳动者的劳动报酬权，《劳动合同法》第30条第2款规定："用人单位拖欠或者未足额支付劳动报酬的，劳动者可以依法向当地人民法院申请支付令，人民法院应当依法发出支付令。"二是严格执行劳动定额标准，保证劳动者休息休假的权利。三是保护劳动者的生命安全和身体健康。

【阅读参考】

"支付令"，即督促程序，指依《民事诉讼法》规定，人民法院根据债权人的给付金钱和有价证券的申请，以支付令的形式，催促债务人履行义务的一种特殊法律程序。

劳动合同在以下情形下可以变更：一是双方当事人协商一致同意变更；

二是由于订立劳动合同依据的法律法规被修改或废止，导致劳动合同中的部分条款内容与之相悖而必须修改；三是劳动者因病或非因工负伤，在规定的医疗期满后不能从事原工作，由用人单位另行安排工作；或者劳动者不胜任工作调整后工作岗位的，经双方协商一致可以变更；四是用人单位发生分立、合并等重大变更的。

5. 劳动合同的解除和终止

劳动合同的解除包括双方协商一致、劳动者单方解除和用人单位单方解除三种类型。《劳动合同法》第 36 条规定：“用人单位与劳动者协商一致，可以解除劳动合同。”但如果是用人单位首先提出的，应当依法支付经济补偿。劳动者单方解除劳动合同可粗略分为三种类型：一是在合同期内提前 30 日以书面形式通知用人单位或者在试用期内提前 3 日通知用人单位，可以解除劳动合同。这是劳动者解除劳动合同的一般情形；二是在用人单位有违约或损害劳动者权益的情况下，劳动者可以随时解除劳动合同；三是用人单位有严重侵权行为或危及劳动者人身安全时，劳动者可立即解除劳动合同，且不需事先告知用人单位。

用人单位单方解除劳动合同的情形也可粗略归为三类：一是因劳动者过错可以解除劳动合同；二是因客观原因可以提前通知解除劳动合同；三是因经济性裁减人员解除劳动合同。上述情形下如何具体执行，《劳动合同法》中都有规定。为了加大对劳动者权益的保护力度，《劳动合同法》第 42 条对用人单位单方解除劳动合同作出了特别限制，规定即使在有客观原因和经济性裁员时，也不得依此类原因而与下列人员解除劳动合同：（1）从事接触危害作业的劳动者未进行离岗前职业健康检查，或者疑似职业病病人在诊断或者医学观察期间的；（2）在本单位患职业病或者因工负伤并被确认丧失或者部分丧失劳动能力的；（3）患病或非因工负伤，在规定的医疗期内的；（4）女职工在孕期、产期、哺乳期内的；（5）在本单位连续工作满 15 年，且距法定退休年龄不足 5 年的；（6）法律、行政法规规定的其他情形。

劳动合同在下列情况下终止：一是劳动合同期满的；二是劳动者开始依法享受基本养老保险待遇的；三是劳动者死亡、或者被人民法院宣告死亡或者失踪的；四是用人单位被依法宣告破产的；五是用人单位被吊销营业执照、责令关闭、撤销或者用人单位决定提前解散的；六是法律、行政法规规定的其他情形。值得注意的是，《劳动合同法》在劳动合同法定条款中取消了关于双方当事人可以约定劳动合同终止条件的规定，这一点与《劳动法》规定不一样，其立法意图是由法律规定劳动合同的终止，这也是《劳动合同法》对

《劳动法》的突破性规定之一。终止劳动合同，也要履行“通知”义务，用人单位还要履行向劳动者出具书面证明及办理档案关系、社保关系转移等随附义务。

解除或者终止劳动合同，用人单位在下列情况下，要向劳动者支付经济补偿：一是依据《劳动合同法》第38条，因用人单位过错导致劳动者提出解除劳动合同的；二是依据《劳动合同法》第36条，用人单位先提出解除劳动合同的；三是依据《劳动合同法》第40条，用人单位因客观原因需解除劳动合同的；四是依据《劳动合同法》第41条，用人单位生产经营状况发生变化，导致合同不能继续履行的；五是依据《劳动合同法》第44条第1款，终止固定期限劳动合同时，但劳动者在合同条件不降低的情况下不同意续签的除外；六是依据《劳动合同法》第44条第四项、第五项规定，用人单位被依法宣告破产与用人单位解散、被吊销营业执照或者责令关闭的情况下，解除劳动合同的；七是法律、行政法规规定的其他情形。

6. 特别规定

（1）集体合同

集体合同，又称集体协议或团体协议。集体合同制度是协调劳动关系的一项重要法律制度，可以在一定程度上弥补劳动立法和劳动合同的不足。《劳动合同法》第五章第一节对集体合同制度作出了专门规定。规定了签订集体合同的主体、合同内容、效力、劳动报酬标准等。规定工会是集体合同的企业职工代表，强调工会的主体资格和作用。《劳动合同法》关于集体合同的规定尚较原则，目前执行集体合同制度具体依据劳动保障部2004年颁布的《集体合同规定》，但立法层次较低，有关集体合同立法还有待加强。

（2）劳务派遣

作为非正规就业的一种形式，《劳动合同法》对劳务派遣也作出了专节规定。劳务派遣是指依法设立的劳务派遣机构和劳动者订立劳动合同后，依据与接受派遣单位订立的劳务派遣协议，将劳动者派遣到接受派遣单位工作。劳务派遣是一种特殊的劳动关系，存在着三方当事人，即通常所说的派遣单位、用工单位和劳动者（派遣工）。《劳动合同法》规定了劳务派遣中三方的法律关系、劳务派遣单位的设立、劳务派遣的岗位限制、劳务派遣单位的义务、被派遣劳动者的权利、劳务派遣单位与用工单位之间的义务分配、劳务派遣单位与用工单位的连带赔偿责任等。劳务派遣是一种新型用工形式，有其产生和发展的经济原因，实践中还有待改进，相关立法也需要进一步加以完善。

(3) 非全日制用工

非全日制用工也是非正规就业的形式之一,《劳动合同法》对此也作出了专节规定。根据国际劳工组织《1994年非全日制工作公约》(第175号)第1条,非全日制劳动,又称部分时间劳动,是指劳动者可以与多个雇主建立劳动关系的一种就业形式。与全日制用工不同,非全日制用工以小时计酬为主。《劳动合同法》将非全日制用工纳入调整范围,规定了非全日制用工的含义和界定、非全日制用工的劳动关系、订立合同的形式和试用期、合同终止的特别规定、非全日制用工的劳动报酬等,有利于完善我国劳动合同制度。

【案例】

陈某是某汽车4S店修理工,劳动合同到期后,单位决定不再与其续签劳动合同,终止了双方的劳动关系。一个月后,陈某得知,劳动者在失业情况下可以领取失业金,于是他到当地劳动保障部门申领失业金,劳动保障部门工作人员告诉他,领取失业保险金需要原单位为其出具终止劳动合同的证明,办理失业登记手续,同时需要用人单位按规定为陈某办理档案转移手续。陈某找到这家汽车4S店,要求其出具终止劳动合同的证明并办理档案转移手续。但该单位一直拖延,没有出具证明和办理档案转移手续,造成陈某在规定的时间内未能办理失业登记,无法申领失业金。陈某随即向当地劳动争议仲裁委员会提起仲裁申请,要求用人单位赔偿相关损失。

分析:

劳动合同依法解除或者终止,劳动关系结束后,劳动合同中约定的权利义务结束,但用人单位仍应本着诚实信用的原则履行好自身的附随义务。为保护劳动者的合法权益,在劳动法律法规中,对此也作了明文规定,《劳动合同法》第50条规定:用人单位应当在解除或者终止劳动合同时出具解除或者终止劳动合同的证明,并在15日内为劳动者办理档案和社会保险关系转移手续。用人单位应当在劳动关系解除或终止后,在规定的期限内履行这一法定义务。

用人单位如果不能按规定履行这一法定义务,其直接后果就是劳动者无法办理失业登记,无法领取失业金,从而给劳动者带来经济损失。根据国务院《失业保险条例》第16条规定,城镇企事业单位职工失业后,应当持本单位为其出具的终止或者解除劳动关系的证明,及时到指定的社会保险经办机构办理失业登记。同时根据《失业保险条例》的规定,用人单位出具的终止或者解除劳动关系的证明是进行失业登记的必备条件,因此在《劳动合同法》

中将用人单位的该义务作了明文规定，并限定了期限，变成了法定义务，用人单位必须遵守。并且《劳动合同法》第 89 条规定："用人单位违反本法规定未向劳动者出具解除或者终止劳动合同的书面证明，由劳动行政部门责令改正；给劳动者造成损害的，应当承担赔偿责任。"

据此，劳动争议仲裁部门依法支持了劳动者的维权主张，判令用人单位赔偿陈某的损失。

案例来源：中国人力资源开发网

（三）劳动争议调解仲裁法律制度

1. 概述

（1）劳动争议的概念

劳动争议又称劳动纠纷，是指劳动关系当事人之间因劳动权利和义务产生分歧而引发的争议。劳动争议具有如下特征：第一，双方当事人特定。一方是用人单位，另一方必须是劳动者；第二，当事人双方必须存在劳动关系；第三，劳动争议的内容必须是与劳动权利义务有关。

（2）《劳动争议调解仲裁法》的适用范围

根据《劳动争议调解仲裁法》第 2 条规定，中华人民共和国境内的用人单位与劳动者发生的下列劳动争议，适用本法：因确认劳动关系发生的争议；因订立、履行、变更、解除和终止劳动合同发生的争议；因除名、辞退和辞职、离职发生的争议；因工作时间、休息休假、社会保险、福利、培训以及劳动保护发生的争议；法律、法规规定的其他劳动争议。

根据该条规定，凡是符合劳动关系，签有劳动合同的争议，均适用《劳动争议调解仲裁法》。该法第 52 条还规定，事业单位实行聘用制的工作人员与本单位发生劳动争议的，依照本法执行；法律、行政法规或者国务院另有规定的，依照其规定。

（3）解决劳动争议的基本原则

《劳动争议调解仲裁法》第 3 条规定：解决劳动争议，应当根据事实，遵循合法、公正、及时、着重调解的原则，依法保护当事人的合法权益。

（4）劳动争议处理方式

《劳动争议调解仲裁法》规定，劳动争议处理方式包括：第一，协商与和解。发生劳动争议，劳动者可以与用人单位协商，也可以请工会或者第三方共同与用人单位协商，达成和解协议。第二，调解。调解包括由企业劳动争议调解委员会调解、劳动争议仲裁委员会调解和劳动行政部门调解三类。第三，仲裁。劳动争议双方当事人把劳动争议提交劳动争议仲裁委员会仲裁。劳动争议仲裁是劳动争议诉讼的前置程序，只要一方当事人申请仲裁，且符合受案条件，仲裁委员会即予受理。不经仲裁的劳动争议案件，人民法院不予受理。第四，诉讼。当事人不服劳动争议仲裁委员会的裁决，可以向人民法院提起诉讼。

《劳动争议调解仲裁法》还规定了劳动保障监察方式。该法第 9 条规定："用人单位违反国家规定，拖欠或者未足额支付劳动报酬，或者拖欠工伤医疗费、经济补偿或者赔偿金的，劳动者可以向劳动行政部门投诉，劳动行政部门应当依法处理。"

（5）协调劳动关系三方机制

《劳动争议调解仲裁法》第 8 条规定："县级以上人民政府劳动行政部门会同工会和企业方面代表建立协调劳动关系三方机制，共同研究解决劳动争议的重大问题。"三方机制是由政府、工会代表、企业代表组成的三方性协调组织，这一机制产生和发展于西欧发达市场经济国家，2001 年 8 月，劳动和社会保障部、中华全国总工会、中国企业联合会/中国企业家协会建立了国家级的劳动关系三方会议制度。国家三方会议制度建立以来，在协调劳动关系和处理劳动争议上发挥了重大积极作用。目前，全国省级行政区域普遍建立了劳动关系三方机制，有的地方已经延伸到了县一级。

劳动争议的重大问题至少应当包括以下内容：制定和实施劳动争议有关的法律法规，制定劳动争议仲裁办案规则和仲裁委员会组织规则；对劳动争议仲裁委员会工作进行指导和监督；协调处理本地区有重大影响的集体劳动争议案件和签订集体合同；定期分析本地区劳动关系发展趋势，发现存在的主要问题，提出对策建议；在企业开展因劳动保障问题引发的群体性事件隐患排查等。

2. 调解

（1）概念

劳动争议调解是指劳动争议调解组织经当事人双方自愿申请或劳动争议仲裁庭在作出仲裁裁决之前，依据法律、法规的规定和集体合同、劳动合同的约定，通过说服、劝导和教育，促进当事人双方在平等协商的基础上自愿达成一致的活动。这是劳动争议处理机制中适用最普遍的重要形式，贯穿劳动争议处理各个环节。

（2）类型

劳动争议调解主要分为两类：一类是劳动争议基层调解；另一类是行政、

司法和准司法调解。基层调解包括企业劳动争议调解委员会、基层人民调解组织以及在乡镇、街道设立的劳动争议调解组织，依据《劳动争议调解仲裁法》有关规定对劳动争议作出的调解。行政、司法和准司法调解包括劳动行政部门的行政调解、人民法院的司法调解和劳动争议仲裁委员会作出的调解等。

调解实行自愿和民主说服耐心疏导的原则，达不成调解协议或者当事人双方不选择调解，则进入劳动争议仲裁程序。

【案例】

王某是甲公司职工，1999 年 4 月发生工伤事故，经劳动能力鉴定委员会鉴定为五级伤残，之后，甲公司并未向王某支付工伤伤残补助费。2004 年 3 月，甲公司以王某违纪为由将王某辞退。2004 年 8 月，甲公司改革，成为乙公司的下属子公司。2006 年 9 月，王某与甲、乙公司就辞退、工伤赔偿等问题发生争议，2006 年 10 月，王某向当地劳动争议仲裁委员会申请仲裁，要求甲公司和乙公司承担相应的法律责任。2006 年 11 月，劳动争议仲裁委员会根据乙公司实质控制了甲公司的财务和人事的情况，裁决乙公司向王某支付相关经济损失。王某不服，向人民法院起诉。法院认为，王某和甲公司之间的劳动关系明确，事实清楚，判决解除王某和甲公司之间的劳动关系，甲公司向王某支付伤残补助费等相关经济补偿。甲公司不服，认为其与王某的劳动争议未经劳动争议仲裁委员会处理，人民法院直接受理错误，遂提起上诉。

分析：

本案是一个典型的涉及劳动争议仲裁前置的案例。本案中，劳动争议仲裁委员会裁决的是王某与乙公司之间的劳动争议，而法院判决的是王某与甲公司之间的劳动争议。故而劳动争议仲裁的劳动争议和诉讼解决的劳动争议不是一个争议，法院判决解除王某与甲公司之间的劳动关系并要求甲公司承担法律责任缺乏前置的劳动争议仲裁程序，应当依法撤销。

我国《劳动法》第 79 条规定了劳动争议仲裁前置程序，《劳动争议调解仲裁法》延续了《劳动法》这一规定。

3. 仲裁

(1) 概念

劳动争议仲裁是劳动争议仲裁委员会对用人单位与劳动者之间发生的争议，在查明事实、明确是非、分清责任的基础上，依法作出裁决的活动。根据《劳动争议调解仲裁法》第5条规定，仲裁是劳动争议处理的法定必经程序。但是《劳动争议调解仲裁法》第29条也规定了例外情况，即对于劳动争议仲裁委员会不予受理，或者在法律规定的时间（5日）内劳动争议仲裁委员会未作出受理决定的，申请人可以直接向人民法院提起诉讼。

（2）劳动争议仲裁委员会的管辖和组成

根据《劳动争议调解仲裁法》第17条规定：劳动争议仲裁委员会按照统筹规划、合理布局和适应实际需要的原则设立。省、自治区人民政府可以决定在市、县设立；直辖市人民政府可以决定在区、县设立。直辖市、设区的市也可以设立一个或者若干个劳动争议仲裁委员会。劳动争议仲裁委员会不按行政区划层层设立。

劳动争议仲裁委员会由劳动行政部门代表、工会代表和企业代表组成。组成人员应当是单数。

（3）劳动争议仲裁的程序

①申请。根据《劳动争议调解仲裁法》第27条、第28条规定，劳动争议当事人应当在法定时效以内向劳动争议仲裁委员会提出书面申请。劳动争议申请仲裁的时效期间为一年，从当事人知道或者应当知道其权利被侵犯之日起计算。当事人申请劳动争议仲裁后，可以自行和解。达成和解协议的，可以撤回仲裁申请。

②受理。根据《劳动争议调解仲裁法》第29条规定，劳动争议仲裁委员会收到仲裁申请书之日起5日内，认为符合受理条件的，应当受理；认为不符合受理条件的，应当书面通知申请人不予受理，并说明理由。对于在法定时间内未作出答复的，申请人可以直接向人民法院提起诉讼。

③开庭。根据《劳动争议调解仲裁法》第31条至第40条规定，仲裁委员会受理仲裁申请后应当成立仲裁庭，仲裁庭由三名仲裁员组成，简单的劳动争议案件可以由一名仲裁员独任仲裁。仲裁庭应当在开庭5日前将开庭日期、地点书面通知双方当事人。申请人收到书面通知，无正当理由拒不到庭或者未经仲裁庭同意中途退庭的，可以视为撤回仲裁申请；被申请人发生同类情况，可以缺席裁决。

④裁决。根据《劳动争议调解仲裁法》第42条、第43条规定，仲裁庭作出裁决前，应当先行调解。调解不成或者调解书送达前，一方当事人反悔的，仲裁庭应当及时作出裁决。

仲裁庭裁决劳动争议案件，应当自收到仲裁申请之日起45日内结束。案情复杂需要延期的，经仲裁委员会主任批准并通知当事人，可以在不超过15

日范围内延长。逾期未作出裁决的，当事人可以向人民法院提起诉讼。

（4）劳动争议仲裁裁决的效力

①一般情形。根据《劳动争议调解仲裁法》第50条规定，当事人对该法第47条以外的劳动争议案件的仲裁裁决不服，可以自收到裁决书之日起15日内向人民法院起诉。期满不起诉的，裁决书发生法律效力。当事人对发生法律效力的裁决书应当依照规定的期限履行，一方当事人逾期不履行的，另一方当事人可以申请人民法院强制执行。

②仲裁终局。根据《劳动争议调解仲裁法》第47条规定，下列劳动争议案件，除本法另有规定外，仲裁裁决为终局裁决，裁决书自作出之日起发生法律效力：一是追索劳动报酬、工伤医疗费、经济补偿或者赔偿金，不超过当地月最低工资标准12个月金额的争议；二是因执行国家的劳动标准在工作时间、休息休假、社会保险等方面发生的争议。不服这类裁决不得再向人民法院起诉。

为防止终局裁决出现偏差，《劳动争议调解仲裁法》第49条又规定了对于终局裁决可以撤销的情形，即用人单位有证据证明本法第47条规定的仲裁裁决有下列情形之一，可以自收到仲裁裁决书之日起30日内向劳动争议仲裁委员会所在地的中级人民法院申请撤销裁决：一是适用法律法规有错误的；二是劳动争议仲裁委员会无管辖权的；三是违反法定程序的；四是裁决所根据的证据是伪造的；五是对方当事人隐瞒了足以影响公正裁决的证据的；六是仲裁员在仲裁该案时有索贿受贿、徇私舞弊、枉法裁决行为的。人民法院可依法裁定撤销仲裁裁决，当事人可以自收到裁定书之日起15日内就该劳动争议事项向人民法院提起诉讼。

③先予执行。根据《劳动争议调解仲裁法》第44条规定，仲裁庭对追索劳动报酬、工伤医疗费、经济补偿金或者赔偿金的案件，根据当事人的申请，可以裁决先予执行，移送人民法院执行。仲裁庭裁定先予执行，应当符合下列条件：一是当事人之间权利义务关系明确；二是不先予执行将严重影响申请人生活。

【案例】

齐某应聘到某织物有限公司，职责是毛巾产品的漂洗。齐某与该公司签订的劳动合同中约定：期限5年，年薪25 000元。齐某工作两年后，公司因为生产方式调整决定提前解除与齐某的劳动合同。此时该公司尚欠齐某3个月的工资4 500元没有发放。之后，齐某追索未果，向当地劳动争议仲裁委员会提出申诉，请求裁决由该织物公司依法支付工资和经济补偿。劳动争议仲裁委员会经审理后裁决由该织物公司支付齐某工资 4 500 元和经济补偿 3 000 元。该公司不服，向人民法院提起诉讼，人民法院裁定不予受理。另，当地月最低工资标准为 750 元。

分析：

这是一起关于劳动争议仲裁终局的案例，根据《劳动争议调解仲裁法》第 47 条规定，追索劳动报酬、工伤医疗费、经济补偿或赔偿金，不超过当地月最低工资标准 12 个月金额的争议，仲裁裁决就为终局裁决，裁决书作出之日起发生法律效力。

第二节 社会保障法律制度

一、社会保障法律的基本知识

（一）社会保障及相关概念

社会保障一词最早使用于 1935 年美国颁布的《社会保障法》。1952 年第 53 届国际劳工大会通过的《社会保障（最低标准）公约》规定了社会保障的基本准则，使得社会保障这一概念迅速被世界各国普遍采用。

各国对社会保障有多种具体定义。国际劳工组织综合各国情况，将其概括为："社会通过采取一系列公共措施，以保护其成员免受因疾病、生育、工伤、失业、伤残、年老和死亡造成的停薪或收入大幅减少而出现的经济损失及社会贫困，并对其社会成员提供医疗照顾和对有子女的家庭提供津贴。"这一定义显示了社会保障的三个基本特点：

其一，社会保障是由社会提供的援助，不同于家庭成员之间的相互帮助；

其二，社会保障援助来自于公共措施，一般由政府主导，不同于私人的慈善行为；

其三，社会保障提供的是经济援助，不包括精神抚慰等社会援助。

社会保障是一个庞大的社会安全体系。我国党的十七大确定的社会保障范围包括社会保险、社会救助、社会福利以及慈善事业、防灾减灾、保障性住房等。

和社会保障相关的概念有社会保险、社会救助、社会福利、社会优抚、慈善事业等（如图 3—1 所示）。

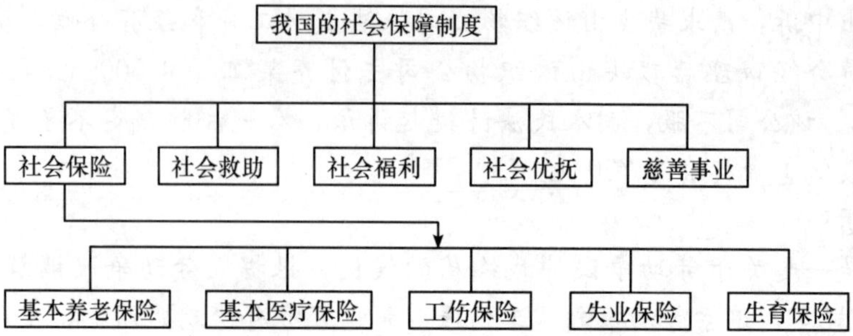

图 3—1 我国的社会保障制度

1. 社会保险

社会保险是社会保障制度的核心内容。社会保险是指国家通过立法建立的，对劳动者在因年老、失业、疾病、工伤、生育而减少或丧失劳动收入时，给予物质帮助，保障其基本生活的一项制度。在我国，社会保险项目分为基本养老保险、基本医疗保险、工伤保险、失业保险和生育保险。

2. 社会救助

社会救助，又称社会救济，是指国家和其他社会主体对遭受自然灾害、失去劳动能力或者其他低收入公民给予物质帮助或精神救助，以维持其基本生活需求，保障其最低生活水平的各种措施。

3. 社会福利

社会福利，在西方国家通常指国家采取的各种社会政策的总称，即把凡是为改善和提高全体社会成员物质、精神生活而采取的措施、提供的设施和服务等都称作社会福利，是一个涵盖性很广的概念。在我国，社会福利的概念被包含在社会保障之下，是指由国家出资兴办的、旨在为社会大众谋利益的各种福利性事业以及国家为社会全体成员提供的各种福利性补贴，包括一般社会福利、职工福利和特殊社会福利。

4. 社会优抚

社会优抚是社会保障中一种较为特殊的保障方式，是国家通过立法规定对一些负有特殊社会任务和责任的人员、社会有功人员实行的物质照顾和精神抚慰。社会优抚的内容包括优待军人及军人家属、抚恤和褒扬伤亡将士等。

5. 慈善事业

慈善事业是一种有益于社会的社会公益事业，是政府主导下的社会保障体系的一种必要的补充；是在政府的倡导或帮助、扶持下，由民间的团体和个人自愿组织与开展活动的、对社会中遇到灾难或不幸的人，不求回报地实施救助的一种无私的支持与奉献的事业。慈善事业实质上也是一种社会再分配的实现形式。

(二) 社会保障法的概念和特征

社会保障法属于社会法的范畴，是调整社会保障关系的法律规范。具体而言，社会保障法是调整以国家和社会为主体，为了保证有困难的劳动者和其他社会成员，以及特殊社会群体成员的基本生活，并逐步提高其生活质量而发生的社会关系的法律规范的总和。社会保障法具有以下特征：

1. 广泛的社会性

社会保障法是典型的社会法，因而社会性是社会保障法最主要的特征。其社会性表现在：第一，目的的社会性。社会保障的设立即为社会利益，保障社会全体成员的生活安全，所以社会保障法的目标即在于通过保证社会成员的基本生活需要来实现社会稳定。第二，享受权利主体的普遍性。社会保障的权利由全体社会成员享有，而且随着经济的发展，可以享受保障的成员数目以及可以享受的社会保障项目会越来越多。第三，社会保障责任和义务的社会化。社会保障要获得长久的生命力，需要整个社会的参与，社会保障通过立法，采取国家、用人单位和社会成员共同负担的原则，将责任和义务分散到整个社会，以资金来源的多渠道来保证社会保障的正常运转。

2. 严格的法定性

社会保障法是社会法，有其自身的特点，它不同于私法的意思自治，也不同于公法的国家行使行政权力。它带有明显的国家干预法的特征，是国家为了保障公民的基本生活需要而强行规定的一系列准则，从社会保障项目的确立、社会保障资金的筹集和缴纳到社会保障的享受人群范围，以及社会保障待遇的发放都有明确的法律规定，任何单位和个人不能任意更改。

3. 实体法与程序法的统一性

社会保障法既有实体性法律规范，也有程序性法律规范，并非单一特性的实体法或程序法。之所以如此，是因为社会保障法所调整关系的复杂性。社会保障法调整的是一个在社会保障领域中由各种社会关系、各个运行环节组成的系统，因而社会保障法就必须不仅有具体的权利义务的规定，还要有维持程序正常运转的程序性规定。既有救助对象所享受的权利义务的实体规定，又有救助对象资格认定以及发放手续的程序性规定。

4. 特定的立法技术性

社会保障的运营须以数理计算为基础，这使得社会保障法在立法上有较高的技术性。“大数法则”和“平均数法则”在社会保障立法中会经常用到。另外，还有一些保障项目在费率、范围等的确定上会常用到统计技术。以养老保险为例，我国养老保险立法中的关键技术，涉及退休后平均存活年数的确定、养老保险基金的社会统筹范围的确定、养老保险费率的确定等问题，都需要运用数理技术来确定。

（三）社会保险法基础知识

社会保险是社会保障的一个主要组成部分，社会保险法也是社会保障法律制度中一部基础性的起支架作用的重要法律。

社会保险法是调整社会保险关系的法律规范的总称，它对社会保险项目、范围与对象、资金来源、待遇标准、发放办法等内容作出规定，并明确社会保险管理、基金运营及监督等具体事项。社会保险法调整的社会关系是把握社会保险法内涵的关键。

1. 社会保险关系的主体

（1）社会成员——社会保险的受益主体，同时也要承担一定的社会保险义务。具体又可分为有劳动关系的受益主体和没有劳动关系的受益主体。前者主要是指受劳动法调整的、与用人单位建立劳动关系的劳动者，后者主要指没有劳动关系的城乡居民。此外，在许多项目（如养老保险、医疗保险、失业保险等）上，社会成员个人在社会保险制度中主体身份可以说是双重的，不仅是受益主体，还是缴费主体。

（2）用人单位——社会保险的主要缴费主体。社会保险的运行必须有充足的社会保险资金作保证，在社会保险关系中，用人单位是主要的缴费主体。

（3）国家或者政府——社会保险的责任主体、行政主体。社会保险以国家责任为基础，一方面，社会保险需要大量资金，需要政府财政支持；另一方面，社会保险项目的确立、管理和运作、监督以及争议的解决，都要通过国家的职能部门来运作。

（4）社会保险管理和经办机构——社会保险的服务主体。直接承担社会保险事务的管理和服务机构，如依法向用人单位、劳动者等征收社会保险费，负责具体实施社会保险项目的经办，为社会保险受益群体提供相关服务（相应的医疗机构、金融机构等）。

2. 社会保险关系的主要内容

（1）社会保险管理机关与管理相对人之间的关系。社会保险管理是社会保险管理机关制定社会保险政策，监督社会保险法律、法规的执行，处理社会保险争议的活动。社会保险管理机关在进行管理过程中，形成了三个方面的管理关系：与社会保险经办机构的行政管理关系、与用人单位的行政管理关系、与劳动者或者其家属等被保险人的行政管理关系。

（2）社会保险经办机构与用人单位和劳动者之间的关系。社会保险的基础工作是由社会保险经办机构来完成的，如社会保险费的征缴（部分地区由税务机关负责征收）、基金的管理、待遇的发放以及退休、失业人员的服务管理等方面的工作，都是由社会保险经办机构从事或由其组织。社会保险经办机构与用人单位和劳动者之间的关系是社会保险关系中最为普遍和经常的关系。

（3）社会保险监督机构与社会保险管理和经办机构、用人单位和劳动者之间的关系，社会保险监督的主要内容是社会保险法律的执行情况，重点是社会保险的收支、经办和运营的情况。

（4）用人单位与劳动者的关系。用人单位与劳动者建立劳动关系，用人单位即有义务为劳动者办理社会保险，缴纳社会保险费，并为劳动者代扣代缴应由劳动者缴纳的社会保险费。而劳动者有权要求用人单位为其办理社会保险，监督其缴费情况。

这些关系并非是单独存在的，它们往往呈现出交错复杂的特点。除此之外，就广义而言，还有社会保险争议的仲裁与诉讼关系，一般来说，社会保险诉讼采用行政诉讼的程序进行。

（四）社会保险法的特征

从世界各国的社会保险法律制度及我国目前实行的社会保险制度来看，社会保险法主要有以下几个基本特点：

1. 保障性

社会保险是对遭遇意外事故的劳动者的基本生活给予保障。依靠劳动收入为生的劳动者，在其遇到生、老、病、死、失业等意外变故时，其生活收入必然减少甚至断绝，从而威胁到其基本生活。这时由国家为其提供一定的物质帮助，就可以使陷入困境的劳动者维持其基本生活，也可以使每一个劳动者都有一种安全保障感。

2. 互济性

社会保险实行互助共济，按照大数法则，在整个社会的范围内统一筹集和调剂使用资金，依靠全社会的力量均衡负担和分散风险。社会保险的覆盖范围越大，抵御风险的能力也越强。一般而言，社会保险费用应由国家、用人单位、个人三方共同负担，并在较高层次上和较大的范围内实现社会统筹与互济。

3. 差别性

社会保险待遇并非实行人人都一样的平均主义，而是和劳动者的劳动付出有一定的联系。由于工作时间长短不同、工资收入高低不同、缴纳保险费多少不同，社会保险待遇在劳动者之间就存在差别。通过这种待遇的差别性，鼓励劳动者在能够劳动时多劳动、多缴费，为社会多作贡献。

4. 强制性

社会保险通过立法强制实施，这与商业保险完全不同。凡法律规定必须参保的用人单位和劳动者，均必须依法履行其义务。社会保险的强制性，体现了国家的社会责任，体现了国家对社会生活水平的强制干预，是社会保险存在的可靠保证。

5. 普遍性

社会保险的覆盖范围各个国家有所不同，有的覆盖全体劳动者。一般而言，国家建立社会保险的目的，是保障所有国民或劳动者在遇到年老、失业、疾病、工伤、生育等风险时，都能够从国家或者社会获得一定的物质帮助和服务，以维持基本生活，从而促使整个社会和谐、稳定地发展。

【阅读参考】国外社会保障立法简介

社会保障立法是在社会生产力发展到相当高的水平时才出现的，其目的是为了普遍消除公民的生活贫困现象并提高其生活质量。社会保障法起源于欧洲工业发达国家，从德国1883年首倡制定劳工疾病保险法算起至今已120余年。现在世界上几乎所有的国家和地区都已经建立起自己的社会保障制度。社会保障立法的发展，可以分为三个阶段。

第一阶段是从19世纪80年代至20世纪初始年代。这个阶段是社会保障立法的起步阶段，继德国首倡劳工保险立法后，一批欧洲国家及少数美洲和大洋洲国家开始社会保障立法，这20多个国家几乎都是经济发达国家，其中大部分国家是从工伤保险立法开始的。这和产业革命后大机器生产条件密切相关，可见，社会保障立法是密切服务于生产力和市场经济发展需要的，进步立法在相邻国家间的示范作用也不可忽视。

第二阶段是从第一次世界大战前夕到第二次世界大战爆发前后。这个阶段社会保障立法有了很大发展，又有70多个国家加入社会保障立法国家行列。其中，欧洲、美洲国家大都制定了社会保障法律，非洲、亚洲国家社会保障立法开始比较晚，发展较慢。日本于1911年制定了工伤保险法，这是亚洲最早的社会保障立法。1935年美国颁布社会保障法，从而使“社会保障”一词最早在法律中出现，这部法律在世界社会保障立法历史上具有里程碑的意义。这一时期社会保障立法还有一个重要特点就是建立了失业保险制度。由于经济危机越来越严重，失业大军猛增，遂出现强制性立法，英国1911年颁布的失业保险法是最早的强制性失业保险立法，产生了深远影响。

第三阶段是第二次世界大战爆发前后至今。第二次世界大战爆发后，社会保障制度继续在世界各国普及和发展。福利国家的建立是这个阶段的大事，1942年发表的“贝弗里奇报告”提出了全面的社会保障计划，战后英国政府按照贝弗里奇的设计，于1946—1948年间通过并实施了一整套社会保障法规，建成世界上第一个“福利国家”。之后，北欧国家和其他西方经济发达国家也纷纷按照英国模式实施社会福利政策。到了20世纪70年代，一些发达国家由于政府包揽的保障项目过多，财政负担加重，出现了“社会福利危机”。经济发达国家也在总结社会保障法制建设的经验教训，通过适当改革使之更趋完善，避免财政负担过重以至于阻碍经济发展。发展中国家也在依据国情、经济发展水平、文化背景、历史传统等建立健全社会保障制度，完善社会保障立法。

参阅材料：史探径．社会法学［M］．第十四章“世界社会保障立法”．北京：中国劳动社会保障出版社，2007

（五）社会保险立法的基本原则

社会保险立法基本原则是社会保险制度建立和运行的基本准则。纵观世界各国社会保险制度，其贯彻的原则主要有以下几项：

1. 社会保险待遇水平与社会生产力发展水平相适应原则

社会生产力发展水平决定社会保险待遇水平。在不同的生产力发展阶段，社会保险待遇水平也应不同。如果社会保险跨越生产力发展阶段，提供过高的待遇水平，势必会增加企业和在职职工的负担，抑制经济活力，从而影响国民经济的可持续发展，危及社会保险制度的正常运行。但如果社会保险的待遇水平过低，则无法充分发挥其保障生活功能。我国属于发展中国家，正处于社会主义初级阶段，生产力水平较低、人数众多且老龄化速度加快是现实国情。因此，我国《社会保险法》第3条规定：“社会保险制度坚持广覆盖、保基本、多层次、可持续的方针，社会保险水平应当与经济社会发展水平相适应。”

2. 社会保险权利与义务相对应原则

权利与义务相对应，是社会保险制度赖以存在的前提条件。每个劳动者都享有社会保险的平等权利，同时又都对社会保险负有不可推卸的责任和义务。只有履行了法定的义务之后，才能享受各项社会保险待遇。这些义务主要有：从事社会劳动，依法参加社会保险，依法缴纳社会保险费。

3. 实行一体化和社会化原则

在市场经济条件下，劳动力市场化是实现资源最佳配置的重要方面，而社会保险一体化是劳动力市场化必不可少的维系机制。为此，社会保险应当实行一体化原则，即统一社会保险的项目、统一社会保险或基本社会保险的标准、统一社会保险的管理与实施机制等。这样，无论劳动者如何流动，均有同样的社会保险制度，从而为实现劳动者自由流动和劳动力资源的最佳配置提供了条件。

实行社会保险的社会化是社会保险能够健康发展的重要条件。社会保险是全体社会成员的共同事业，应当鼓励本国社会成员主动参与社会保险事务，包括参与分担缴费，参与监督社会保险制度的实施等，使社会保险事业具备更为坚实的社会和经济基础。同时，社会保险管理的社会化也是社会保险自身的客观要求，应当把各部门、各单位分散管理的形式逐步转为统一的社会化管理，将用人单位承担的社会保险方面的事务性工作转为社会化服务，建立健全统一的社会化服务组织。

4. 公平与效率相统一的原则

社会保险待遇水平既要体现社会公平的因素，确保每一位劳动者都能维持基本生活，又要适度体现不同劳动者之间的差别，以提高用人单位和劳动者参保缴费的积极性。社会保险法律制度在维护社会公平的同时，也需要强调社会保险对于促进效率的作用，力求做到公平与效率兼顾，统一与差别并重。

5. 建立起多层次社会保险制度的原则

社会保险层次单一，不利于保障劳动者的生活。因而，我国社会保险还实行多层次保险原则，即实行国家基本保险、企业补充保险和个人储蓄性保险相结合的原则。我国《劳动法》第 72 条、第 75 条规定，用人单位和劳动者应当依照国家有关规定参加社会保险，缴纳社会保险费。国家鼓励用人单位根据本单位实际情况为劳动者建立补充保险。国家提倡劳动者个人进行储蓄性保险。

(1) 国家基本保险。通过国家立法，强制推行。这是最基本层次的社会保险，通常由国家、用人单位和个人三方出资负担。当然有些种类的社会保险基金不一定是三个方面来源，如工伤保险、生育保险是由用人单位缴费，职工个人不缴费。

(2) 用人单位建立补充保险。补充保险是由用人单位建立并负担费用(企业年金由单位和个人共同缴费)，以提高保险待遇，或者在特殊情况下不致使保险待遇水平降低而设立的保障措施。用人单位建立补充保险实行自愿原则，由用人单位和本单位职工根据实际情况决定是否建立。

(3) 储蓄性保险。即由劳动者个人以储蓄方式，预防发生生活困难、保障未来的基本生活而采取的措施。

二、我国社会保障法律制度的确立

中华人民共和国成立伊始，即开始进行系统的社会保障立法，1951 年政务院颁布《劳动保险条例》，标志着我国社会保险法律制度的初步确立。之后，随着国内社会经济形势的变化和社会保险制度改革的推进，我国社会保险法律制度经历了多次调整。1994 年颁布的《劳动法》设专章对社会保险和福利作了原则规定，从而为建立适应社会主义市场经济的社会保险制度奠定了基础。在此期间，国务院在总结各地改革试点经验的基础上陆续发布了相关行政法规和决定，指导并规范社会保险制度改革。在实践探索的同时，国家也抓紧推进社会保险立法工作。2010 年 10 月 28 日，第十一届全国人大常委会第十七次会议审议通过了《中华人民共和国社会保险法》(以下简称《社会保险法》)，胡锦涛主席签署第 35 号主席令予以公布，并自 2011 年 7 月 1 日起施行。《社会保险法》的颁布施行，标志着我国社会保障法律体系的基本建立。

(一) 我国社会保险法律的表现形式

1. 宪法有关规定

宪法是社会保险立法的基本依据，其本身也包含有对社会保险的相关规定。例如，《宪法》第 14 条第 4 款规定："国家建立健全同经济发展水平相适应的社会保障制度。"《宪法》第 44 条规定："国家依照法律规定实行企业事业组织的职工和国家机关工作人员的退休制度。退休人员的生活受到国家和社会的保障。"第 45 条规定："中华人民共和国公民在年老、疾病或者丧失劳动能力的情况下，有从国家和社会获得物质帮助的权利。国家发展为公民享受这些权利所需要的社会保险、社会救济和医疗卫生事业。”

2. 法律

我国社会保险方面的法律主要有两部：《劳动法》和《社会保险法》。1994年颁布的《劳动法》，在第九章中对社会保险的基本原则和基本制度作了原则规定。《社会保险法》把各类劳动者以及城乡全体居民分别纳入相应的基本养老、基本医疗保险制度，将职业人群纳入工伤、失业、生育保险制度，将经实践检验成熟的经验和做法用法律的形式固定下来，确立了我国社会保险制度的基本框架。这是我国第一部社会保险方面的专门法律，也是我国社会主义法律体系的支架性法律。

3. 行政法规

1951年政务院颁布、1953年修正后实施的《劳动保险条例》是我国第一部社会保险方面的行政法规，对各项保险待遇均作了明确规定。改革开放以来，适应计划经济体制向市场经济体制转轨的要求，党中央、国务院作出一系列重大决策，积极推进社会保险制度改革，国务院相继颁布了《失业保险条例》《社会保险费征缴暂行条例》《工伤保险条例》等行政法规，以及若干改革和完善基本养老保险、基本医疗保险制度的决定，初步建立了适应社会主义市场经济体制要求的社会保险政策框架。

4. 社会保险部门规章

社会保险部门规章，是指国务院社会保险行政部门——人力资源和社会保障部制定的社会保险方面的规章。据初步统计，截至2011年年底，社会保险方面的规章共有21个，包括《企业职工生育保险试行办法》《社会保险登记管理暂行办法》《失业保险金申领发放暂行办法》《工伤认定办法》《企业年金试行办法》《社会保险业务档案管理规定（试行）》等。

5. 社会保险地方性法规和地方政府规章

我国幅员辽阔，各地社会保险工作的实际情况存在很大差异，在遵循国家统一立法所确定的基本原则的前提下，各省、自治区、直辖市和较大的市的人大及其常委会和人民政府可以制定适合本地区的地方性法规和政府规章，如《北京市失业保险规定》《广东省工伤保险条例》等。

6. 其他规范性文件

其他规范性文件是指除社会保险法律、法规、规章以外的一些规范性文件。这些规范性文件不能设立行政处罚，但可对社会保险工作起到一定的指导作用。

(二) 社会保险法概述

1.《社会保险法》的起草和审议过程

按照中央的部署和要求，原劳动部从1993年开始起草《社会保险法（草案)》，分别于1995年、2001年和2006年三次向国务院报送了草案送审稿。2007年11月，国务院常务会议讨论通过了《社会保险法（草案)》，并提请全国人大常委会审议。全国人大常委会分别于2007年12月、2008年12月、2009年12月和2010年10月，对草案进行了四次审议。2010年10月28日，第十一届全国人大常委会第十七次会议对《社会保险法（草案)》进行了表决，高票通过了这部法律。

2.《社会保险法》的立法原则

《社会保险法》从草案起草，到国务院审议，再到全国人大常委会审议修改，始终坚持了以下原则：

一是贯彻落实党中央的重大决策部署。党的十四届三中全会以来，中央对社会保障制度改革和事业发展做出了一系列重大决策，特别是关于广覆盖、保基本、多层次、可持续等带有根本性、管长远的基本方针，关于社会保险要独立于用人单位之外、资金来源多渠道、管理服务社会化以及加强基金管理监督的要求等，都在法律制定中得到充分体现。

二是使广大人民群众共享改革发展成果。按照党的十七大提出的到2020年全面建设小康社会、基本建立覆盖城乡居民的社会保障体系的目标，《社会保险法》确立的我国社会保险制度框架，把城乡各类劳动者和居民分别纳入相应的社会保险制度，努力实现制度无缺失、覆盖无遗漏、衔接无缝隙，使全体人民在养老、医疗等方面有基本保障，无后顾之忧。

三是公平与效率相结合，权利与义务相适应。《社会保险法》从我国基本国情和社会主义初级阶段的实际出发，在政府主导的社会保险制度上，优先体现公平原则，做出适当的普惠性安排，通过增加政府公共财政投入，加大社会财富再分配力度，防止和消除两极分化，促进社会和谐；同时体现激励和引导原则，坚持权利与义务相适应，把缴费型的社会保险作为社会保障的核心制度。

四是确立框架，循序渐进。《社会保险法》全面总结我国社会保险制度改革发展的实践经验，借鉴世界各国社会保险的有益做法，确立了我国社会保险体系建设的总体框架、基本方针、基本原则和基本制度；同时，基于我国社会保险体系建设正处在改革发展过程中，新情况、新问题不断出现，需要继续探索和实践，《社会保险法》也保持了必要的灵活性，作出了一些弹性的或授权性的规定，为今后的制度完善和机制创新留出了空间。

3.《社会保险法》规范的主要内容

《社会保险法》共12章98条。除了总则、法律责任、附则3章外，对基本养老保险、基本医疗保险、工伤保险、失业保险和生育保险分别单独成章，对每项保险的覆盖范围、制度模式、资金来源、享受待遇的条件等作了原则规定；同时，分专章对社会保险费征缴、社会保险基金、社会保险经办和社会保险监督作出了规定。归纳起来，重点规范了以下内容：

（1）确立了全面覆盖和统筹城乡的调整适用范围。《社会保险法》确立了我国社会保险体系的基本框架，在5项社会保险制度中，基本养老和医疗保险覆盖各类劳动者和全体居民，工伤、失业、生育保险覆盖全体职业人群，以法律形式确立了广覆盖的社会保险体系。《社会保险法》适应我国统筹城乡发展的要求，将新农保制度纳入了基本养老保险的调整范围，并预留了逐步建立和完善城镇居民社会养老保险制度的发展空间；新型农村合作医疗制度也纳入了基本医疗保险的调整范围，授权国务院规定管理办法；规定进城务工的农村居民与其他职工一样依照本法参加社会保险；还明确了被征地农民的社会保险问题。

（2）规定了社会保险制度的筹资渠道，特别是强化了政府在筹资方面的责任。《社会保险法》明确了用人单位、个人和政府在社会保险筹资中的责任：城镇职工社会保险基金的主要来源是社会保险缴费，其中，职工基本养老保险、职工基本医疗保险和失业保险费用，由用人单位和职工共同缴纳，工伤保险和生育保险费用由用人单位缴纳，职工个人不缴费。居民社会保险基金主要由社会保险缴费和政府补贴构成，新型农村社会养老保险实行个人缴费、集体补助和政府补贴相结合；城镇居民基本医疗保险实行个人缴费和政府补贴相结合。政府在社会保险筹资中的责任主要有：县级以上人民政府对社会保险事业给予必要的经费支持，在社会保险基金出现支付不足时给予补贴；国有企业、事业单位职工参加基本养老保险前，视同缴费年限期间应当缴纳的基本养老保险费由政府承担；在新型农村社会养老保险和城镇居民基本医疗保险制度中，政府对参保人员给予补贴；基本养老保险基金出现支付不足时，政府给予补贴；国家设立全国社会保障基金，由中央财政预算拨款以及国务院批准的其他方式筹集的资金构成，用于社会保障支出的补充、调剂。

（3）保障并扩大了参保人的各项社会保险权益。《社会保险法》在各项制度设计上，始终以保障参保人的合法权益、打造服务型政府为出发点。这方面的亮点很多，这里举几个例子。一是为了解决缴费不足15年人员的养老待遇问题，本法规定，这些人员可以缴费至满15年，然后按月领取基本养老金，也可以转入新型农村社会养老保险或者城镇居民社会养老保险，按照国务院规定享受相应的养老保险待遇。二是健全了养老保险中的遗属、残疾待遇制度。规定参加基本养老保险的个人，因病或者非因工死亡的，其遗属可以领取丧葬补助金和抚恤金；未达到法定退休年龄时因病或非因工致残完全丧失劳动能力的，可以领取病残津贴。三是在工伤保险待遇中，将原来规定的由用人单位支付的“住院伙食补助费”“到统筹地区以外就医的交通食宿费”和“终止或者解除劳动合同时应当享受的一次性医疗补助金”三项费用改由工伤保险基金支付，在进一步保障工伤职工权益的同时，也减轻了参保用人单位的负担。四是为保证工伤职工得到及时救治，本法规定了工伤保险待遇垫付追偿制度。即职工所在用人单位未依法缴纳工伤保险费，发生工伤事故的，由用人单位支付工伤保险待遇。用人单位不支付的，从工伤保险基金中先行支付，然后由社会保险经办机构依照本法规定追偿。五是对失业人员在领取失业保险金期间患病就医，由现行规定可以申领少量的医疗补助金，改为参加职工基本医疗保险并享受相应待遇，其应当缴纳的基本医疗保险费从失业保险基金中支付，个人不缴纳基本医疗保险费，大大提高了失业人员的医疗保障水平。六是规定参保职工未就业配偶按照国家规定享受生育医疗费用待遇。

（4）明确社会保险行政管理体制，提高了社会保险费征收的强制性。一是明确行政管理体制，规定国务院和地方各级人民政府社会保险行政部门负责社会保险管理工作，其他有关部门在各自职责范围内负责有关工作。二是明确规定了“社会保险费实行统一征收”的方向，同时授权国务院制定实施步骤和具体办法。三是赋予社会保险费征收机构必要的强制征收手段，规定用人单位逾期仍未缴纳或者补足社会保险费的，社会保险费征收机构可以向银行和其他金融机构查询其存款账户，并可以申请县级以上有关行政部门作出划拨社会保险费的决定，书面通知其开户银行或者其他金融机构划拨社会保险费。用人单位账户余额少于应当缴纳的社会保险费的，社会保险费征收机构可以要求该用人单位提供担保，签订延期缴费协议。用人单位未足额缴纳社会保险费且未提供担保的，社会保险费征收机构可以申请人民法院扣押、查封、拍卖其价值相当于应当缴纳社会保险费的财产，以拍卖所得抵缴社会保险费。

(5) 强化了社会保险基金管理和监督。一是规定社会保险基金专款专用，任何组织和个人不得侵占或者挪用，也不得用于平衡其他政府预算或者违法挪作其他用途。二是规定社会保险基金按照统筹层次设立预算，并对预算编制的主体、程序等作出了规定。三是规定基本养老保险基金逐步实行全国统筹，其他社会保险基金逐步实行省级统筹，同时授权国务院规定具体时间和步骤。四是规定社会保险基金在保证安全的前提下，按照国务院规定投资运营实现保值增值。五是规定了由人大监督、行政监督、社会监督共同构成的比较完善的社会保险监督体系。

(6) 完善了社会保险经办服务内容。一是对社会保险经办机构的职责作出了比较全面的规定，包括负责社会保险登记、社会保险费核定、按照规定征收社会保险费；按时足额支付社会保险待遇；根据管理服务的需要，与医疗机构、药品经营单位签订服务协议，规范医疗服务行为；及时、完整、准确地记录参加社会保险的个人缴费和用人单位为其缴费，以及享受社会保险待遇等个人权益记录，定期将个人权益记录单免费寄送本人；免费向用人单位和个人提供查询服务；提供社会保险咨询等相关服务。二是规定了社会保险经办机构的设立原则，统筹地区设立社会保险经办机构，社会保险经办机构根据工作需要可以在本统筹地区设立分支机构和服务网点。三是规定社会保险经办机构的人员经费和经办社会保险发生的基本运行费用、管理费用，由同级财政按照国家规定予以保障。四是为解决社保关系转移接续难问题，规定对跨统筹地区就业的人员社会保险关系（养老、医疗和失业）随本人转移、缴费年限累计计算。五是为解决医保报销难的问题，规定对参保人员就医应当由基本医疗保险基金支付的部分，由社会保险经办机构与医疗机构、药品经营单位直接结算；社会保险行政部门和卫生行政部门应当建立异地就医医疗费用结算制度，方便参保人员享受基本医疗保险待遇。

三、我国几项重要的社会保险法律制度

(一) 养老保险法律制度

根据《社会保险法》规定，我国"基本养老保险"包括分别覆盖职工、城镇居民、农村居民的3种养老保险制度。实践中，城镇企业职工基本养老保险经过20多年的改革，已经形成一套比较成熟的制度；新型农村社会养老保险从2009年开始试点，城镇居民社会养老保险从2011年开始试点，目前实现制度全覆盖。

1. 企业职工基本养老保险制度

1951 年，政务院颁布《劳动保险条例》，对国营企业职工的养老待遇作出规定。“文革”期间，企业职工退休费用统筹的劳动保险制度被取消，改由所在企业自行负担，实际演变为“企业保险”。随着计划经济体制向市场经济体制转轨，20 世纪 80 年代实行养老保险社会统筹试点开始进行改革探索，90 年代改革全面展开并不断深化，建立了由国家、企业和个人共同负担的基金筹集模式，确定了社会统筹与个人账户相结合的基本模式，统一了企业职工基本养老保险制度。2005 年，在总结东北三省开展完善城镇社会保障体系试点经验的基础上，国务院发布了《关于完善企业职工基本养老保险制度的决定》，进一步完善企业职工养老保险制度。主要政策包括：

（1）基本模式：社会统筹与个人账户相结合。社会统筹部分采取现收现付模式，均衡单位负担；个人账户部分采取积累模式，体现个人责任。个人账户规模为本人缴费工资的 8%，全部由个人缴费形成。

（2）覆盖范围：城镇各类企业及其职工，企业化管理的事业单位及其职工，城镇个体工商户和灵活就业人员。

（3）基金筹集：基本养老保险基金主要由企业和职工缴费形成，企业缴费比例一般不超过企业工资总额的 20%，个人缴费比例为 8%。基金实行收支两条线，纳入财政专户管理。中央财政每年对中西部地区和老工业基地给予养老保险资金补助。

（4）基本养老金领取条件及待遇计算：领取基本养老金需要满足两个条件，一是达到退休年龄，男 60 周岁，女干部 55 周岁，女工人 50 周岁；二是缴费年限累计达到 15 年。基本养老金由统筹养老金和个人账户养老金两部分组成。统筹养老金月标准以当地上年度在岗职工月平均工资和本人指数化月平均缴费工资的平均值为基数，缴费每满 1 年发给 1%；个人账户养老金月标准为个人账户储存额除以计发月数。其中计发月数按职工退休时城镇人口平均预期寿命、本人退休年龄、利息等因素确定。改革前参加工作，改革后退休且缴费年限累计满 15 年的人员，在发给基础养老金和个人账户养老金的基础上，再发给过渡性养老金。达到退休年龄但缴费年限累计不满 15 年的，可以缴费至满 15 年，按月领取基本养老金；也可以转入新型农村社会养老保险或者城镇居民社会养老保险，按照国务院规定享受相应的养老保险待遇。

（5）待遇调整：国家建立基本养老金正常调整机制，根据职工平均工资增长、物价上涨情况，适时提高基本养老保险待遇水平。实践中，调整幅度一般为企业在岗职工平均工资年增长率的一定比例。

2. 机关、事业单位退休制度

目前，国家机关和事业单位工作人员实行与企业不同的退休养老制度，由单位各自负责，退休后，根据工作年限按退休前工资的一定比例计发退休金。主要政策包括：

根据《公务员法》规定，公务员退休方式包括法定退休和自愿退休两种。(1) 法定退休，是指公务员达到国家规定的退休年龄（即男年满60周岁、女年满55周岁）或者完全丧失工作能力的，应当退休。(2) 自愿退休，是指公务员在未达到法定退休年龄但符合一定条件时，本人自愿提出申请，经任免机关批准，可以提前退休。主要有两种情形：一是工作年限满30年的；二是距国家规定的退休年龄不足5年，且工作年限满20年的。公务员退休后，享受国家规定的退休金和其他待遇。事业单位工作人员的退休待遇、退休审批等方面和公务员的规定基本相同，只是在退休条件方面略有差异，没有自愿退休的情形。

2003年，党的十六届三中全会提出，积极探索机关、事业单位社会保障制度改革。为落实中央的部署，有关部门组成专门工作小组进行了大量调查研究，提出了机关、事业单位养老保险改革方案并进行测算。2008年2月，国务院常务会议讨论通过了《事业单位工作人员养老保险制度改革试点方案》，决定在山西、上海、浙江、广东、重庆5个省市开展事业单位工作人员养老保险制度改革试点，与事业单位分类改革试点配套推进。总体思路是：实行社会统筹和个人账户相结合，基本养老保险费由单位和个人共同负担，改革养老金计发办法，同时建立职业年金制度。

3. 新型农村社会养老保险

1991年，我国部分地区开始进行以个人缴费为主、完全个人账户的农村社会养老保险试点，但是受制于当时的经济发展水平和国家对农保的投入能力，实践中运行非常艰难。2002年11月，党的十六大提出："在有条件的地方探索建立农村社会养老保险制度。"一些地方积极探索有财政补贴的新型农村社会养老保险制度。2009年，在总结各地探索经验的基础上，国务院决定，开展个人缴费、集体补助、政府补贴相结合以及社会统筹与个人账户相结合的新型农村社会养老保险试点。2009年，试点覆盖面为全国10%的县（市、区、旗），2010年将试点范围扩大到24%的县，2012年基本实现对农村适龄居民的全覆盖。主要政策包括：

(1) 覆盖对象：年满16周岁（不含在校学生）、未参加城镇职工基本养老保险的农村居民，均可以在户籍地自愿参加新农保。

（2）资金筹集：新农保基金由个人缴费、集体补助、政府补贴构成。参加新农保的农村居民应当按规定缴纳养老保险费，缴费标准目前设为每年100元、200元、300元、400元、500元5个档次，地方可以根据实际情况增设缴费档次。参保人自主选择档次缴费，多缴多得。有条件的村集体应当对参保人缴费给予补助，补助标准由村民委员会召开村民会议民主确定。鼓励其他经济组织、社会公益组织、个人为参保人缴费提供资助。地方政府应当对参保人缴费给予补贴，补贴标准不低于每人每年30元；对选择较高档次标准缴费的，可给予适当鼓励，具体标准和办法由省（区、市）人民政府确定。对农村重度残疾人等缴费困难群体，地方政府为其代缴部分或全部最低标准的养老保险费。政府对符合领取条件的参保人全额支付新农保基础养老金，其中中央财政对中西部地区按中央确定的基础养老金标准给予全额补助，对东部地区给予50%的补助。

（3）待遇支付：年满60周岁、未享受城镇职工基本养老保险待遇的农村有户籍的老年人，可以按月领取养老金。养老金待遇由基础养老金和个人账户养老金组成，2009年中央确定的基础养老金标准为每人每月55元，地方政府可以根据实际情况提高基础养老金标准，个人账户养老金的月计发标准为个人账户全部储存额除以139。

4. 城镇居民社会养老保险

《社会保险法》第22条规定，国家建立和完善城镇居民社会养老保险制度，同时授权省、自治区、直辖市人民政府根据实际情况，可以将城镇居民社会养老保险和新型农村社会养老保险合并实施，为逐步建立统筹城乡的养老保障体系奠定了法律基础。2011年6月1日，国务院总理温家宝主持召开国务院常务会议，决定自7月1日起启动城镇居民社会养老保险试点，当年试点范围覆盖全国60%的地区，2012年基本实现全覆盖。这是党中央、国务院为加快建设覆盖城乡居民社会保障体系作出的又一重大决策，标志着我国基本养老保险制度全覆盖。主要政策包括：

（1）覆盖对象：年满16周岁（不含在校学生）、不符合职工基本养老保险参保条件的城镇非从业居民，可以在户籍地自愿参加城镇居民社会养老保险。

（2）资金筹集：城镇居民养老保险基金主要由个人缴费和政府补贴构成。参加城镇居民养老保险的城镇居民应当按规定缴纳养老保险费。缴费标准目前设为每年100元、200元、300元、400元、500元、600元、700元、800元、900元、1 000元10个档次，地方人民政府可以根据实际情况增设缴费档次。地方人民政府应对参保人员缴费给予补贴，补贴标准不低于每人每年30元；对选择较高档次标准缴费的，可给予适当鼓励，具体标准和办法由省（区、市）人民政府确定。对城镇重度残疾人等缴费困难群体，地方人民政府为其代缴部分或全部最低标准的养老保险费。

(3) 领取待遇条件和待遇水平。参保人按规定缴费、年满60周岁的，可以领取基础养老金和个人账户养老金。基础养老金由政府财政支付，中央财政对中西部地区按中央确定的基础养老金标准给予全额补助，对东部地区给予50%的补助。中央规定的最低标准基础养老金目前为每人每月55元，地方政府可以根据实际提高当地基础养老金。个人账户养老金的月计发标准为个人账户储存额除以139。

5. 企业年金制度

企业年金是补充养老保险。我国从1991年开始建立企业补充养老保险制度。2000年，国务院决定将企业补充养老保险更名为企业年金，实行市场化管理运营。2004年，劳动和社会保障部制定颁布了《企业年金试行办法》和《企业年金基金管理机构资格认定暂行办法》，会同银监会、证监会、保监会制定颁布了《企业年金基金管理试行办法》。2011年，人力资源和社会保障部会同银监会、证监会、保监会修订发布了《企业年金基金管理规定》。国务院决定和三个部门规章的颁布实施，确立了企业年金制度的基本框架。这一制度体系，体现了国家政策支持、企业自主建立、市场管理运营、政府加强监管的原则。主要政策包括：

(1) 建立企业年金的条件和程序：企业要实行年金制度，必须首先参加基本养老保险，按规定履行缴费义务。同时，要具备相应的经济条件，民主管理基础比较好。建立企业年金，必须充分发扬民主，经过广泛的集体协商，反映广大职工的意愿；必须制定企业年金方案，对资金筹集和基金管理方式、享受年金待遇的条件和计发办法、组织管理和监督方式等事项作出明确的约定；企业年金方案要报劳动保障部门备案。

(2) 制度模式：企业年金采取个人账户管理的方式，选择缴费确定型（即DC模式）。参保人员将来的待遇高低，取决于缴费多少和投资运营收益。

(3) 费用来源：企业年金由企业和职工个人共同缴费，单位和个人的缴费比例可以有所不同，但不能只由一方缴费。建立企业年金的企业，所有试用期满的职工都应当享有。具体到每个人享有的标准，可以按照贡献大小、资历长短等因素，适当有所差别，体现激励作用。

(4) 待遇领取方式：企业年金待遇可在退休后根据本人实际情况，选择一次性领取，或者定期领取。

(5) 企业年金基金管理主体：企业年金基金由受托人、账户管理人、托管人、投资管理人共同管理，不同机构各司其职、相互制约，从制度上最大程度地保证企业年金基金的财产安全。设立企业年金的企业及其职工作为委托人，与作为受托人的企业年金理事会或者符合国家规定的养老金管理公司等法人受托机构签订书面合同，受托管理企业年金。受托人委托具有资格的企业年金账户管理机构作为账户管理人，负责管理企业年金账户；委托具有资格的商业银行或专业托管机构作为托管人，负责托管企业年金基金；委托具有资格的投资运营机构作为投资管理人，负责企业年金基金的投资运营。受托人与账户管理人、托管人和投资管理人确立委托关系，应当签订书面合同。

(二) 医疗保障法律制度

在计划经济体制下，我国在城市建立了劳保医疗和公费医疗制度，在农村实行合作医疗制度。改革开放以来，特别是党的十四届三中全会以来，党中央、国务院作出一系列重大决策，积极推进医疗保障制度改革。目前，适应社会主义市场经济体制的医疗保障体系框架已初步建立。城镇职工基本医疗保险、城镇居民基本医疗保险、新型农村合作医疗和城乡医疗救助共同组成基本医疗保障体系，分别覆盖城镇就业人口、城镇非就业人口、农村人口和城乡困难人群，实现了对城乡居民的全面覆盖。

1. 职工基本医疗保险制度

1993 年，党的十四届三中全会提出，在城镇建立社会统筹与个人账户相结合的职工医疗保险制度。国务院从 1994 年起，在江苏镇江、江西九江进行城镇职工医疗保险制度改革试点，试点后来扩大到 20 多个省区的近 40 个城市。1998 年，国务院发布《关于建立城镇职工基本医疗保险制度的决定》(国发［1998］44 号)，在全国范围全面进行职工医疗保险制度改革。主要政策包括：

(1) 覆盖范围：城镇所有用人单位，包括企业、机关、事业单位、社会团体、民办非企业单位及其职工，都要参加城镇职工基本医疗保险。随着原劳动保障部对于灵活就业人员、农民工、非公有制经济组织参保政策的明确，职工基本医疗保险实际上覆盖了城镇全体从业人员。

(2) 基金筹集：医疗保险费由用人单位和职工共同缴纳。用人单位缴费率控制在职工工资总额的 6%左右，在职职工缴费率为本人工资的 2%。退休人员个人不缴费。具体缴费比例由各统筹地区根据实际情况确定。目前，用人单位缴费率全国平均水平约7.4%。最低为3%，较高的如上海、北京分别达到10%和9%；个人缴费全国平均为2%。

（3）统筹层次：原则上以地级以上行政区为统筹单位，也可以县（市）为统筹单位，京津沪原则上在全市范围内实行统筹。目前，国家正在抓紧推进基本医疗保险市级统筹。

（4）待遇支付：职工基本医疗保险基金由统筹基金和个人账户构成。个人账户主要支付门诊费用、住院费用中个人自付部分以及在定点药店购药费用。统筹基金用于支付符合规定的住院医疗和部分门诊大病医疗费用。起付标准为当地职工年平均工资的10%，最高支付限额目前为当地职工年平均工资的6倍左右。

（5）医疗服务管理：职工基本医疗保险实行定点医疗机构和定点药店管理，符合基本医疗保险药品目录、诊疗项目、医疗服务设施标准以及急诊、抢救的医疗费用按照国家规定从基本医疗保险基金中支付。参保人员医疗费用中应当由基本医疗保险基金支付的部分，由社会保险经办机构与医疗机构、药品经营单位直接结算。

2. 城镇居民基本医疗保险制度

2006年，党的十六届六中全会《关于构建社会主义和谐社会若干重大问题的决定》提出，要"建立以大病统筹为主的城镇居民医疗保险"。2007年7月10日，国务院印发《关于开展城镇居民基本医疗保险试点的指导意见》（国发［2007］20号）。2007年在79个城市启动试点，2008年扩大试点，2009年在全国全面推开。主要政策包括：

（1）覆盖范围：城镇中不属于城镇职工基本医疗保险制度覆盖范围的中小学阶段的学生、少年儿童、在校大学生和其他非从业城镇居民，都可以自愿参加城镇居民医疗保险。

（2）基金筹集：城镇居民基本医疗保险实行个人缴费和政府补助相结合，成年人缴费一般在150～300元/年之间，未成年人缴费一般在50～100元/年之间。政府对所有参保居民给予不少于人均80元/年的补助，对城镇特殊困难群体的参保缴费再给予不少于人均60元/年的补助。2012年，各级财政对城镇居民基本医疗保险的人均缴费补助标准将提高到240元。

（3）管理制度和待遇支付：原则上与城镇职工基本医疗保险的规定一致，由人力资源社会保障部门所属的社会保险经办机构统一管理。居民医保只建立统筹基金，不建立个人账户，基金主要用于支付住院医疗和部分门诊大病费用。有条件的地方，也可以探索门诊普通疾病医疗费用统筹的保障办法。

3. 新型农村合作医疗制度

2002 年 10 月，《中共中央　国务院关于进一步加强农村卫生工作的决定》（中发［2002］13 号）提出，各级政府要积极引导农民建立以大病统筹为主的新型农村合作医疗制度。从 2003 年开始，国务院按照“财政支持、农民自愿、政府组织”的原则组织进行试点，2008 年在全国基本推行。主要政策包括：

（1）覆盖范围：新型农村合作医疗是针对农村居民的一项基本医疗保险制度，所有农村居民都可以家庭为单位自愿参加新型农村合作医疗。

（2）基金筹集：新型农村合作医疗以政府资助为主，个人适当缴费。2009 年，新农合全国平均人均筹资 113.4 元。中央财政对中西部除市区以外参加新型农村合作医疗的农民每年每人补助 40 元，地方财政的资助额不低于 40 元。中央财政对东部省份也按中西部地区一定比例给予补助。2010 年，各级财政对新型农村合作医疗的人均补助标准将提高到 120 元。

（3）待遇支付：新型农村合作医疗一般采取以县（市）为单位进行统筹，主要补助参合农民的住院医疗费用。各县（市）确定支付范围、支付标准和额度。

(三) 失业保险法律制度

1986 年，为配合国营企业劳动用工制度改革，国务院颁布施行了《国营企业职工待业保险暂行规定》，开始探索建立失业保险制度。1993 年，按照深化国有企业改革的总体要求，国务院颁布了《国有企业职工待业保险规定》，对原有制度进行了局部调整。1999 年，国务院颁布施行了《失业保险条例》，对失业保险制度作了重大调整。2010 年出台的《社会保险法》进一步完善了失业保险制度。主要政策包括：

1. 覆盖范围：失业保险的参保范围是城镇企业事业单位及其职工。省、自治区、直辖市人民政府根据当地实际情况，可以规定将社会团体及其专职人员、民办非企业单位及其职工以及有雇工的城镇个体工商户及其雇工纳入失业保险的范围。

2. 资金筹集：城镇企业事业单位按照本单位工资总额的 2%，职工按照本人工资收入的 1%缴纳失业保险费；基金不足使用时，由地方财政给予补贴。

3. 享受失业保险待遇的条件：领取失业保险金必须符合三个条件：一是

按照规定参加失业保险，所在单位和本人已按照规定履行缴费义务满1年；二是非因本人意愿中断就业；三是已办理失业登记，并有求职要求。

4. 失业保险待遇：失业保险金标准，按照低于当地最低工资标准、高于城市居民最低生活保障标准的水平，由省、自治区、直辖市人民政府确定。待遇期限的具体标准是：失业人员失业前所在单位和本人按照规定累计缴费时间满1年不足5年的，领取期限最长为12个月；满5年不足10年的，最长为18个月；10年以上的，最长为24个月。领取失业保险金期间就业的，尚未领取的期限可以保留。

失业人员在领取失业保险金期间，按规定还可以同时享受其他失业保险待遇。包括：接受职业培训、职业介绍的补贴；参加职工基本医疗保险，享受基本医疗保险待遇，所需费用从失业保险基金中支付，失业人员个人不缴费；领取失业保险金期间失业人员死亡的，其遗属可以领取一次性丧葬补助金和抚恤金。

（四）工伤保险法律制度

1951年颁布的《劳动保险条例》，规定了工伤保险的范围和待遇，确立了我国工伤保险的一些基本原则。1996年8月，劳动部在总结有关地方工伤保险改革经验的基础上，制定了《企业职工工伤保险试行办法》，对工伤保险制度作出了比较全面的规定。2003年4月，国务院颁布《工伤保险条例》，对工伤保险的适用范围、缴费制度、工伤认定、待遇标准、监督管理和法律责任等内容作了系统全面的规定。2010年12月，国务院修订《工伤保险条例》，扩大了工伤保险的适用范围，提高了工伤保险待遇水平，调整了工伤认定范围，简化了工伤处理程序。《社会保险法》规定了未参保工伤职工的工伤保险待遇先行支付制度。主要政策包括：

1. 覆盖范围：工伤保险的参保范围是各类企业、事业单位、社会团体、民办非企业单位、基金会、律师事务所、会计师事务所等组织和有雇工的个体工商户及其职工（或者雇工）。

2. 资金筹集：国家根据不同行业的工伤风险程度确定行业的差别费率，并根据使用工伤保险基金、工伤发生率等情况在每个行业内确定若干费率档次。社会保险经办机构根据用人单位使用工伤保险基金、工伤发生率和所属行业费率档次等情况，确定用人单位缴费费率。用人单位以单位职工工资总额为缴费基数缴费，职工个人不缴纳工伤保险费。

3. 工伤认定范围：工伤认定是工伤职工享受待遇的前提。《工伤保险条例》明确了应当认定为工伤的七种情形、视同工伤的三种情形以及不得认定为工伤的三种情形。

第一，应当认定工伤的七种情形：（1）在工作时间和工作场所内，因工作原因受到事故伤害的；（2）工作时间前后在工作场所内，从事与工作有关的预备性或者收尾性工作受到事故伤害的；（3）在工作时间和工作场所内，因履行工作职责受到暴力等意外伤害的；（4）患职业病的；（5）因工外出期间，由于工作原因受到伤害或发生事故下落不明的；（6）在上下班途中，受到非本人主要责任的交通事故或者城市轨道交通、客运轮渡、火车事故伤害的；（7）法律、行政法规规定应当认定为工伤的其他情形。

第二，应当视同工伤的三种情形：（1）在工作时间和工作岗位，突发疾病死亡或在 48 小时之内经抢救无效死亡的；（2）在抢险救灾等维护国家利益、公共利益活动中受到伤害的；（3）职工原在军队服役，因战、因公负伤致残，已取得革命伤残军人证，到用人单位后旧伤复发的。

第三，职工符合《工伤保险条例》第 14 条、第 15 条的规定，但是有下列情形之一的，不得认定为工伤或者视同工伤的三种情形：（1）故意犯罪的；（2）醉酒或者吸毒的；（3）自残或者自杀的。

4. 工伤保险待遇：工伤保险待遇针对伤残对象的不同，大体分为四类：（1）工伤医疗康复待遇；（2）辅助器具配置待遇；（3）伤残待遇；（4）死亡待遇。

（1）工伤医疗康复待遇。主要包括：治疗工伤所需的医疗费用和康复费用、住院伙食补助费和到统筹地区以外就医的交通食宿费，按照国家规定从工伤保险基金中支付。工伤职工需要停止工作接受治疗的，在停工留薪期内，原工资待遇不变，由所在单位按月支付。

（2）辅助器具配置待遇。工伤职工因日常生活或就业需要，经劳动能力鉴定委员会确认，可以安装假肢、矫形器、假眼、假牙和配置轮椅等辅助器具，所需费用按照国家规定的标准从工伤保险基金支付。

（3）伤残待遇。伤残待遇按照伤残鉴定等级的不同而有所区别。所有等级均享受从工伤保险基金按伤残等级支付的一次性伤残补助金，除此之外，不同等级伤残职工还分别享受如下待遇：①1～4 级保留劳动关系，退出工作岗位，由工伤保险基金按月支付伤残津贴；达到退休年龄并办理退休手续后，停发伤残津贴，享受基本养老保险待遇；同时，由用人单位和职工个人以伤残津贴为基数，缴纳基本医疗保险费。②5～6 级保留与用人单位的劳动关系，由用人单位安排适当工作；难以安排工作的，由用人单位按月发给伤残津贴，并按照规定为其缴纳应缴纳的各项社会保险费；经工伤职工本人提出与用人单位解除或终止劳动关系的，由工伤保险基金支付一次性工伤医疗补助金，由用人单位支付一次性伤残就业补助金。③7～10级劳动合同期满终止，或者工伤职工本人提出解除劳动合同的，由工伤保险基金支付一次性工伤医疗补助金，由用人单位支付一次性伤残就业补助金。

(4) 死亡待遇。主要包括三项：一是丧葬补助金。职工因工死亡，其直系亲属可以从工伤保险基金中领取丧葬补助金，标准为6个月的统筹地区上年度职工月平均工资。二是供养亲属抚恤金，按照因工死亡职工本人生前工资的一定比例计发。三是一次性因工死亡补助金，按上一年度全国城镇居民人均可支配收入的20倍发给。

（五）生育保险法律制度

1951年颁布的《劳动保险条例》和1955年颁布的《关于女工作人员生育假期规定的通知》对生育保险作了规定。主要内容包括：女职工生育休假56天，产假期间工资照发；享受免费医疗，医疗费用由企业负担。1988年，国务院颁布了《女职工劳动保护规定》，延长了生育假期，调整了实施范围。1994年，劳动部在总结各地试点经验的基础上，颁布了《企业职工生育保险试行办法》。该办法规定企业按照工资总额的一定比例缴纳生育保险费，建立生育保险基金；女职工生育或流产依法享受产假，产假期间生育医疗费和生育津贴由生育保险基金支付。生育费用实行社会统筹，标志着我国生育保险制度改革已进入一个新的阶段。主要政策包括：

1. 覆盖范围：生育保险的参保范围是城镇企业及其职工。

2. 资金筹集：用人单位按照不超过工资总额1%的比例缴纳生育保险费，建立生育保险基金，职工个人不缴费。

3. 生育保险待遇：用人单位已经缴纳生育保险费的，其职工享受生育保险待遇，所需资金从生育保险基金中支付。女职工因生育发生的产前检查费、接生费、手术费、住院费、药费和计划生育手术费用等医疗费用按照国家规定由生育保险基金支付。女职工生育按照国家规定享受产假或计划生育手术休假期间，可以享受生育津贴，生育津贴按照职工所在用人单位上年度职工月平均工资计发，从生育保险基金中支付。此外，根据《社会保险法》规定，职工未就业配偶按照国家规定享受生育医疗费用待遇。

第三节　国家公职人员管理法律制度

国家公职人员，是指在国家的经济、政治和社会生活中担任公共职务、行使公共职权、履行公共职责的人员。国家公职人员在担任公共职务期间，应当正确地行使公共职权，忠实地履行公共职责，其核心是职权和职责的统一。国家公职人员的概念、内涵和外延，随形势发展而不断变化。总的来说，国家公职人员主要包括公务员，国有公司、企业、事业单位、人民团体中从事公务的人员，国家机关、国有公司、企业、事业单位、人民团体委派到非国有公司、企业、事业单位、社会团体中从事公务的人员，军队转业干部，以及其他依照法律从事公务的人员，比如村民委员会等村基层组织人员在协助人民政府从事特定行政管理工作时等。

一、国家公职人员管理法律体系概况

国家公职人员管理法律调整的对象主要是国家公职人员管理过程中的各种社会关系，包括国家与国家公职人员之间的关系，国家公职人员与管理相对人之间的关系，国家公职人员与所在单位之间的关系等。

国家公职人员管理法律体系的特征主要有三个：

一是主要属于公法。即涉及国家和社会公共利益，不得由当事人协议变更或者排除适用，法律关系依法设定。

二是实体法和程序法兼有。一般情况下，实体法应当有一定的程序法与之相对应。如作为实体法的民法，对应的程序法有民事诉讼法；作为实体法的刑法，对应的程序法有刑事诉讼法。国家公职人员管理法律则是以实体法为主、兼有程序法内容的法律，比如公务员法既有公务员权利义务等方面的实体规定，又有申诉控告方面的程序规定。

三是监督约束和激励保障并重。比如《公务员法》规定了公务员的条件、义务和纪律，明确了公务员考核、惩戒、回避、辞退、离职后的从业限制，以及领导成员的引咎辞职和责令辞职等方面的要求，体现了对公务员的严格要求、严格管理和严格监督。与此同时，《公务员法》还进一步强化了公务员考核评价、职务职级晋升和工资保险福利等激励保障功能。

【阅读参考】国外公务员立法简介

英国是最早确立公务员制度的国家。17世纪以前，在封建君主专制制度下，英国实行“恩赐官爵制”，官员的选拔、任命、提升都被看成是国王的赐予。自1688年以后，英国确立了资产阶级的君主立宪制度，政治权力逐渐由国王转移到议会，在用人制度上，重要官吏的任免权也随之为议会多数党所控制。随后，人们对两党（多党）轮流执政引起的政府行政人员的大规模换班和政党分肥制不满，要求变革的呼声与日俱增。1855年，英国颁布了有关文官制度的第一个枢密院令，决定成立不受党派干涉，独立主持考试的三人文官事务委员会。1870年又颁布了关于改革文官制度的第二个枢密院令，规定凡未经考试并持有文官事务委员会及格证书者，一律不得从事任何事务官职。至此，世界上第一个现代文官制度正式确立。

1883年，美国颁布《彭德尔顿法》，这部法被视为美国文官制度确立的标志，是美国第一部公务员法，同时它在内容上也确立了政务官和事务官分途而治的基本原则。1978年10月，美国国会通过了《公务员制度改革法》，继续以法律的形式推行功绩制原则。

第二次世界大战后，1946年法国颁布了统一的公务员法，1984年又通过了《法国国家公务员章程》；1947年日本通过了《国家公务员法》，1950年颁布了《地方公务员法》；1950年联邦德国颁布了《德意志联邦共和国公务员法》，这些国家都相继以法律形式确立了现代文官制度即公务员制度。

从世界各国公务员范围来看，大致分为三种情况：

1. 小范围。公务员仅指国家政府系统中非选举产生和非政治任命的公职人员，即常务次官以下通过公开考试择优录用并实行常任制的政府工作人员，也称事务类公务员或常任公务员。这种划分以英国为代表。亚洲的印度、巴基斯坦、缅甸、斯里兰卡、马来西亚，非洲的加纳、阿尔及利亚、肯尼亚、南非，大洋洲的澳大利亚、新西兰等国家也在这种范围。

2. 中范围。即国家行政机关中的所有工作人员，统称公务员。美国、菲律宾、泰国、韩国等国家在这种范围。美国公务员范围包括总统、特种委员会成员、部长、副部长、部长助理以及独立机构的长官等政治任命官员和行政部门的所有工作人员，也包括在政府部门工作的工勤人员。

3. 大范围。即从中央到地方行政机关的公职人员，各级立法机关、审判机关、检察机关、国立学校及医院、国有企业等部门的所有正式工作人员，统称公务员。法国、日本、科特迪瓦、摩洛哥、突尼斯、几内亚、尼日利亚、乍得、黎巴嫩等国家是这种范围。越南的公务员范围还包括党的机关工作人员。

其中又将公务员分为两大部分：一部分是不适用公务员法的公务员，如议会的议员、法院的法官、军事人员、医院的医生和学校的教师等；一部分是适用于公务员法的公务员，如中央政府和地方政府机关中从事行政管理的工作人员，议会、法院中除议员和法官以外的工作人员等。如法国对列入公务员范围的教师、军人，分别制定《教师章程》《军官和士官章程》进行管理。日本也对教师、医生、军人等特别职公务员，分别制定特例法进行管理。

目前，在国家公职人员管理方面已经基本有一套比较系统的法律法规。公务员管理方面有公务员法作为总法，另外还有法官法、检察官法、驻外外交人员法、人民警察法、人民警察警衔条例、公安机关组织管理条例、海关关衔条例、行政机关公务员处分条例、公务员范围规定等法律法规，另外还有公务员录用、考核、培训、奖励、申诉等方面的 14 个配套规章；军队转业干部管理方面有军队转业干部安置暂行办法、自主择业的军队转业干部退役金发放管理办法等；事业单位人事管理方面主要有教师法、教师资格条例等专门法律法规，还有事业单位岗位设置管理试行办法、事业单位公开招聘工作人员规定等；国有企业公职人员管理方面有企业国有资产法、企业国有资产监督管理暂行条例、国有企业领导人员廉洁从业若干规定、中管企事业单位选人用人工作监督检查办法（试行）等。

当前，我国正处于社会政治、经济体制的转型时期，社会公共权力大量介入经济活动甚至直接参与再分配过程，而监督、制约体系还不完善，这在客观上为产生国家公职人员违法违纪行为提供了条件，刑法、行政监察法、行政监察法实施条例等法律法规对国家公职人员违法违纪行为的处理提供了专门的规范。

二、我国公职人员管理重点法律法规制度

（一）中华人民共和国公务员法

2005 年 4 月 27 日，《中华人民共和国公务员法》（以下简称《公务员法》）经十届全国人大常委会第十五次会议审议通过，2006 年 1 月 1 日起生效施行。《公务员法》是我国五十多年来干部人事管理方面第一部总章程性质的法律，它以邓小平理论和“三个代表”重要思想为指导，坚持党管干部原则，依据宪法，结合干部人事制度改革的实践，以法律的形式明确了公务员管理的基

本制度。

《公务员法》共18章，107条，在公务员管理的各个基本环节和主要方面都有比较成熟的制度设计和法律规范，使干部人事管理工作基本做到有法可依，有章可循。基本内容可归纳为两个方面：一是关于公务员制度和公务员管理的基础性规定，包括公务员制度的指导思想、基本原则，公务员的范围、条件、义务与权利、职务与级别，公务员主管部门以及违反《公务员法》的法律责任等；二是关于公务员管理各个环节的基本管理制度的规定，包括录用、考核、职务任免、职务升降、奖励、处分、培训、交流回避、工资福利保险、辞职辞退、退休、申诉控告、职位聘任，等等。

1. 关于公务员范围

《公务员法》第2条规定："本法所称公务员，是指依法履行公职、纳入国家行政编制、由国家财政负担工资福利的工作人员。"按照这个定义，列入公务员范围的人员必须同时具备三个条件：一是依法履行公职；二是纳入国家行政编制；三是由国家财政负担工资福利。至于具体将哪些人员列入公务员范围进行管理，《公务员法》未一一列举，而是在《公务员法》的配套文件里做了具体规定，将中国共产党机关、人大机关、行政机关、政协机关、审判机关、检察机关、各民主党派机关7种机关的工作人员列入公务员范围。

2. 关于"两个坚持和两个贯彻"问题

《公务员法》第4条规定："公务员制度坚持以马克思列宁主义、毛泽东思想、邓小平理论和'三个代表'重要思想为指导，贯彻社会主义初级阶段的基本路线，贯彻中国共产党的干部路线和方针，坚持党管干部原则。"除宪法和立法法以外，一般法律很少直接规定贯彻四项基本原则和党的基本路线。而《公务员法》是一部干部人事管理法，政治性很强，在法里明确作出"两个坚持、两个贯彻"的规定，将为党的基本路线服务、任人唯贤的干部路线和干部队伍的四化方针贯穿其中，并坚持党管干部的路线、方针、政策和各级党委管理重要干部的原则，符合我国干部人事管理的实际，也是我国干部人事管理的基本特点。这样规定，也使后面各章的规定有了基本依据。因此，也可以说，"两个坚持、两个贯彻"是《公务员法》的灵魂，是我国公务员制度最鲜明的政治特色。

3. 关于公务员的条件、义务和权利

《公务员法》第二章第11条、第12条、第13条，分别规定了公务员应当具备的7项基本条件、应当履行的9项义务和应当享有的8项权利。这是公务员制度的重要组成部分，对于规范公务员的管理具有重要意义，体现了公务员管理坚持监督约束与激励保障并重的原则。需要特别指出的是，《公务员法》规定的公务员权利，是公务员履行公务的基本条件，是为公务员履行公务提供的基本保障，而不是什么特权。只有当公务员具有法定的权利，并且能够行使这些权利时，才能有效地执行公务。同时，只有当公务员的合法权益得到了保障，公务员才能没有个人顾虑，才能严格按照法律的规定执行公务、履行职责。

4. 关于公务员的分类管理

过去，行政机关的公务员内部不再分类别，所有公务员都使用一种管理方式，不论什么职位仅区分领导职务和非领导职务，一些专业性强的职位和一些基层执法职位，在管理上都按照同一的晋升、工资待遇方式，这不利于调动公务员的积极性和科学化管理。公务员范围扩大后，客观上也需要采取新的管理方式。《公务员法》第 14 条第 2 款规定："公务员职位类别按照公务员职位的性质、特点和管理需要，划分为综合管理类、专业技术类和行政执法类等类别。"这样，就为从事专业技术工作的公务员和基层行政执法部门的公务员提供了专门的职业发展阶梯，有利于调动公务员的积极性。

5. 关于公务员的级别

《公务员法》第 19 条对公务员的级别作了原则性规定。级别设置与职务对应关系比较复杂，法中没有具体表述，而是在有关配套法规中予以明确。增加级别设置数，从原来的共 15 级增加到 27 级。扩大级别的功能，不仅与工资待遇挂钩，而且还有条件地与其他生活待遇挂钩，使基层一些晋升职务空间小的公务员通过晋升级别改善和提高待遇。

6. 关于考试录用

考试录用是进入公务员队伍最重要的进口"门户"，自推行公务员制度以来，对录用一直进行严格管理，坚持"凡进必考"。《公务员法》第 21 条第 1 款规定："录用担任主任科员以下及其他相当职务层次的非领导职务公务员，采取公开考试、严格考察、平等竞争、择优录取的办法。"这样规定，将考试录用确定为录用主任科员以下非领导职务人员的基本制度，也就是"凡进必考"。同时，第 2 款规定："民族自治地方依照前款规定录用公务员时，依照法律和有关规定对少数民族报考者予以适当照顾。"这是从我国是一个多民族国家的实际出发，作出的特殊规定。今后各级党政机关录用初级人员，一律实行考试录用的办法，而且有一套严格的程序，任何机关不得违法进人。

7. 关于考核、奖励和惩戒

关于考核。《公务员法》将公务员考核等次在原来三等次的基础上，增加了“基本称职”等次，即公务员定期考核的结果分为优秀、称职、基本称职和不称职四个等次，以解决公务员年度考核中存在“称职大平台”的现象。

关于奖励。《公务员法》第48条规定：“对工作表现突出，有显著成绩和贡献，或者有其他突出事迹的公务员或者公务员集体，给予奖励。”并沿用暂行条例的规定，将奖励的种类分为：嘉奖、记三等功、记二等功、记一等功、授予荣誉称号。

关于惩戒。为了严肃公务员的纪律，《公务员法》规定了16项公务员必须遵守的纪律，涉及公务员的政治纪律、工作纪律、廉政纪律、保密纪律和职业道德、社会公德方面的纪律。同时规定，对违反纪律的行为给予处分，处分的种类包括警告、记过、记大过、降级、撤职、开除，并对行政处分的程序作了具体规定。

8. 关于辞职辞退

《公务员法》规定了担任领导职务的公务员的因公辞职、自愿辞职、引咎辞职、责令辞职等制度，重点强调加强对领导干部的监督管理，增强其责任意识。《公务员法》第83条还对辞退公务员的情形作了规定。这样就体现了对公务员的从严要求，打破了公务员的“终身制”和“铁饭碗”，建立优胜劣汰机制。

9. 关于交流、回避

《公务员法》规定，公务员队伍外的公职人员可以调入机关担任领导职务或者副调研员以上及其他相当职务层次的非领导职务。对省部级正职以下的领导成员应当有计划、有重点地实行跨地区、跨部门转任。对担任机关内设机构领导职务和工作性质特殊的非领导职务的公务员，应当有计划地在本机关内转任。这些规定有利于加强廉政建设，培养锻炼干部和增强公务员队伍的活力。为了帮助公务员摆脱各种亲属关系的羁绊，依法公正地履行职责，提高工作效率，《公务员法》规定了任职回避、公务回避和地区回避等制度。

10. 关于职位聘任与人事争议仲裁

聘任制是机关通过合同选拔、任用公务员的一种人事管理制度。《公务员法》规定，机关根据工作需要，经省级以上公务员主管部门批准，可以对专业性较强的职位和辅助性职位实行聘任制。并对聘任制的适用范围、聘任合同的签订、变更、解除、协议工资制以及因聘用合同发生争议的解决渠道等内容作了规定。规定国家建立人事争议仲裁制度。对聘任制公务员人事争议仲裁的原则、人事争议仲裁委员会的组成、人事争议仲裁程序以及人事争议仲裁与司法程序的衔接等问题作了原则规定。把聘任制作为公务员任用的补充形式，一方面可以满足机关对特殊人员的要求，另一方面可以拓宽选人、用人的渠道，吸引多样化的优秀人才，改善公务员队伍结构，有利于提高公务员队伍的整体素质。

（二）军队转业干部安置暂行办法

2001年1月19日，中共中央、国务院、中央军委根据《中华人民共和国国防法》《中华人民共和国兵役法》和其他有关法律法规的规定，制定并颁布了《军队转业干部安置暂行办法》。这对于进一步做好新形势下的军队转业干部安置工作，更好地实现人才资源的合理配置，促进国家经济和社会发展，加强国防和军队建设，具有重大而深远的意义。

《军队转业干部安置暂行办法》共11章70条，对军队转业干部的社会政治地位、转业安置计划、安置地点、工资分配与就业、待遇、培训、社会保障、家属安置、安置经费、管理与监督等作了明确规定，有着很强的针对性和操作性。主要内容包括：一是依据国家的有关法律、法规，进一步明确了军队转业干部的社会政治地位；二是改变传统的军队转业干部安置模式，实行计划分配和自主择业相结合的安置方式；三是适当放宽军队转业干部的安置去向条件，合理配置人才资源；四是贯彻党的干部方针政策，使军队转业干部职务安排的规定趋于规范、合理；五是根据工资、住房和社会保障制度改革情况，合理确定军队转业干部的待遇。

随着社会主义市场经济的深入发展和改革的不断深化，军队转业干部安置工作出现了一些新情况、新特点。为进一步做好军队转业干部安置工作，2007年6月5日，中共中央下发了《关于进一步做好军队转业干部安置工作的意见》（中发［2007］8号）。这一系列法规性文件的出台，是不断深化中国特色退役军官安置制度改革，建立符合中国国情的退役军官安置制度的有益探索。

思 考 题

1. 我国目前劳动就业法律制度构成情况如何？《劳动法》与各单项劳动就业法律是怎样的关系？

2. 劳动合同的法律特征是什么？《劳动合同法》的主要内容有哪些？

3. 《就业促进法》的主要内容有哪些？

4. 《劳动争议调解仲裁法》的主要内容有哪些？

5. 简述社会保障及社会保障法的概念和特征。

6.《社会保险法》的立法原则和主要内容是什么?

7. 公务员的范围是如何界定的?包括哪几类机关的工作人员?

8. 公务员的义务和权利有哪些?

9. 为什么对公务员实行分类管理?公务员职位类别有哪些?

10. 军队转业干部的安置方式有哪些?

11. 军队转业干部安置后的社会保障制度有哪些?

第四章 人力资源和社会保障法律实施

本章导读

法律实施已上升到国家重要工作任务层面，必须高度重视，增强工作的责任感、紧迫性和使命感。

法律实施检查工作如何正常有序开展。

本章通过对法律实施及法律实施检查等基本概念、内容、特征、分类，以及对法律实施检查工作方式方法、构建法律实施工作新格局新机制等的介绍，帮助读者了解法律实施工作实际情况，理解法律实施工作的重要性与意义，深化对法律实施在推进人力资源社会保障事业科学发展中一般规律性的认识。

第一节 人力资源社会保障法律实施概述

一、法律实施的概念

按照法理学一般意义上的理解，法律实施是指法在社会生活中被人们实际施行。有三个层次的含义：一是法律规范程序上的贯彻施行，包括法律规范的实施主体、实施行为、实施方式和方法，以及实施活动过程；二是实在法实体内容的实现，主要体现为现行立法所规定的权利义务转变为现实，并按照现行立法的要求形成具体的社会关系和社会秩序；三是法的应然精神和价值切实得到体现。前两个层次，都只是反映法律实施的手段因素，第三个层次是法律实施的深层次含义，体现法律实施的终极目的。

人力资源社会保障法律体系是一个新兴的、横跨多个部门法的综合性法规体系。从其渊源看，涵盖了人事行政、劳动和社会保障法律法规体系。从部门法角度看，既涉及行政法、社会法两大实体法部门，同时，鉴于劳动人事争议处理的准司法性，还涉及了非诉讼程序法部门。

人力资源社会保障法律的实施，有广义和狭义之分。广义的概念除了包含狭义内容外，还指那些具有共性、普遍适用性的国家法、行政法在各级人力资源社会保障行政部门系统内得以执行、适用和遵守，如行政许可法、行政处罚法等行政法在人力资源社会保障行政系统内的实施。狭义的概念是指经过立法程序已颁布生效的人力资源社会保障法律、法规、规章被各类法定主体执行、适用和实际遵守。下面，仅对狭义概念上的法律实施作具体分析，主要有以下特征：

一是被实施的客体具有特定性，即属于经过立法程序已颁布生效的各类人力资源社会保障法律、法规、规章及地方性法规、规章，处于立法计划或规划阶段尚未公布生效的法律、法规、规章、地方性法规除外。不具有法律效力的其他政策性文件，亦不属于实施范围。

二是实施主体具有广泛性，既包括各级人力资源社会保障行政机关，也包括国家行政机关中专门行使人力资源社会保障行政管理权的部门、被授权或委托具有一定人力资源社会保障公共管理服务权限的社会团体法人；既包括各类企事业组织、各类社会组织，还包括公民个人，甚至是在我国境内的外国人。

三是实施的内容具有完整性，既包括法律的程序性规定得到实现，也包括法律的实体性规定得到实现，更包括法的价值的实现；既包括法律、法规、规章得到严格执行，也包括被公平适用，更包括被广泛遵守。

四是仍属于上层建筑范畴。法律是上层建筑的一个重要组成部分，是上升为国家意志的“统治阶级的意志”，只有付诸实施的法律，才能变成为社会生活的现实，从这个意义上来说，法律实施仍属于社会上层建筑的范畴。

【阅读参考】

法律实施是指法律在社会生活中被人们实际施行。

法律效果是指法律通过实施而实现自己的社会目的、价值或社会功能及其程度。

法律效益是指法律在现实生活作用结果中合乎目的的有效部分。

法律效力表明法律自身的存在及其约束力，属于“应然”范畴。

二、法律实施环节

从一般意义上看，法律实施包括以下主要环节：

（一）人力资源社会保障执法

人力资源社会保障执法主要是指各级人力资源社会保障行政机关及其工作人员依照法定职能和程序，对具备法律效力的各类人力资源社会保障规范性规定的贯彻和执行活动。在我国法治建设的过程中，执法一开始就作为法律实施的一种重要方式而存在。从我国的实际看，约80%的法律、90%的地方性法规和全部行政法规、规章主要靠行政机关贯彻执行。具有以下特点：

一是必须以国家名义对社会进行的管理，具有国家权威性；

二是执行主体必须是各级人力资源社会保障行政部门；

三是具有主动性、单向性。

执法应遵循的主要原则：依法行政原则，就是各级执法主体必须根据法定职权、法定程序和法治精神进行管理，越权无效；行政合理原则，就是执法主体在执行法律过程中，应当做到适当、合理、公正；效能原则，就是执法主体在依法行政和合理行政的前提下，讲求效率，主动有效地行使其权能，以取得最大的行政效益。

（二）人力资源社会保障争议处理

人力资源社会保障争议处理主要是指有关劳动人事争议处理机构依照法定职权和法定程序，具体应用法律处理案件的专门性活动。作为一项重要的法律实施方式，具有自身的一些独有特点：程序性、专属性和准司法性。

司法应遵循的原则：合法原则，即要以事实为根据，以法律为准绳，在查清案情事实的基础上依法处理争议；公正原则，即在争议处理过程中，对双方当事人在适用法律上一律平等，不厚此薄彼；及时原则，即要在规定的法定时限内按规定的程序有效处理案件；着重调解原则，即在案件处理过程中，注重在明辨是非和自愿的基础上对当事人耐心劝导、进行和解。它体现了劳动人事争议处理的柔性化趋势。

（三）人力资源社会保障法律的遵守

人力资源社会保障法律的遵守主要是指各级国家机关、各类企事业等社会组织和公民个人依照法的规定，行使权利（权力）和履行义务（职责）的活动。守法是法律实施的一种基本形式。守法的要素主要包括守法主体、守法范围、守法内容等。在我国，由于奉行人民主权、主权在民的宪法原则，人人在法律面前享有平等地位，因此，一切组织和个人都是守法主体，具有广泛性。特别是作为人力资源社会保障法律的实施机关，各级人力资源社会保障行政部门更应该自觉带头做守法的表率。守法的范围是指守法主体遵守的行为规范种类，包括宪法、法律、行政法规、部门规章、地方性法规、地方政府规章等。守法内容主要是依法履行法律义务和依法行使法律权利，二者有机统一。

（四）人力资源社会保障执法监察与监督

人力资源社会保障执法监察，又称劳动保障监察，是指由人力资源社会保障行政主管部门对发生劳动关系的用人单位、劳动者以及其他社会组织遵守劳动法律、法规、规章情况进行检查并对违法行为予以处罚的活动。具有法定性、行政性、专门性、处罚性等基本属性。

人力资源社会保障行政执法监督，狭义上是指上级人力资源社会保障行政机关按照行政隶属关系，依法对下级行政机关执法活动所作出的监管行为。监督的主体限于具有隶属关系的上级行政机关，具体履行监督职责的上级机关的法制机构（法制局、处、科）。监督的对象是下级机关人力资源社会保障各类行政行为。监督结果具有一定的强制力。

三、法律实施在法制建设中的地位与作用

法律的生命在于它的实施。列宁曾经指出，“法律重要的不是写在纸上，而是在于由谁执行”；沈家本说“法立而不行，与无法等，世未有无法之国而长安久治者也”。这是对法律实施在法制建设中的地位与作用的深刻总结。对于我国而言，从总体上理解把握，法律实施是法治的重要内容之一，法治的实现主要涉及有法与依法两个方面。所谓“有法”，就是要有良好的、完整和谐的法律；所谓“依法”，就是一旦有了法律，要不折不扣地予以贯彻实施。两者的统一，也就实现了法治。作为我国社会主义法制建设的一个组成部分和重要环节，除了要加大立法力度，解决一些重要工作领域无法可依的问题外，对已出台的人力资源社会保障法律法规规章，能否加以更好地贯彻实施，既是我们能否真正贯彻依法治国方略和依法行政的“风向标”，也最终决定了我们能否实现人力资源社会保障事业的科学发展。具体而言，其作用表现在如下三个方面：

1. 是实现法的规范作用的前提

作为一种以权利（职权）、义务（职责）为主要内容的行为规范，人力资源社会保障法律具有告示、指引、评价、预测、教育和强制等一系列规范性

作用。而这些规范性作用，只有通过推进法律的真正实施，使“纸上的规定”变成现实的行为，才能发挥出巨大积极的作用。

2. 是实现人力资源社会保障事业科学发展的根本保证

只有更好地贯彻实施《劳动法》《劳动合同法》《就业促进法》《劳动争议调解仲裁法》和《公务员法》等法律及其配套行政法规、规章，改变过去那种主要依靠政策的“人治”方式，将人力资源社会保障工作纳入主要依靠“规则之治”的依法行政轨道，才能彻底摆脱“治乱”循环周期律，真正实现人力资源社会保障事业的长远发展。

3. 是实现人力资源社会保障法律蕴涵价值的必由之路

法不仅具有工具理性，而且具有价值理性。对自由的确认与保障，对效率的促进，对秩序的维护，对正义的实现，对人权的保护等，这是包括人力资源社会保障法律在内的社会主义法律所蕴涵的基本价值。进入21世纪，人类文明将呈现出物质文明、精神文明、政治文明和生态文明交融并存的局面，其核心则是法的基本价值得到人们的普遍认同和遵守。同时，作为横跨三个部门法的人力资源社会保障法律，具有其自身的具体价值，如作为社会法支架性的《劳动法》《劳动合同法》《就业促进法》等，蕴涵以人为本、民生为本、促进和谐劳动关系、促进公平就业等价值，只有这些法律的有效实施，法的具体价值才能实现。

【阅读参考】

党的十一届三中全会启动了我国民主法制建设，明确提出了“有法可依、有法必依，执法必严，违法必究”的法制原则，按照会议公报精神，依据当时的国情，把立法工作摆到重要日程，法制建设的重点在于保证有法可依。之后，新的法律法规如雨后春笋般出台。

1993年《国务院关于加强政府法制工作的决定》中，切实加强行政执法工作成为政府十大工作任务之一。决定指出，当前，行政执法的问题很突出。有法不依、执法不严、违法不究的现象比较普遍，有些地方和部门甚至以言代法、以权压法、执法犯法、徇私枉法，问题相当严重。按照这一决定的要求，从1994年起，我国将法律实施作为重要的工作任务，其标志是《关于加强法律实施情况检查监督的若干规定》出台。

第二节　人力资源社会保障法律实施检查

一、法律实施检查的概念

检查制度是新中国成立初期在管理大城市的过程中建立起来的一种工作制度，其目的主要在于保障各项政策落实。在政府行为法制化以后，这一制度发展成为保障政府行为法制化的一种重要工作手段。1993 年第八届全国人大常委会第三次会议通过的《关于加强对法律实施情况检查监督的若干规定》，将法律实施检查作为国家重要工作任务，使之程序化、制度化，并通过制度化的检查监督来确保法律实施。

本节所指人力资源社会保障法律实施检查，是指各级人力资源社会保障法制部门按照其职能，为促进和实现人力资源社会保障法律、法规、规章和地方性法规得以贯彻落实而采取的一系列有关活动，主要包括法律实施检查计划与组织、法律实施指标评估、法律实施调查研究、法律实施检查报告、责令整改通报或通知等。

（一）与行政执法检查的区别

一般而言，行政执法检查是指具有行政管理权限的行政主体依法对行政相对人服从行政管理情况进行检查、了解、监督的外部具体行政行为。从检查的目的看，后者是为实现行政管理为直接目的，前者是为推进法律实施为直接目的；从检查的内容看，前者主要是法律法规面上执行情况，后者除遵守法律法规具体情形外，还包括具体的行政决定、行政命令、行政处罚等；从检查的对象来看，后者只是对行政管理相对人，前者则更为广泛，但主要针对内部具体执法机构的一种工作监督；从行为属性看，前者是内部监督行为，对外不产生法律效果，因而是一种行政事实行为，又称准法律行为，后者是对外具体行政行为，要产生相应的法律后果。

（二）与人大执法检查的区别

两者同属法律实施检查监督，既有联系，如检查的目的都是在于确保和推动法律有效实施，也有区别，从检查实施主体、检查对象、检查的程序与后果处理等方面有明显不同。如人大执法检查的主体是各级人大常委会或专门委员会设立的执法检查组，检查的对象是人大制定的法律和重要决定，检查的法律效果是人大会议审议检查报告的通过。更为明显的是，两者的行为属性明显不同，前者实质属于内部行政行为，后者则是外部权力机关对行政机关的监督行为，并已由国家明文统一规定，有一套比较成熟的工作流程，而前者尚处探索阶段，需从立法上作进一步规范统一。

【阅读参考】

国家立法机关的执法检查，主要是检查监督法律实施主管机关的执法工作，督促国务院及其部门、最高人民法院和最高人民检察院及时解决法律实施中存在的问题。执法检查组不直接处理问题。

具体程序：

制定执法检查计划。全国人大常委会的执法检查计划，由常委会办公厅在每年代表大会会议后一个月内拟订，报委员长会议批准，印发常委会会议。各专门委员会的执法检查计划，也应在每年代表大会会议后一个月内制定，经常委会秘书长协调后，报委员长会议备案。执法检查计划由常委会办公厅通知国务院及部委、最高人民法院和最高人民检察院、各省自治区直辖市人大常委。

组成执法检查组。由组长一人、组员若干人组成，由委员长会议从常委会组成人员中确定。检查组可分为若干检查小组，并配备必要工作人员。专门委员会的执法检查，由本专门委员会组成。检查组可以吸收全国人大代表和有关专家参加工作，也可邀请法律实施主管机关和地方人大常委会的有关负责人参加工作。

实施检查。检查组听取法律实施主管机关的汇报，按检查方案到确定的地区开展检查。

制作执法检查报告。报告必须客观真实地反映情况，不回避矛盾。报告的内容应包括：对所检查法律实施状况的全面评价，法律实施中存在的问题及原因分析，对改进执法工作的建议；对法律本身需要修改、补充、解释的建议等。

审议检查报告。常委会执法检查组的执法检查报告，由委员长会议提请常委会决定列入会议议程。专门委员会执法检查组的执法检查报告，由常委会会议决定是否列入会议议程。列入常委会会议议程的，由执法检查组组长向常委会全体汇报，并在分组会议和全体会议上审议。法律实施主管机关的负责人应到会听取意见，回答询问。常委会组成人员可以就法律实施中存在的重要问题提出质询。必要时，常委会可以作出有关决议。未列入常委会会议议程的专门委员会的执法检查报告，可由专门委员会审议。

对报告和审议意见处理情况进行监督。全国人大常委会审议的报告和审议意见，由委员长会议以书面形式交法律实施主管机关，由其切实改进执法工作，并在六个月内将改进措施以及取得的效果向常委会作出书面汇报。全国人大专门委员会审议的报告和审议意见，由专门委员会转实施机关，有关机关应向专门委员会汇报改进执法的措施和效果。

检查监督应该对外公开。全国人大常委会办公厅可以就执法检查举行新闻发布会。对执法检查中发现的重大典型违法事件及处理结果，可以公之于众。新闻媒体要对执法检查活动及时进行宣传和报道。

（摘自《关于加强对法律实施情况检查监督的若干规定》）

二、法律实施检查的分类

除了依主体不同可分为国家权力机关法律实施检查与国家行政机关法律实施检查外，我们还可以根据不同标准，作以下分类：

1. 根据检查的法律对象不同，可分为一般法律实施检查与特定法律实施检查。一般法律实施检查是指对各级人力资源社会保障行政部门普遍遵守的各类行政法律法规在本系统实施情况的检查，如对《行政许可法》《行政处罚法》《行政复议法》《信息公开条例》实施情况的检查等；特定法律实施检查是指对以人力资源社会保障行政部门为法律实施主管机关的所有法律法规实施情况的检查，如对《劳动法》《就业促进法》《劳动保障监察条例》《公务员法》等实施情况的检查等。

2. 根据法律运行环节不同，可分为对行政执法情况的检查、守法情况的检查、司法情况的检查、劳动保障监察情况的检查和法律监督情况的检查。执法情况的检查，是指对各级人力资源社会保障行政主体执行法律法规情况的检查；守法情况的检查，是指对公民法人等社会组织行使权利，履行义务，遵守人力资源社会保障法律情况的检查；对司法情况的检查，是指对劳动人事争议调解仲裁情况的执法检查；对劳动保障监察情况的检查，是指对各级劳动保障监察机构执行劳动保障监察法规情况的检查；对法律监督情况的检查，是对各级人力资源社会保障行政复议机构实施行政复议法规情况的检查。

3. 根据检查权限的来源，可分为依职权的检查、依授权的检查与依委托的检查。依职权的检查是指法律实施检查主体是依据自身的职权所实施的检查；依授权的检查是指法律实施检查主体不是依据本身职权而是依据法律法规授权所进行的检查；依委托的检查是指享有检查权限的主体将自己的权限委托给其他主体在委托范围内组织实施。依授权与依委托检查的区别主要是前者以被授权主体自己名义进行并承担相应后者，后者不能以自己名义只能以委托者的名义进行，法律后果也由委托者承担。

4. 其他分类。如根据方式不同，可分为普查、典型检查和个案检查；根据检查的时间，可分为经常性检查与临时性检查、定期检查与不定期检查；根据检查主体数量的多少，可分为单独检查与联合检查等。

三、法律实施检查的方式与方法

法律实施检查的方式与方法，是指检查主体为达到检查目的而采取的做法、措施和手段，具有多样性与灵活性。要穷尽列举检查的方式方法恐怕不可能，这里仅借鉴全国人大法律实施检查的做法和实践中的经验，作如下简单概括：

（一）听取汇报

一般是指检查主体按照检查计划安排，听取检查相对人汇报、说明有关情况，来了解其守法、执法和适用法律的现状、存在的问题及原因分析。听取汇报是较常用的一种检查方法，能够迅速掌握一般信息、获取面上情况。但由于听取汇报只是单方面听取检查相对人的陈述和说明，所以要与其他检查方式方法相结合，才能取得理想效果。

（二）座谈访谈

一般是指检查主体为获取特定信息，了解真实情况，邀请或走访一定范围内的相关单位与人员，采取面对面对话沟通方式，直接了解和掌握法律实施的真实情况，研究法律实施中存在的问题。该方法经常与结构性问卷调查相结合，具有直接性、真实性等特点，但一般是费时、费力，成本较高。

（三）实地调查

一般是指检查主体为了获取第一手信息与资料，主动深入基层、深入实际、深入群众，到工作一线具体了解、查明有关法律实施相关情况。实地调查可以事先通知，也可以不事先通知；可以公开，也可以不公开，但调查的结果应当告知检查相对人，以听取其申辩意见。

(四) 调阅审查

一般是指检查主体按照职权，要求检查相对人就调查事项提供必要的资料，并对其呈送的有关书面资料进行核实、查验等。

(五) 统计分析

一般是指检查主体通过某些数据的了解来对检查相对人有关情况进行检查的一种方法。如对劳动合同签约率的统计分析，检查有关主体执行劳动合同法的情况。检查主体可以通过对统计资料的整理、分析，及时掌握相关情况，发现问题，采取相应措施，推进法律的有效实施。

(六) 考核奖惩

一般是指检查主体按照有关规定，对法律实施情况进行评估、验收和奖惩，以鼓励先进，鞭策落后。

第三节　积极探索构建完备的法律实施新格局与机制

经过二十多年的实践和探索，回顾我国走过的法制建设之路，遵循的基本思路是将法治作为一个系统工程，工程建设的第一步是立法，在比较完善的法律体系建立起来后，再加强执法和司法，也就是通常所说的法律实施。我国现今法律实施现状并不理想，实施难的问题仍然困扰着我们，从根本上改变目前法律实施的状况，将是一项巨大的系统工程，不可能毕其功于一役，需要对社会、经济、文化、立法、执法和司法等方面进行改革与完善，需要全社会长期不懈的努力。

一、加强人力资源社会保障法律实施工作的必要性与紧迫性

从根本意义上讲，加强法律实施工作的必要性是由其在法制建设中的地位和作用所决定的。鉴于本章第一节已有阐述，下面仅就其紧迫性作概括总结。我们认为，任何一项工作的紧迫性，与其在实践中存在的负面问题成正向度关系，问题越严重，其改善的紧迫性则越强。从总体上看，人力资源社会保障系统法律实施现状，正如全国人大常委会办公厅研究室在 1996 年法律实施研究专题报告中指出的那样，法律实施工作与改革开放和社会主义现代化建设过程还不完全适应，有法不依、执法不严、违法不究，甚至执法犯法、

徇私枉法等问题在有些地方和部门还相当突出。有的群众反映，现在立法不少、执法不好，立法如林，执法无人。不少地区和部门，仍然存在黑头不如红头，红头不如白头，白头不如口头的现象。在实际管理过程中，一些执法人员颠倒了强化管理、依法行政与维护人民群众利益的关系，把本来是手段的强化管理作为目的，甚至牺牲广大人民群众的利益来强化管理服务，还有的把依法行政与依法治民等同起来，认为法律就是管民的。个别机关打着执法的旗号，执法利益化，行为部门和个人谋取私利之实。法律的有效实施问题，可以说已经到了需要下决心花力气解决的地步。

二、加快人力资源社会保障法律实施工作的可能性与可行性

如果说20世纪八九十年代法制建设的重点是构建法律这一上层建筑体系，打好法制大厦的基石，其主要标志在于法律的“数量型”增长，那么从新世纪伊始，法制建设的侧重点就必须转移到以“效益型”为主要标志的法律实施上来，或至少是两者并重。当前，法律实施具有以下积极因素：

1. 已初步形成了一个良好的政治法律体制。政治法律体制是正式法得以存在和运行的框架结构。为贯彻宪法规定的依法治国方略，2004年国务院发布《全面推进依法行政实施纲要》，经过十年左右的不懈努力，基本实现建设法治政府的目标。为此，前后进行了六次大规模的行政管理体制改革，将政府与市场、政府与社会的关系基本理顺，政府的经济调节、市场监管、社会管理和公共服务职能基本到位，行为规范、运转协调、公正透明、廉洁高效的行政管理体制基本形成，这为法律的有效实施提供了体制依赖。特别是大部制改革后，有机整合了原人事与劳动社会保障两大工作部门，形成新的人力资源和社会保障工作部门，焕发出勃勃生机。部党组高度重视法律实施工作，新部成立不久，就决定在部法规司增设法律实施检查处（人社部发[2009] 166号），专门负责“拟订人力资源社会保障法律实施检查工作计划并组织实施”的职能。地方工作部门也相应地建立了工作机构与机制，为下一步工作顺利展开打下了坚实基础。

2. 已初步具备良好的法律和法律体系。良好的法律的基本标志是反映人民意志，充分尊重人权，制约国家权力，保持稳定性和连续性。良好的法律体系的基本标志是部门齐全、结构严谨、内部和谐、体例科学。经过系统上下三十多年的共同努力，已基本形成了以公务员法为核心的公共人事行政法律体系和以《劳动法》《劳动合同法》《就业促进法》《劳动争议调解仲裁法》《社会保险法》等为核心的社会管理和公共服务法律体系，中国特色的人力资

源社会保障法律体系与框架已基本建立完备。

3. 已初步积淀了积极的法律文化氛围。法律文化是正式法存在及运行的文化环境。良好法律文化包括对法律的尊重、认同和信仰，民主观念，宪政意识，权利和义务观念等。尽管在一些地区和部门还存在影响法律实施的消极因素，但从主流来看，系统上下对法律高度重视的程度应当前所未有，依法办事、依法行政的观念普遍认同，各级领导干部带头学法用法，打造服务政府、法治政府、责任政府的理念已深入人心。公民的法律意识、维权意识与日俱增。

4. 已初步培养造就了一批较高素质的法律职业群体，并初步具备了法律实施所需的物质条件。法律职业群体与良好的物质条件，是法律正确有效实施的必要条件。改革开放三十多年来，社会主义现代化事业在各条战线、各个行业都取得了巨大成绩，社会主义市场经济的高速发展，增强了国力、财力和物力。特别是经过普法、法律培训等法制宣传教育活动，一批学法、懂法、用法的执法队伍初具规模，如劳动执法监察员、劳动人事仲裁员制度等已开始在系统范围内普遍推广实行。

三、积极探索人力资源社会保障法律实施新格局与机制

徒法不足以自行。各级人力资源社会保障行政部门要高度重视，精心组织，切实把人力资源社会保障法律贯彻好、实施好。为此，我们初步提出以下几点设想：

1. 要进一步树立人力资源社会保障法治理念，坚持正确的法律实施根本指导方针。社会主义法治是党的领导、人民当家做主和依法治国的有机统一。因此，我们认为，依法行政、执法为民、公平正义、服务大局、党的领导，这是人力资源社会保障法治理念的基本内涵，也是法律实施工作的根本指导方针。其中，依法行政是核心内容，执法为民是本质要求，公平正义是价值追求，服务大局是重要使命，党的领导是根本保证。

2. 要进一步提高人力资源社会保障立法工作质量。高质量的法律是确保法律有效实施的前提和基础。需要我们不断提高立法的科学化、民主化、精细化水平。除了健全专家咨询论证制度，立法还应进一步向民众公开，广泛听取民众意见。改变过去“立法宜粗不宜细”的做法，提高法规规范的精细化程度，避免出现政策性用语。要确保法律规范内容的可行性，避免将法律规范与道德规范混同，将一些道德性的规范写入法律规范中，从而导致法律无法有效实施。要重视规范性文件的清理工作，及时进行“立改废”，对那些

新出现的社会问题，应当及时制定相关的法律规范；对那些实践证明不适宜的法律规范，应当及时修改；对那些严重滞后的法律规范，应当及时予以废止。

3. 要进一步提高人力资源社会保障普法工作质量。在不断完善以法律制度为核心的制度性法律文化的同时，应高度重视公民的法律文化心理和价值观的培养和教育，使其由传统形态向现代形态转变，使观念性的法律文化与制度性法律文化相协调，实现文化的整合。继续改进普法的工作机制和加强普法的支持力度，普法工作应从简单的法律知识普及向提高民众对法律认同和自觉接受方面转变，提高公民文化素养、推广公民教育，增强民众的平等、独立、权利、法治意识。

4. 要进一步加强人力资源社会保障行政法制建设，健全法律实施监督机制。在人力资源社会保障系统尽快建立权责明确、行为规范、监督有效、保障有力的行政执法体制。完善各级部门的绩效评价机制，将其执法能力和效果、群众对其的满意度等纳入绩效考评体制，建立行政执法责任追究制和官员问责制，形成有效激励和约束机制，确保法律的贯彻实施。尽快在各级行政部门内设立专门负责法律实施检查监督的机构，明确职责，确保经费。支持公民、法人或其他社会组织对违法行为提出检举、控告、申请仲裁和行政复议，并鼓励个人对各级行政机关不作为、乱作为的行为提起行政诉讼，运用司法方式监督行政机关严格执法。

5. 要进一步提高人力资源社会保障执法者的法律素质，增强执法者的执法能力。执法者的素质是决定法律实施效果的重要因素。为此，应在系统内广泛开展深入的法制培训教育，消除其权力本位、特权思想，提高其自觉带头守法、护法、依法办事的法律意识和能力。应建立经常性的公务员法律培训与学习机制，并将法律培训与学习情况纳入公务员的考核体系，增强学习法律的自觉性。改革执法人员的选拔机制，保证更多的执法人员具有法律教育背景。

6. 要进一步加强对人力资源社会保障法律实施的科学研究。实践工作离不开科学理论的指导。多年来，在系统内的一些地方和部门，受我国几千年人治传统文化中的“权大于法”观念、等级观念、义务本位观念、地域观念、长官意识等的不良影响，“重立法、轻执法、忽视监督”的状况依然存在，不仅法律实施工作还是薄弱环节，理论研究也基本处于空白状态。人力资源社会保障建设事业，呼唤着理论的创新和发展，也为理论展现思想魅力、发挥指导作用提供了广阔舞台。我们要自觉地审视和研究人力资源社会保障建设事业中的重大法律问题，着眼于实践运用，加强对法律实施中的重点、热点与难点问题的调查研究，加强对影响法律实施各因素的理论分析，把握法律实施工作运行的客观规律。当前要尽快研究建立一套有效的法律实施评价指标体系、法律实施检查监督工作规则流程和上下联动工作机制，扎扎实实地把人力资源社会保障法律实施工作引向深入，推上新台阶。

思 考 题

1. 试论述法律实施在法制建设中的地位与作用。
2. 法律实施主要有哪几个环节？各有什么特征？
3. 法律实施检查有哪些分类？如何组织实施检查？
4. 如何推进人力资源社会保障法律的有效实施？

第五章 人力资源和社会保障行政许可与审批

本章导读

行政许可是行政机关管理社会经济文化的一种事前控制手段。《中华人民共和国行政许可法》的颁布和实施，对于保护公民、法人和其他组织的合法权益，保障和监督行政机关有效实施管理，从源头上预防和控制腐败，具有重要意义。

行政审批与行政许可既有联系，在适用范围、设定条件、对象等方面又有区别，行政审批包括行政许可和非行政许可行政审批。近年来，国务院全面推进了行政审批制度改革，取得了显著成效。

本章通过对行政许可的概念特征、法律规定的阐述，行政许可与行政审批的联系和区别的辨析，以及人力资源社会保障行政许可与审批项目的介绍，帮助读者全面了解、正确认识人力资源社会保障行政许可与审批制度。

第一节 行政许可概述

一、行政许可的法律规定

2003年8月27日，第十届全国人大常委会第四次会议审议通过了《中华人民共和国行政许可法》（以下简称《行政许可法》），自2004年7月1日起施行。《行政许可法》分为8章83条，从行政许可的设定、实施机关、实施程序、监督检查、法律责任等方面做出了规定。

（一）行政许可的概念与特征

《行政许可法》第2条规定："本法所称行政许可，是指行政机关根据公民、法人或者其他组织的申请，经依法审查，准予其从事特定活动的行为。"

行政许可有以下特征：

1. 行政许可是依申请的行政行为。没有公民、法人和其他组织的申请，行政机关不能主动实施行政许可。

2. 行政许可是行政赋权行为。行政机关通过行政许可，赋予相对人从事特定活动的法律权利或者资格。

3. 行政许可是外部行政行为。行政许可是行政机关对行政相对人实施的外部行政行为，内部行政行为不属于行政许可的范围。《行政许可法》第 3 条第 2 款规定："有关行政机关对其他机关或者其直接管理的事业单位的人事、财务、外事等事项的审批，不适用本法。"

4. 行政许可通常采用颁发许可证、执照等形式。行政许可是一种要式行政行为，经过一定的审查程序，通常表现为颁发许可证、执照等许可证书，颁发资格证、资质证等合格证书，或者印发批准文件等形式。

（二）行政许可的分类

根据行政许可的性质、功能和适用条件，可将行政许可划分为普通许可、特许、认可、核准、登记等类型。

1. 普通许可，是指行政机关确认自然人、法人或者其他组织是否具备从事特定活动的条件，这是运用最广泛的一种许可，一般没有数量控制。

2. 特许，是指行政机关代表国家依法向相对人转让某种特定权利。如海域使用许可、无线电频率许可等。

3. 认可，是指行政机关对申请人是否具备特定技能的认定。比如，执业医师、执业药师许可。

4. 核准，是指行政机关对某些事项是否达到特定技术标准、经济技术规范的判断、确定。

5. 登记。登记是行政机关确立个人、企业或者其他组织的特定主体资格。

二、行政许可的设定

行政许可的设定和实施构成行政许可运作的全过程。设定和实施行政许可，应当依照法定的权限、范围、条件和程序，并遵循公开、公平、公正的原则。有关行政许可的规定应当公布；未经公布的，不得作为实施行政许可的依据。

行政许可的设定，包含行政许可事项的设定范围和设定权限两方面。

（一）行政许可的设定范围

行政许可具有维护公共秩序、分配公共资源、保护公共安全和维护公共利益的作用，是一种有效的行政管理手段，应该在合适的范围内设定。《行政许可法》第 11 条规定："设定行政许可，应当遵循经济和社会发展规律，有利于发挥公民、法人或者其他组织的积极性、主动性，维护公共利益和社会秩序，促进经济、社会和生态环境协调发展。"根据这一设定原则，《行政许可法》第 12 条、第 13 条分别规定了可以设定行政许可、可以不设定行政许可的事项。

可以设定行政许可的事项是：

（1）直接涉及国家安全、公共安全、经济宏观调控、生态环境保护以及直接关系人身健康、生命财产安全等特定活动，需要按照法定条件予以批准的事项；

（2）有限自然资源的开发利用、公共资源配置以及直接关系公共利益的特定行业的市场准入等，需要赋予特定权利的事项；

（3）提供公众服务并且直接关系公共利益的职业、行业，需要确定具备特殊信誉、特殊条件或者特殊技能等资格、资质的事项；

（4）直接关系公共安全、人身健康、生命财产安全的重要设备、设施、产品、物品，需要按照技术标准、技术规范，通过检验、检测、检疫等方式进行审定的事项；

（5）企业或者其他组织的设立等，需要确定主体资格的事项；

（6）法律、行政法规规定可以设定行政许可的其他事项。

以上事项并不是非设定行政许可不可。行政许可是为了公共利益、公共秩序、公共安全和公共资源配置，不得已而采取的最后的管理手段，不能过度使用，否则会导致行政权力的扩张，抑制社会活力，侵害个体权益。为此，《行政许可法》第 13 条规定，通过下列方式能够予以规范的，可以不设立行政许可。

（1）公民、法人和其他组织能够自主决定的；

（2）市场竞争机制能够有效调节的；

（3）行业组织或者中介机构能够自律管理的；

（4）行政机关采用事后监督等其他行政管理方式能够解决的。

(二) 行政许可的设定权限

设定行政许可属于立法行为，按照《中华人民共和国立法法》有关规定和依法行政的要求，《行政许可法》第15条对行政许可的设定权限作了明确规定。

(1) 法律可以设定行政许可。

(2) 尚未制定法律的，行政法规可以设定行政许可。

(3) 必要时，国务院可以采用发布决定的方式设定行政许可。实施后，除临时性行政许可事项外，国务院应当及时提请全国人民代表大会及其常务委员会制定法律，或者自行制定行政法规。

(4) 尚未制定法律、行政法规的，地方性法规可以设定行政许可。

(5) 尚未制定法律、行政法规和地方性法规的，因行政管理的需要，确需立即实施行政许可的，省、自治区、直辖市人民政府规章可以设定临时性的行政许可。临时性的行政许可实施满一年需要继续实施的，应当提请本级人民代表大会及其常务委员会制定地方性法规。

(6) 地方性法规和省、自治区、直辖市人民政府规章，不得设定应当由国家统一确定的公民、法人或者其他组织的资格、资质的行政许可；不得设定企业或者其他组织的设定登记及其前置性行政许可。其设定的行政许可，不得限制其他地区的个人或者企业到本地区从事生产经营和提供服务，不得限制其他地区的商品进入本地区市场。

(7) 部门规章和其他规范性文件一律不得设置行政许可。

按照法制统一的原则，根据我国法律体系中下位法不得与上位法相抵触的精神，《行政许可法》第16条明确了行政许可的规定权。

(1) 行政法规可以在法律规定的行政许可事项范围内，对实施该行政许可作出具体规定。

(2) 地方性法规可以在法律、行政法规规定的行政许可事项范围内，对实施该行政许可作出具体规定。

(3) 规章可以在上位法设定的行政许可事项范围内，对实施该行政许可作出具体规定。

(4) 法规、规章对实施上位法设定的行政许可作出的具体规定，不得增设行政许可；对行政许可条件作出的具体规定，不得增设违反上位法的其他条件。

三、行政许可实施机关

（一）法定行政许可的实施机关

《行政许可法》第22条规定，行政许可由具有行政许可权的行政机关在其法定职权范围内实施。这条规定可从三个方面理解：

第一，行政许可的实施主体主要是行政机关。分为三个层次：国务院及各部委实施一些直接关系国家重大利益、不宜下放的行政许可；省级政府及其主管部门实施一些事关重大、但又不宜全部由中央政府实施的行政许可；设区的市、县级政府及其主管部门实施的行政许可，这类许可数量多、范围广、与普通百姓生活密切相关。

第二，行政许可的实施机关必须享有行政许可权。只有依法享有外部行政管理职能、法律明确授予其行政许可权、实施行政许可的法定授权与行政机关的外部管理职能及范围相一致的行政机关才能成为行政许可的实施机关。

第三，行政机关必须在法定职权范围内实施行政许可。不得超越权限实施行政许可，否则其行政许可行为无效。

（二）授权行政许可的实施机关

《行政许可法》第23条规定："法律、法规授权的具有管理公共事务职能的组织，在法定授权范围内，以自己的名义实施行政许可。被授权的组织适用本法有关行政机关的规定。"应从以下五个方面理解：

第一，授权主体必须是特定的国家机关，只能是享有法律、法规制定权的国家机关。

第二，授权必须通过法律、法规来进行，其他规范性文件不得授权其他组织实施行政许可。

第三，被授予的行政管理权应当是公有权，不能是专有权。只归属于某一特定机关、具有专一性和不可转让性的行政管理权不能被授予。

第四，被授权的对象是具有公共事务管理职能的组织。这类组织具有相应的机构和人员，一般具有法人资格，也具有相应的责任能力，有条件成为被授权实施行政许可的主体。

第五，被授权的组织以自己的名义实施行政许可，独立承担法律责任。

（三）委托行政许可的实施机关

《行政许可法》第24条规定：“行政机关在其法定职权范围内，依照法律、法规、规章的规定，可以委托其他行政机关实施行政许可。”委托行政许可要符合下列规定：

第一，受托主体是行政机关，其他组织和个人不能成为受托主体。受托机关应当将受委托行政机关和受委托实施行政许可的内容予以公告。

第二，委托的依据是法律、法规、规章的规定。非依法律、法规、规章的规定，行政机关无权委托其他行政机关实施行政许可。

第三，受托行政机关在委托范围内，以委托行政机关的名义实施行政许可。委托行政机关对受委托行政机关实施行政许可的行为应当负责监督，并对该行为的后果承担法律责任。

第四，受委托行政机关不得再委托其他组织或者个人实施行政许可。

（四）相对集中行政许可权

《行政许可法》第25条规定，经国务院批准，省、自治区、直辖市人民政府根据精简、统一、效能的原则，可以决定一个行政机关行使有关行政机关的行政许可权。《行政许可法》颁布之前，办理一个项目要跑很多部门，费时费力。实行相对集中行政许可权，有助于从源头上消除多头许可的弊端，真正体现便民原则，提高许可效率，降低许可成本。

《行政许可法》第26条规定，行政许可需要行政机关内设的多个机构办理的，该行政机关应当确定一个机构受理行政许可申请，统一送达行政许可决定。行政许可依法由地方人民政府两个以上部门分别实施的，本级人民政府可以确定一个部门受理行政许可申请并转告有关部门分别提出意见后统一办理，或者组织有关部门联合办理、集中办理。

四、行政许可实施程序

行政许可的实施程序是指行政许可的实施机关从受理行政许可申请到作出行政许可决定的步骤、方式和时限的总称。《行政许可法》专章规定了实施程序。

（一）申请与受理

1. 申请

行政许可是依申请的行政行为，必须由相对人提出正式申请才能启动行政许可实施程序。申请人应当提交申请书。申请书需要采用格式文本的，行政机关应当提供，且申请书格式文本中不得包含与申请行政许可事项没有直接关系的内容。申请人可以委托代理人提出行政许可申请。但是，依法应当由申请人到行政机关办公场所提出行政许可申请的除外。行政许可申请可以通过信函、电报、电传、传真、电子数据交换和电子邮件等方式提出。

2. 公示

行政机关应当将法律、法规、规章规定的有关行政许可的事项、依据、条件、数量、程序、期限以及需要提交的全部材料的目录和申请书示范文本等在办公场所公示。申请人要求行政机关对公示内容予以说明、解释的，行政机关应当说明、解释，提供准确、可靠的信息。

3. 受理

行政机关收到行政许可申请书后，应当进行初步的程序审查，并作出相应的处理决定。

（1）申请事项依法不需要取得行政许可的，应当即时告知申请人不受理；

（2）申请事项依法不属于本行政机关职权范围的，应当即时作出不予受理的决定，并告知申请人向有关行政机关申请；

（3）申请材料存在可以当场更正的错误的，应当允许申请人当场更正；

（4）申请材料不齐全或者不符合法定形式的，应当当场或者在5日内一次告知申请人需要补正的全部内容，逾期不告知的，自收到申请材料之日起即为受理；

（5）申请事项属于本行政机关职权范围，申请材料齐全、符合法定形式，或者申请人按照本行政机关的要求提交全部补正申请材料的，应当受理行政许可申请。

行政机关受理或者不予受理行政许可申请，应当出具加盖本行政机关专用印章和注明日期的书面凭证。

受理的法律意义在于，自受理之日起，有关期限的规定就开始适用，行政机关应当在法定期限内作出是否准予行政许可的决定。行政机关在法定期间内不作出行政许可决定的，申请人可以依法提起行政复议或行政诉讼。

（二）审查与决定

行政许可的审查是指行政机关对已经受理的行政许可申请材料的实质内容进行核查的过程，这是行政机关是否作出行政许可决定的关键环节。

1. 书面审查和实质审查

行政机关最主要的审查方式是书面审查，即只审查申请材料的内容。对于申请材料齐全、符合法定形式，行政机关能够当场作出决定的，应当当场作出书面的行政许可决定。此外，还有实质审查。根据法定条件和程序，需要对申请材料的实质内容进行核实的，行政机关应当指派两名以上工作人员进行核查。

2. 告知与陈述、申辩

行政许可事项直接关系他人重大利益的，行政机关应当告知该利害关系人。申请人、利害关系人有权进行陈述和申辩。行政机关应当听取申请人、利害关系人的意见。

3. 准予行政许可的决定

申请人的申请符合法定条件、标准的，行政机关应当依法作出准予行政许可的书面决定。行政机关作出准予许可的决定，需要办理行政许可证件的，应当向申请人颁发加盖本行政机关印章的行政许可证件：

（1）许可证、执照或者其他许可证书；

（2）资格证、资质证或者其他合格证书；

（3）行政机关的批准文件或者证明文件；

（4）法律、法规规定的其他行政许可证件。

行政机关实施检验、检疫、检测的，可以在检验、检测、检疫合格的设备、设施、产品、物品上加贴标签或者加盖检验、检测、检疫印章。

4. 不予许可决定

行政机关依法作出不予行政许可的书面决定的，应当说明理由，并告知申请人享有依法申请行政复议或者提起行政诉讼的权利。

5. 期限

除可以当场作出行政许可决定的外，行政机关应当自受理行政许可申请之日起 20 日内作出行政许可决定。20 日内不能作出决定的，经本行政机关负责人批准，可以延长 10 日，并应当将延长期限的理由告知申请人。但是，法律、法规另有规定的，依照其规定。

依法采取统一办理或者联合办理的，办理时间不得超过 45 日；45 日内不能办结的，经本级人民政府负责人批准，可以延长 15 日，并应当将延长期限的理由告知申请人。

依法应当先经下级行政机关审查后报上级行政机关决定的行政许可，下级行政机关应当自受理行政许可申请之日起 20 日内审查完毕。但是，法律、法规另有规定的，依照其规定。

行政机关作出准予行政许可的决定，应当自作出决定之日起 10 日内向申请人颁发、送达行政许可证件，或者加贴标签，加盖检验、检测、检疫印章。

(三) 听证程序

听证制度是现代行政程序法基本制度的核心，被世界各国所广泛采用。行政程序法专设一节规定听证程序。

1. 适用范围

听证程序适用于三种情况：一是法律、法规、规章规定实施行政许可应当听证的事项；二是行政机关认为需要听证的其他涉及公共利益的重大行政许可事项；三是行政机关应申请举行听证的事项。行政许可直接涉及申请人与利害关系人之间重大利益的，申请人提出听证申请的，行政机关即有组织听证的义务；申请人不提出听证申请的，行政机关可以不组织听证。

2. 程序规则

听证按照下列程序进行：

(1) 行政机关应当于举行听证的 7 日前将举行听证的时间、地点通知申请人、利害关系人，必要时予以公告；

(2) 听证应当公开进行；

(3) 行政机关应当制定审查该行政许可申请的工作人员以外的人员为听证主持人，申请人、利害关系人认为主持人与该行政许可事项有直接利害关系的，有权申请回避；

(4) 举行听证时，审查该行政许可申请的工作人员应当提供审查意见的证据、理由，申请人、利害关系人可以提出证据，并进行申辩和质证；

(5) 听证应当制作笔录，听证笔录应当交听证参加人确认无误后签字或者盖章。行政机关应当根据听证笔录，作出行政许可决定。

(四) 变更与延续

1. 变更

被许可人要求变更行政许可事项的，应当向作出行政许可决定的行政机关提出申请；符合法定条件、标准的，行政机关应当依法办理变更手续。

2. 延续

被许可人需要延续依法取得的行政许可的有效期的，应当在该行政许可有效期届满 30 日前向作出行政许可决定的行政机关提出申请。但是，法律、法规、规章里有规定的，依照其规定。

行政机关应当根据被许可人的申请，在该行政许可有效期届满前作出是否准予延续的决定；逾期未作决定的，视为准予延续。

【案例】

某市为优化投资环境，决定将破烂残旧、影响市容的书报亭折旧换新。市政府为此专门成立了“报刊零售整顿工作领导小组”，决定拍卖新书报亭的经营权，并对没能获得新书报亭经营权的原经营者每户补偿1 000元。最后最高成交价格7.2万元，平均1万多元。拍卖结束后，有33户旧报亭经营者流标，20多户没有参加投标。此次拍卖引起了很大争议，特别是引起了原经营者的不满。他们认为，当初审批书报亭的时候，土地局、规划局等部门都同意，五证齐全，每年按时缴纳各种税费，为什么说拍卖就拍卖？

分析：

本案违反了信赖保护原则，《行政许可法》第8条规定：“公民、法人或者其他组织依法取得的行政许可受法律保护，行政机关不得擅自改变已经生效的行政许可。行政许可所依据的法律、法规、规章修改或者废止，或者准予行政许可所依据的客观情况发生重大变化的，为了公共利益的需要，行政机关可以依法变更或者撤回已经生效的行政许可。由此给公民、法人或者其他组织造成财产损失的，行政机关应当依法给予补偿。”

五、行政许可实施的监督及法律责任

在现实生活中，行政机关重许可、轻监管或者只许可、不监管的现象比较普遍。行政机关实施行政许可，往往只有权利、没有责任，缺乏公开、有效的监督制约机制。为了解决这些问题，《行政许可法》专门就监督检查和法律责任作出了规定。

（一）行政许可实施的监督

行政机关要履行监督职责，应当对被许可人是否依法从事行政许可事项的活动进行监督检查，并作详细记录，接受公众查阅。为便于行政机关履行监督责任，《行政许可法》赋予了行政机关抽样检查、检验、检测和实地检查的权力。

（二）法律责任

行政机关对依法应当许可的不予许可，对不应许可的给予许可，不依法履行监督职责或者监督不力的，直接负责的主管人员和其他直接责任人员要承担相应的法律责任。

第二节　行政审批概述

一、行政审批的概念、性质与功能

（一）行政审批的概念

行政许可与行政审批密切相关，在一定意义上可以替代。国务院法制办公室在向第九届全国人大常委会第二十九次会议上作《关于〈中华人民共和国行政许可法〉（草案）的说明》时指出，行政许可也就是通常所说的“行政审批”。

但在作出具体行政行为中，行政审批与行政许还是有所差别的。行政许可是行政审批，但行政审批不一定都是行政许可，有的行政审批达不到《行政许可法》要求的条件。《国务院办公厅关于保留部分非行政许可审批项目的通知》（国办发［2004］62 号）将这些行政许可之外的行政审批称为“非行政许可审批”。这些主要是财政资金管理、重要计划和安排、国有资产处置、减免税等政策优惠、意识形态管理、宗教统战事务和外事管理等方面的内部管理事项。尽管不在《行政许可法》的调整范围之内，却是政府实施管理的必要手段，其中不少事项涉密程度高、政治性和政策性强，关系到国家安全和社会政治稳定。

行政审批包括行政许可审批和非行政许可行政审批，一些地方政府规章做出了明确规定。如《广东省行政审批管理监督办法》（广东省人民政府令第 118 号）规定：“本办法所称行政审批，包括行政许可法所规定的行政许可行为，以及行政机关的非行政许可的行政审批行为。”《天津市行政审批管理规定》（津政令第 103 号）规定：“行政审批是行政许可和非行政许可行政审批的总称。非行政许可行政审批，是指行政机关依据法律、法规、规章或者国家有关规定，准予其他行政机关、公民、法人、组织从事某种特定活动的行政审批行为。”

【阅读参考】**行政审批与行政许可的区别与联系**

1. 行政许可是行政法学上的概念，多在法律意义上使用；行政审批是行政管理学上的概念，更多的是在行政管理意义上使用。

2. 适用范围不同。行政审批的适用范围较宽，可以归入行政审批的项目很多，包括行政许可和非行政许可行政审批。而行政许可大体可以分为普通许可、特许、认可、核准、登记5类。

3. 设定条件不同。法律、行政法规、国务院决定、地方性法规、地方政府规章可以依据法定条件设定行政许可或者临时性行政许可，其他规范性文件不得设定行政许可。对行政审批的设定条件法律没有统一规定，规章、规范性文件在一定条件下可以设定非行政许可审批。

4. 对象不同。行政审批的对象十分宽泛，除了公民、法人和其他组织外，还包括行政机关。行政审批既可能是内部行政行为，也可能是外部行政行为。行政许可的对象只能是公民、法人和其他组织，是典型的外部行政行为。

因此可见，行政审批是指行政机关根据公民、法人、其他组织或其他行政机关、事业单位的申请，经依法审查，做出是否准予其从事特定活动的决定的行为。行政审批是行政许可和非行政许可行政审批行为的总称。

（二）行政审批的性质

通常认为，行政审批具有以下特性：

第一，行政审批的主体是特定的。行政审批的主体只能是具有行政审批权的行政机关或者法律法规授权、行政机关委托的组织，公民、法人和其他组织不能成为行政审批的主体。

第二，行政审批是依申请的行为。无申请即无审批，没有公民、法人、其他组织或者其他行政机关、事业单位的申请，行政审批机关不能主动做出行政审批决定。

第三，行政审批是行政审批机关履行职责的行为。行政审批权既是法律法规赋予审批机关的权力，也是必须履行的职责。审批机关应当按照法律法规或者其他规范性文件的规定，在法定期限内进行审查并做出答复。

第四，行政审批属于事前管理行为。行政管理可以分为事前、事中、事后的管理。某些事项无法在事后补救，或者虽然可以补救，但需要付出更大的代价，就需要国家设立前置性的行政审批来进行管理。

（三）行政审批的功能

行政审批主要有以下四方面的功能：

一是预防和控制风险。这是行政审批最主要、最基本的功能。对于那些直接涉及国家安全、公共安全、人身健康、生命财产安全的活动，具有潜在的危险性，有必要通过审批的方式加以控制。比如，药品的生产销售、互联网网站发布新闻等行为，如果不经审批，企业都可以生产药品、网站可以随意发布新闻，就会造成混乱，影响社会的和谐稳定。

二是优化配置资源。行政审批能够实现资源的永续利用和优化配置。在有限的自然资源开发利用、公共资源配置等领域，通过行政审批达到资源的优化配置，有利于建设资源节约型和环境友好型社会。

三是维护正常秩序。在市场经济条件下，一些不法企业为了追逐利润最大化，不惜侵害消费者的合法权益，损害正常的经济秩序。设立行政审批，对市场主体进行准入控制，有助于维护公平竞争秩序。上级行政机关对下级行政机关的规划、计划、项目等进行审批，有利于统筹兼顾、统一标准，减少地方和部门保护主义，促进政策法规及政令得到执行。

四是提供公信支持。由于社会经济生活纷繁复杂，为了稳定某种关系，需要政府以许可的方式，向社会提供某种证明或者信誉、信息，以公信于民。如卫生行政部门颁发执业医师资格证，就表明持证人达到了国家认可的标准，可以在医疗、预防、保健机构中执业，增强了持证人和行业的公信力。

【阅读参考】行政审批制度改革

长期以来，行政审批过多过滥的消息屡见报端，建一个批发市场需要盖105个章，加工馒头要经过“馒头办”。名目繁多、无所不在的行政审批不仅给群众工作生活带来不便，而且导致政府机构臃肿，效率低下，诱发腐败。一些地方政府为了改善投资环境，自发开展了行政审批制度改革，取得了较好效果。在各地区、各部门行政审批制度改革基础上，2001年9月，国务院成立了行政审批制度改革工作领导小组，10月召开了行政审批制度改革工作电视电话会议，对全国行政审批制度改革工作作出了统一部署。国务院及国务院审改办先后印发了《关于行政审批制度改革工作的实施意见》等文件，明确行政审批制度改革的政策，加强组织领导和督促检查，采取一系列有效措施，指导各地区、各部门深入开展了行政审批制度改革。

行政审批制度改革总的要求是：不符合政企分开和政事分开原则、妨碍市场开放和公平竞争以及实际上难以发挥有效作用的行政审批，坚决予以取消；可以用市场机制代替的行政审批，通过市场机制运作。对于确需保留的行政审批，要建立健全监督制约机制，做到审批程序严密。

2002 年 10 月、2003 年 2 月、2004 年 5 月，国务院分三批取消和调整行政审批项目 1 795 项。2007 年 10 月，国务院决定第四批取消和调整 186 项行政审批项目。其中，取消的行政审批项目 128 项，调整的行政审批项目 58 项（下放管理层级 29 项、改变实施部门 8 项、合并同类事项 21 项）。2010 年 7 月，国务院决定第五批取消和下放管理层级行政审批项目 184 项，其中取消行政审批项目 113 项，下放管理层级的行政审批项目 71 项。此外，全国人大常委会通过修改相应法律，也取消或者调整了一些行政审批项目。据统计，国务院部门取消和调整的行政审批项目有 2 183 项，占原有总数的 60.6%；地方各级政府取消、调整行政审批项目达到 7 万多项。各地区、各部门还减少申请材料，压缩审批时限，开展网上审批和电子监察，实行一个窗口对外、一站式服务、首问负责制、服务承诺制等制度，加强了对行政审批权的监督，方便了人民群众办事。

在党中央、国务院的正确领导下，经过各地区、各部门共同努力，行政审批制度改革取得了重要的阶段性成果，在政治、经济和社会各个层面都产生了积极影响。行政审批项目大幅度减少，审批效率明显提高。政府行为进一步规范，政府职能得到转变，管理方式和管理理念不断创新，促进了勤政廉政建设，提高了各级政府依法行政工作水平。

二、行政审批的设定与实施

行政审批的设定是指特定的国家机关，依照法定的权限和范围，通过一定的程序，创设和规定行政审批事项的行为。行政审批的实施是指行政审批付诸实行，主要涉及实施主体、实施程序、实施监督和法律责任等问题。

除了行政许可法和一些地方政府规章有所涉及外，没有在法律层面对行政审批的设定和实施作出统一规定。并且行政许可都是面向行政相对人的外部行政行为，影响大、社会关注程度高；非行政许可行政审批多是内部行政行为。鉴于行政许可的设定与实施和行政审批的设定与实施内容多有重合之处，已在第一节作了详细阐述，为避免重复，本书只对行政审批的设定和许可作一概括性介绍。

《国务院批转关于行政审批制度改革工作实施意见的通知》（国发［2001］33号）规定，行政审批制度改革应遵循合法原则、合理原则、效能原则、责任原则和监督原则。这是行政审批制度改革的原则，也是行政审批设定和实施的原则。2005年4月，国务院审改办主任、监察部副部长李玉赋同志在全国行政审批制度改革工作电视电话会议上指出，既要认真贯彻执行行政许可法，又要全面落实行政审批制度改革的五项原则和有关政策，研究制定对非行政许可审批加强管理的规范性文件，使其有章可循、运行有序。

1. 合法原则。行政审批作为一项重要的行政权力，直接涉及公民、法人和其他组织的合法权益，关系政府职能的转变和社会主义市场经济的发展。设定行政审批应当遵循我国的立法体制和依法行政的要求，符合法定权限和法定程序。法律、行政法规、地方性法规和依照法定职权、程序制定的规章可以设定行政审批。鉴于目前有关立法还不够完善，国务院各部门可根据国务院的决定、命令和要求设定行政审批，并以部门文件形式予以公布；其他机关、文件设定的行政审批应当取消。

2. 合理原则。设定行政审批，要符合社会主义市场经济发展的要求，有利于政府实施有效管理。凡是通过市场机制能够解决的，应当由市场机制去解决；通过市场机制难以解决，但通过公正、规范的中介组织、行业自律能够解决的，应当通过中介组织和行业自律去解决。有关经营性土地使用权出让、建设工程招标投标、政府采购和产权交易等事项，必须通过市场机制来运作。对虽符合合法原则，但不符合上述要求的行政审批，也应当取消。

3. 效能原则。要合理划分和调整部门之间的行政审批职能，简化程序，减少环节，加强并改善管理，提高效率，强化服务。一个部门应当实行一个“窗口”对外；涉及几个部门的行政审批，应当由国务院规定的主要负责部门牵头，会同其他有关部门共同研究决定后办理；实施行政审批要规定合理时限，提高工作效率，在限定期限内办结。

4. 责任原则。按照“谁审批、谁负责”的原则，在赋予行政机关行政审批权时，要规定其相应的责任。行政机关实施行政审批，应当依法对审批对象实施有效监督，并承担相应责任。行政机关不按规定的审批条件、程序实施行政审批甚至越权审批、滥用职权、徇私舞弊，以及对被许可人不依法履行监督责任或者监督不力、对违法行为不予查处的，审批机关主管有关工作的领导和直接责任人员必须承担相应的法律责任。

5. 监督原则。赋予行政机关行政审批权，要按照公开、公平、公正的原则，明确行政审批的条件、程序，并建立便于公民、法人和其他组织监督的制度。行政审批的内容、对象、条件、程序必须公开；未经公开的，不得作为行政审批的依据。行使行政审批权的行政机关应当建立健全有关制度，依法加强对被许可人是否按照取得行政许可时确定的条件、程序从事有关活动的监督检查。

2007 年 4 月，国务院办公厅印发了《关于进一步清理取消和调整行政审批项目的通知》（国办发［2007］22 号），明确规定了取消和调整行政审批项目的原则、工作步骤和要求。这是在行政许可法施行后，国务院进一步明确取消和调整行政审批项目的重要文件，其中“取消和调整的原则”部分有利于我们正确理解行政审批的设立和实施。总的要求是，按照合法、合理、效能、责任和监督的原则，对现有的行政许可项目和非行政许可项目进行全面清理，该取消的一律取消，该调整的必须调整。

1. 对虽有法定设定依据，但与现实管理要求不相适应，难以达到管理目的的，予以取消或调整。

2. 对通过市场机制、行业自律能够解决的，予以取消或调整。其中，可由社会团体、行业组织和中介机构进行自律管理的，一律交给社会团体、行业组织和中介机构。

3. 对通过质量认证、事后监管可以达到管理目的的，予以取消或调整。

4. 对一个审批事项多部门、多环节审批的，必须按照相同或相近的职能由一个部门承担和权责一致的原则进行调整，该取消的必须取消。

5. 对省级以下机关可以实施的，必须按照方便申请人、便于监管的原则，下放管理层级。

第三节　现行人力资源和社会保障行政许可与审批制度

行政许可与行政审批是人力资源社会保障部门正确履行职责、加强社会管理和公共服务的重要手段。按照党中央、国务院统一部署，各级人力资源社会保障部门深入开展行政审批制度改革，严格执行行政许可法，人力资源社会保障领域的行政许可与审批事项大为减少，管理更加规范。

2004 年 6 月，《国务院对确需保留的行政审批项目设定行政许可的决定》（国务院令第 412 号）公布了 500 项确需保留且符合《行政许可法》第 12 条规定事项的行政审批项目，其中涉及人力资源和社会保障部的有列入政府管理范围的专业技术人员职业资格审批、设立技工学校审批等 11 项行政许可项目。《劳动法》等法律法规规定了职业技能鉴定机构设立的审批、中外合作职业培训机构设立的审批、民办职业培训机构审批3项行政许可项目。《国务院关于第四批取消和调整行政审批项目的决定》（国发［2007］33号）将公安部负责的自动消防系统操作人员上岗证调整为由劳动保障部门负责。

2004年8月，《国务院办公厅关于保留部分非行政许可审批项目的通知》（国办发［2004］62号）公布了211项保留的非行政许可审批项目，其中涉及人力资源和社会保障部的有21项。此外，《公务员法》《劳动法》《社会保险费征缴暂行条例》等法律法规规定了中央国家机关所属事业单位参照公务员法管理审批、特殊工时审批、社会保险缴费基数核定等7项非行政许可审批项目。

2010年7月，《国务院关于第五批取消和下放管理层级行政审批项目的决定》（国发［2010］21号）取消和下放管理层级行政审批项目184项。其中，人力资源和社会保障部社会保障卡专用COS（卡内操作系统）核准、劳动就业服务企业设立审批两个行政审批项目被取消。

目前，人力资源和社会保障部共有行政许可和行政审批项目41项，其中，行政许可项目14项，非行政许可审批项目27项。此外，地方人力资源社会保障部门根据地方性法规、规章也设定了一些行政许可和非行政许可审批事项。如北京市人力资源社会保障局根据《北京市人才市场管理条例》和《北京市劳动力市场管理条例》设置了举办招聘洽谈会行政许可，广东省人力资源社会保障厅根据《广东省人民政府第四轮行政审批事项调整目录》（粤府令第142号）设置了外省驻粤劳务办事机构设立审批项目。

下面就从公共人力资源、劳动和社会保障两个方面对人力资源社会保障部的行政许可与审批制度作一简单介绍。

一、公共人力资源方面的行政许可与审批制度

公共人力资源方面的行政许可与审批制度，主要是指人力资源和社会保障部在履行机关、事业单位公职人员管理为核心的公共人事管理职能方面的行政许可与审批制度。包括3项行政许可项目和13项非行政许可审批项目。

（一）行政许可项目

《国务院对确需保留的行政审批项目设定行政许可的决定》（国务院令第412号）规定了三项行政许可项目：

1. 举办全国性人才交流会审批。由人力资源和社会保障部负责。

2. 设立人才中介服务机构及其业务范围审批。由县级以上人民政府人力资源和社会保障行政部门负责。

3. 列入政府管理范围的专业技术人员资格审批。由人力资源和社会保障部负责。

（二）非行政许可审批事项

1. 中央国家机关所属事业单位参照公务员法管理审批。《公务员法》第106条规定：“法律、法规授权的具有公共事务管理职能的事业单位中除工勤人员以外的工作人员，经批准参照本法进行管理。”中央国家机关所属事业单位参照公务员法管理的审批由国家公务员局负责。

2、部级荣誉称号计划审批、国务院奖励实施方案审核。设立依据为《国务院办公厅关于保留部分非行政许可审批项目的通知》（国办发［2004］62号），由国家公务员局负责。

3. 留学回国人员科研经费择优资助项目审批。

4. 专家回国（来华）定居审批。

5. 政府特殊津贴审批。

6. 有关突出贡献的中青年科学技术管理专家审批。

7. 百千万人才工程人选审批。

8. 博士后科研流动站、工作站审批。

上述第3项至第8项设定依据都是《国务院办公厅关于保留部分非行政许可审批项目的通知》（国办发［2004］62号），由人力资源和社会保障部负责。

9. 中央国家机关申请福利费。

10. 各省、自治区、直辖市和中央各行政事业单位工资制度改革实施方案审批。

11. 驻外使领馆人员和国家机关、事业单位驻外非外交人员及驻港澳内派人员调整工资待遇审批。

12. 新设岗位、地区津贴（补贴）项目和调整标准。

上述四项设立依据是《国务院办公厅关于保留部分非行政许可审批项目的通知》（国办发［2004］62号），由人力资源和社会保障部负责。

13. 中央和国家机关及其管理的在京企事业单位计划外接收军队转业干部审批。设立依据是《国务院办公厅关于保留部分非行政许可审批项目的通知》（国办发［2004］62号），由人力资源和社会保障部负责。

二、劳动和社会保障方面的行政许可与审批制度

劳动和社会保障方面的行政许可与审批制度，是指人力资源社会保障部在履行促进就业、维护劳动关系稳定、完善社会保障体系为核心的社会管理和公共服务职能方面的行政许可与审批制度。包括11项行政许可项目和14项非行政许可审批项目。

(一) 行政许可项目

1. 技工学校设立审批。由人力资源社会保障部及省级人力资源社会保障部门负责。

2. 职介机构资格审批。由地方各级人力资源社会保障部门负责。

3. 设立中外合资（合作）职业介绍机构审批。由省级人力资源社会保障部门负责。

4. 以技能为主的国外职业资格证书及发证机构资格审核和注册。由人力资源社会保障部负责。

5. 补充保险经办机构资格认定。由人力资源社会保障部负责。

6. 外国人入境就业许可。由省级及授权的地级人力资源社会保障行政部门负责。

7. 台港澳人员在内地就业许可。由省级及授权的地级人力资源社会保障行政部门负责。

上述7项行政许可由《国务院对确需保留的行政审批项目设定行政许可的决定》（国务院令第412号）规定。

8. 中外合作职业培训机构设立的审批。《中外合作办学条例》第12条第3款规定："申请设立实施职业技能培训的中外合作办学机构，由拟设立机构所在地的省、自治区、直辖市人民政府劳动行政部门审批。"由省级人力资源社会保障部门负责。

9. 民办职业培训机构审批。《民办教育促进法》第11条规定："举办实施以职业技能为主的职业资格培训、职业技能培训的民办学校，由县级以上人民政府劳动和社会保障行政部门按照国家规定的权限审批，并抄送同级教育行政部门备案。"由县级以上人力资源社会保障部门负责。

10. 职业技能鉴定机构设立的审批。《劳动法》第69条规定："国家确定职业分类，对规定的职业制定职业技能标准，实行职业资格证书制度，由经过政府批准的考核鉴定机构负责对劳动者实施职业技能考核鉴定。"由人力资

源社会保障部及省级人力资源社会保障部门负责。

11. 自动消防系统操作人员上岗证。根据《消防法》关于“进行电焊、气焊等具有火灾危险作业的人员和自动消防系统的操作人员，必须持证上岗”的规定，设立了自动消防系统操作人员行政许可。《国务院关于第四批取消和调整行政审批项目的决定》（国发［2007］33号）由公安部调整为地方各级劳动保障部门负责。

（二）非行政许可审批事项

1. 企业基本养老保险事项审批。由《国务院办公厅关于保留部分非行政许可审批项目的通知》（国办发［2004］62号）规定，由人力资源社会保障部负责。

2. 省级基本医疗保险乙类药品目录调整审批。由人力资源社会保障部负责。

3. 在京中央国家机关公务员医疗补助实施范围审批。由人力资源社会保障部负责。

4. 工伤保险费率审定。由各统筹地区工伤保险经办机构负责。

5. 破产企业无法清偿的社会保险费欠费核销。由各级人民政府人力资源社会保障主管部门、财政部门负责审批。

6. 参照国家公务员医疗补助实施方案审批。由各级人民政府人力资源社会保障行政主管部门医疗保险主管部门负责。

7. 发行社会保障卡注册。由人力资源社会保障部负责。

8. 基本医疗保险定点医疗机构资格审查。由各统筹地区劳动保障行政部门负责。

9. 基本医疗保险定点零售药店资格审查。由各统筹地区劳动保障行政部门负责。

10. 参加基本养老保险职工提前退休审批。由省级人民政府人力资源社会保障行政主管部门负责。

上述10项的设立依据是《国务院办公厅关于保留部分非行政许可审批项目的通知》（国办发［2004］62号）。

11. 社会保险（养老、失业、医疗、工伤、生育）缴费基数核定。《社会保险费征缴暂行条例》（国务院令第259号）第10条规定：“缴费单位必须按月向社会保险经办机构申报应缴纳的社会保险费数额，经社会保险经办机构核定后，在规定的期限内缴纳社会保险费。”由各统筹地区社会保险经办机构负责。

12. 国有企业经营者工资审核。《全民所有制工业企业转换经营机制条例》(国务院令第103号）第24条规定："厂长晋升工资应当报政府有关部门审批。"由人力资源社会保障部及地方人力资源社会保障部门负责。

13. 国有企业工资总额审批。《全民所有制工业企业转换经营机制条例》(国务院令第103号）第24条规定："企业职工工资总额基数的确定与调整，应当报政府有关部门审查核准。"由人力资源社会保障部及地方人力资源社会保障部门负责。

14. 特殊工时审批。《劳动法》第39条规定："企业因生产特点不能实行本法第36条、第38条规定的，可以实行其他工作和休息办法。"由人力资源社会保障部及地方人力资源社会保障部门负责。

思　考　题

1. 简述行政许可的概念和特征。
2. 行政审批与行政许可的联系与区别是什么？
3. 人力资源和社会保障领域行政许可与审批项目有哪些？

第六章 人力资源和社会保障行政争议处理制度

本章导读

行政争议是行政机关在行使行政职权的过程中与作为相对方的公民、法人或者其他组织发生的权利义务纠纷。行政争议处理制度是我国行政监督制度的重要组成部分。

行政复议和行政诉讼，通过行政机关的层级监督和对行政活动的审查，纠正违法和不当的行政行为，保护公民、法人和其他组织的合法权益，维护和监督行政机关依法行使职权。

国家赔偿是法律为相对人合法权益受到国家侵犯后提供的法律救济制度，它对于进一步保护相对人的合法权益，强化对权力行使的监督制约，起着不可替代的作用。

本章通过对行政复议、行政诉讼、国家赔偿等行政争议处理制度的介绍，帮助读者了解相关制度的受理范围、程序，理解行政争议处理制度的重要意义，预防和化解行政争议的发生，维护各方当事人的合法权益。

第一节　人力资源和社会保障行政复议

一、行政复议概述

（一）行政复议的概念与特征

行政复议，是指公民、法人和其他组织认为具体行政行为侵犯其合法权益，依法向法定的行政复议机关提出申请，由行政复议机关根据法定程序对具体行政行为的合法性和适当性进行审查并作出相应决定的活动。

从行政复议的基本概念，可以把握行政复议的三个特征。

1. 行政复议由行政相对人一方主动申请，其理由是认为具体行政行为侵害其合法权益，否则行政复议就不可能启动。即行政复议机关不能主动展开该程序。

2. 行政复议的审查对象是具体行政行为，更具体地说是具体行政行为的合法性与适当性。这是与行政诉讼的审查对象有所差异的。

3. 行政复议是由法定的行政复议机关根据相应程序来审查的，其具有一定的程序性。行政相对人必须依法提出申请，并按照一定程序参与行政复议审理过程。

【阅读参考】

1989 年 4 月，《中华人民共和国行政诉讼法》正式颁布，该法确立行政诉讼制度的同时，也一并规定了我国行政复议制度的基本框架、基本原则和核心内容。

1990 年 12 月，国务院发布了《行政复议条例》，在我国建立了统一的行政复议制度。1999 年 4 月，《中华人民共和国行政复议法》正式颁布，标志着我国独立的行政复议制度正式诞生。2007 年 8 月，《中华人民共和国行政复议法实施条例》正式实施，行政复议制度得到进一步发展和完善。

（二）行政复议的原则

根据《行政复议法》的规定，行政复议活动应当遵循以下几个主要原则：

1. 合法原则

合法原则是指行政复议机关必须依法履行其行政复议的职责，其管辖权限应当符合法律规定；其审查行政复议申请的程序应当符合法律规定；审查行政争议的实体内容，应当有合法的依据，并且按照法律法规和其他合法的规范性文件，判定具体行政行为的合法性和适当性。

2. 公正原则

公正原则是合法原则的必要补充，这是一项直接关系到行政机关社会形象的重要原则，要求行政复议机关在履行复议职责时，公正对待申请人和被申请人，不能“官官相护”；要以法律的目的和社会公认的公正标准对原具体行政行为的适当性进行审查，正确运用自由裁量权。

3. 公开原则

公开原则是行政复议民主化的体现。只有行政复议过程的公开，才能保证行政复议结果的公正。为此，要求在办理行政复议案件时，允许申请人、第三人依法查阅被申请人提出的书面答复、作出具体行政行为的证据、依据和其他有关材料；要认真听取申请人、第三人的意见；并将行政复议的依据和行政复议决定予以公开。

4. 及时原则

及时原则的核心内容是要求行政复议机关要及时审查复议申请，并将审查结果告知申请人；受理行政复议申请后，对具体行政行为要认真调查取证，核实证据，及时作出复议决定并依法采取措施，保证复议决定的履行。

5. 便民原则

便民原则要求行政复议活动要方便老百姓，不因行政复议造成诉累。也就是说，在法律规定申请人应承担的义务内，要尽可能为申请人提供方便；在法律规定申请人应承担的义务外，不得增加申请人的负担。便民原则不仅反映了行政复议的特点，也体现了我国社会主义法律的本质。

（三）行政复议的受案范围

行政复议的受案范围，是指允许公民、法人或者其他组织申请行政复议的事项范围。根据《行政复议法》的规定，只有具体行政行为才能成为行政复议的申请对象。

【阅读参考】

在行政法理论中，抽象行政行为与具体行政行为是行政法学中对行政行为的一种最基本的分类。

抽象行政行为，是指行政主体针对广泛、不特定的对象设定具有普遍约束力的行为规范的活动。抽象行政行为包括行政主体制定的行政法规、行政规章和各种规范性文件等，基本属于行政立法活动。

具体行政行为，是指行政主体针对特定公民、法人或者其他组织具体适用法律规范所作出的、只对特定对象产生约束力的行为。具体行政行为包括的范围极广，如行政奖励、行政许可、行政确认、行政处罚、行政裁决等。

1. 行政复议机关应当受理的范围

根据《行政复议法》规定，公民、法人或者其他组织对行政机关下列具体行政行为不服的，可以申请行政复议：

（1）对行政机关作出的警告、罚款、没收违法所得、没收非法财物、责令停产停业、暂扣或者吊销执照、行政拘留等行政处罚决定不服的。

行政处罚是指具有行政处罚权的行政机关或者组织依照法律、法规以及规章的规定对公民、法人或者其他组织违反行政管理秩序的行为给予的制裁。由于行政处罚是对行政相对人的一种制裁，如果运用不当，会对被处罚人的合法权益造成严重损害。因此，对行政处罚决定不服的，都可以依法向有关行政机关申请行政复议。

(2) 对行政机关作出的限制人身自由或者查封、扣押、冻结财产等行政强制措施决定不服的。

包括两方面：一是限制人身自由的行政强制措施，主要包括劳动教养、强制戒毒、强制遣送、扣留。除了以上几种措施外，限制人身自由的行政强制措施还包括对传染病人的强制隔离措施，对公共场合醉酒者的强制约束，对闹事者采取的带离现场的措施等。二是限制财产流通的行政强制措施，主要包括：查封，即对动产或者不动产的就地封存，防止财产所有人对财产处分的行为；扣押，它是行政机关为了取证或者防止当事人转移财产而对动产采取的扣押行为，被扣押的财产要置于行政机关的控制之下；冻结，即银行根据行政机关的要求，冻结当事人的银行账户，不准其动用账户内存款的行为。

(3) 对行政机关作出的有关许可证、执照、资质证、资格证等证书变更、中止、撤销的决定不服的。

许可证、执照等资格证书是行政机关应公民、法人或者其他组织的请求而配发的，准许其从事某种活动的法律凭证。如果决定变更、中止或者撤销凭证，就意味着公民、法人或者其他组织从事某种活动的权利的丧失、或受到限制，等等，从而对持证人的合法权益造成损害。合法权益受到侵害的公民、法人或者其他组织就可以申请行政复议，以获得法律救济。

(4) 对行政机关作出的关于确认土地、矿藏、水流、森林、山岭、草原、荒地、滩涂、海域等自然资源的所有权或者使用权的决定不服的。

对土地、矿产资源以及其他自然资源的所有权或者使用权的确定权属以及变更权属等，我国实行必要的行政管理。为此，在有关的法律中，对自然资源的所有权或者使用权的确定、变更以及发生的争议，规定了行政机关进行调处或者进行行政处理的职责和权限。为了保证行政机关确权或者变更决定的公正、合理，有关公民、法人或者其他组织可以对该决定申请行政复议，以保证自然资源得到充分的利用和保护，最大限度地发挥自然资源的潜力。

(5) 认为行政机关侵犯合法的经营自主权的。

经营自主权是指法律、法规赋予市场经营主体依法享有按照自己的意愿调配和使用自己的人力、物力、财力，独立开展生产经营活动的权利。由于长期形成的对个体经济、私营经济的不正确认识，粗暴干涉私营企业和个体经营者经营自主权的问题时有发生。因此，凡是行政机关对市场经营主体依法享有的经营自主权非法进行干预，都构成对合法经营者的经营自主权的侵犯。有关当事人都有权依照行政复议法的规定，向行政复议机关申请行政复议。

（6）认为行政机关变更或者废除农业承包合同，侵犯其合法权益的。

目前农村一些行政机关，特别是基层行政机关，有的干部以农村承包合同管理为名，采取行政手段解除未到期的承包合同，侵害农民的合法权益；有的乡镇政府支持乡村集体经济组织不履行承包合同规定的义务，甚至单方面撕毁合同等。将这类行为明确列入行政复议范围，对于杜绝这类违法现象，具有重要意义。

（7）认为行政机关违法集资、征收财物、摊派费用或者违法要求履行其他义务的。

在行政管理活动中，行政机关一般拥有两类职权：一是赋予某种权利的，即行政机关赋予行政管理相对人某种权利或者剥夺行政管理相对人某种权利；二是课以某种义务的，即行政机关课以行政机关相对人某种新增的义务或者免除行政机关相对人某种既存的义务。行政相对人可以通过申请行政复议，纠正行政机关违法要求履行义务的错误行为，防止对行政管理相对人合法权益的侵犯。

（8）认为符合法定条件，申请行政机关颁发许可证、执照，资质证、资格证等证书，或者申请行政机关审批、登记有关事项，行政机关没有依法办理的。

公民、法人或者其他组织申请颁发许可证、执照、资格证、资质证等证书，或者申请行政机关审批、登记有关事项，行政机关对申请人的申请进行认真审查，认为符合法定条件的，才颁发相应的证书或者办理批准、登记手续。行政机关对符合法定条件的申请人，拒绝颁发有关证书或者不予批准、登记，都属于不依法履行职责的行为，申请人可以依法申请行政复议。

（9）申请行政机关履行保护人身权利、财产权利、受教育权利的法定职责，行政机关没有依法履行的。

人身权利是指与人身相联系的没有直接财产内容的权利，包括生命健康权、姓名权、名称权、肖像权、名誉权、荣誉权、婚姻自主权等。财产权利是指具有经济利益的权利，包括物权、债权、专利权、商标权、继承权等。受教育权利是依照法律规定接受教育的权利，分为普遍享有的权利和有条件享有的权利，适龄儿童、少年接受规定年限义务教育的权利就是一项普遍享有的权利，而上大学就是有条件享有的权利。公民、法人或者其他组织如果上述权利受到侵犯，可以依法申请行政机关予以保护。

（10）申请行政机关依法发放抚恤金、社会保险金或者最低生活保障费，行政机关没有依法发放的。

行政机关没有依法发放抚恤金、社会保险金或者最低生活保障费，包括以下三个方面意思：一是抚恤金、社会保险金或者最低生活保障费必须是法律、法规规定的。如果法律、法规未做规定，要求行政机关发给相应的费用遭到拒绝，不能申请行政复议。二是抚恤金、社会保险金或者最低生活保障费必须是法律、法规规定由行政机关发给的。如果法律、法规规定由企业事业单位发给，而不是由行政机关发给，当事人不能申请行政复议。三是行政机关没有依法发放抚恤金、社会保险金或者最低生活保障费的情况，既包括未发放的情况，也包括未足额发放的情况，同时还包括误认受领有关费用的情况。

（11）认为行政机关的其他具体行政行为侵犯其合法权益的。

以上 11 种情形列举的是日常生活中常见的容易侵犯公民、法人或者其他组织的具体行政行为。但是，行政复议作为行政机关的内部监督制度，其范围与行政诉讼范围相比，要宽泛得多。凡是具体行政行为，不论是作为，还是不作为；不论是侵犯行政管理相对人人身权利，还是财产权利的具体行政行为，只要公民、法人或者其他组织认为侵犯其合法权益，都可以申请行政复议。

2. 不能申请行政复议的事项

（1）对行政机关作出的行政处分或者其他人事处理决定不服的，不能申请行政复议。

行政处分，是指国家机关对所属的工作人员，在其犯有违纪行为或者轻微违法行为但尚未构成犯罪时，所给予的一种制裁。行政机关适用行政处分，以被处分人与本机关存在行政隶属关系为前提，行政机关不能对不属于其管理的人员进行处分。无论是行政处分，还是其他人事处理，都是行政机关内部的行政行为。由于行政机关的内部行政行为与其对社会依法行使行政管理职权的外部行政行为，存在较大差异，由此引发的行政争议不宜按照与外部行政行为同样的办法解决。因此，现行法律、法规规定，有关人事和行政监察部门专门负责受理对行政机关内部行为不服提起的申诉，并按照规定的程序对人事处理争议作出处理。

（2）对行政机关就民事纠纷作出的调解或者其他处理的，不能申请行政复议。

行政机关对民事纠纷进行调解，其本质是当事人在调解下自愿就所争议的内容达成一致意见，行政机关只起劝解、引导的作用，并不单方面对当事人之间的权利义务强行作出变更。因此，如果调解达成协议，是当事人双方对自己的民事权利依法处分的结果；如果未达成协议，则调解行为终止，当事人任何一方均可以依法向人民法院提起民事诉讼。由于行政调解行为本身丝毫不影响当事人的权益，因此没有必要将其纳入行政复议范围。

（四）行政复议申请

1. 行政复议的管辖

行政复议的管辖是指行政机关受理行政复议案件的权限和分工。按照《行政复议法》《行政复议法实施条例》的相关规定，行政复议的管辖是：

（1）对县级以上地方各级人民政府工作部门的具体行政行为不服的，由申请人选择，可以向该部门的本级人民政府申请行政复议，也可以向上一级主管部门申请行政复议。对海关、金融、国税、外汇管理等实行垂直领导的行政机关和国家安全机关的具体行政行为不服的，向上一级主管部门申请行政复议。

（2）对地方各级人民政府的具体行政行为不服的，向上一级地方人民政府申请行政复议。对省、自治区人民政府依法设立的派出机关所属的县级地方人民政府的具体行政行为不服的，向该派出机关申请行政复议。

（3）对国务院部门或者省、自治区、直辖市人民政府的具体行政行为不服的，向作出该具体行政行为的国务院部门或者省、自治区、直辖市人民政府申请行政复议。对行政复议决定不服的，可以向人民法院提起行政诉讼；也可以向国务院申请裁决，国务院依照本法的规定作出最终裁决。

（4）对两个以上国务院部门共同作出的具体行政行为不服的，可以向其中任何一个国务院部门提出行政复议申请，由作出具体行政行为的国务院部门共同作出行政复议决定。

（5）对经国务院批准实行省以下垂直领导的部门作出的具体行政行为不服的，可以选择向该部门的本级人民政府或者上一级主管部门申请行政复议；省、自治区、直辖市另有规定的，依照省、自治区、直辖市的规定办理。

对上述规定以外的其他行政机关、组织的具体行政行为不服的，按照下列规定申请行政复议：

（1）对县级以上地方人民政府依法设立的派出机关的具体行政行为不服的，向设立该派出机关的人民政府申请行政复议。

（2）对政府工作部门依法设立的派出机构依照法律、法规或者规章规定，以自己的名义作出的具体行政行为不服的，向设立该派出机构的部门或者该部门的本级地方人民政府申请行政复议。

（3）对法律、法规授权的组织的具体行政行为不服的，分别向直接管理该组织的地方人民政府、地方人民政府工作部门或者国务院部门申请行政复议。

（4）对两个或者两个以上的行政机关以共同的名义作出的具体行政行为不服的，向其共同上一级行政机关申请行政复议。

（5）对被撤销的行政机关在撤销前所作出的具体行政行为不服的，向继续行使其职权的行政机关的上一级行政机关申请行政复议。

有前款所列情形之一的，申请人也可以向具体行政行为发生地的县级地方人民政府提出行政复议申请。

2. 行政复议申请期限

行政复议申请期限，是指认为具体行政行为侵犯了其合法权益的公民、法人或者其他组织提出行政复议申请的法定有效期限。公民、法人或者其他组织认为具体行政行为侵犯其合法权益时，只有在法定有效期限内提出行政复议申请，行政复议机关才予受理。否则，行政复议机关不予受理。

（1）行政复议申请期限类型

行政复议申请期限分为一般期限和特别期限。

一般期限。申请行政复议的一般期限是指当事人向行政机关申请行政复议，应当在知道侵犯其合法权益的具体行政行为之日起 60 日之内提出，超过了这个期限，认为具体行政行为侵犯了其合法权益的公民、法人或者其他组织才提出行政复议申请的，就被视为放弃复议申请权，行政复议机关不予受理。

特别期限。申请行政复议的特别期限是指《行政复议法》认可的由单行法律对申请复议期限所作的特别规定。按照《行政复议法》第 9 条第 1 款规定，一般期限为 60 日，“但是法律规定的申请期限超过 60 日的除外”。这就是说，单行法律对特殊期限如有规定，只要超过 60 日即为有效，但少于 60 日的一律按 60 日执行。这为个别特殊的行政管理领域需要延长复议申请期限提供了法律依据。

(2) 行政复议申请期限计算方式

如何计算行政复议申请期限，理论上讲是从公民、法人或者其他组织自知道该具体行政行为之日起计算，具体而言有以下情形：

第一，当场作出具体行政行为的，自具体行政行为作出之日起计算。

第二，载明具体行政行为的法律文书直接送达的，自受送达人签收之日起计算。

第三，载明具体行政行为的法律文书邮寄送达的，自受送达人在邮件签收单上签收之日起计算；没有邮件签收单的，自受送达人在送达回执上签名之日起计算。

第四，具体行政行为依法通过公告形式告知受送达人的，自公告规定的期限届满之日起计算。

第五，行政机关作出具体行政行为时未告知公民、法人或者其他组织，事后补充告知的，自该公民、法人或者其他组织收到行政机关补充告知的通知之日起计算。

第六，被申请人能够证明公民、法人或者其他组织知道具体行政行为的，自证据材料证明其知道具体行政行为之日起计算。

行政机关作出具体行政行为，依法应当向有关公民、法人或者其他组织送达法律文书而未送达的，视为该公民、法人或者其他组织不知道该具体行政行为。

在实践中，还存在这样的情形，即公民、法人或者其他组织申请行政机关履行法定职责，行政机关未履行的，行政复议申请期限依照下列规定计算：

第一，有履行期限规定的，自履行期限届满之日起计算；

第二，没有履行期限规定的，自行政机关收到申请满60日起计算。

公民、法人或者其他组织在紧急情况下请求行政机关履行保护人身权、财产权的法定职责，行政机关不履行的，行政复议申请期限不受前款规定的限制。

(3) 申请行政复议期限的延长

行政复议申请期限的延长是指因不可抗力或者其他正当理由耽误法定申请期限的，申请期限可以延长，自障碍消除之日起继续计算。根据行政复议法的规定，可以适当延长期限的情况有两类。一是因不可抗力的发生耽误了法定申请期限。不可抗力是指不能预见、不能避免和克服的客观情况，如地震、火灾、水灾、战争等。二是其他一些正当理由耽误了法定申请期限，其他正当理由是指不可抗力之外的其他可以延长期限的事由，如法人处于合并或者改组阶段，复议申请人病重等。

3. 行政复议当事人

行政复议当事人，是指与行政争议有利害关系、以自己的名义参与行政复议程序的主体，包括申请人、被申请人和第三人。也就是说，行政复议案件的处理结果会直接涉及申请人、被申请人或第三人的利益。证人、鉴定人、翻译人等人员不属于行政复议当事人。

（1）行政复议申请人

行政复议申请人是指向行政机关提起行政复议申请的公民、法人或者其他组织。依照行政复议法的规定，申请人应当具备以下几个条件：

第一，认为具体行政行为侵犯了自己的合法权益，事实上这种“认为”可能有对有错，但不影响其申请行政复议的权利。

第二，依法向复议机关提出复议申请。

第三，对于公民来说，通常情况下申请人大都是有权申请行政复议的公民本人，由自己提出复议申请。但有两种情况有权申请行政复议的公民本人不能亲自提出申请，第一种是该公民是无行为能力人或者限制行为能力人，必须由其法定代理人代为提出申请；第二种是有权申请行政复议的公民死亡，转而由其近亲属申请复议，其亲属为申请人。

第四，对于法人或其他组织来说，申请行政复议的多是法定代表人，当然也可以委托代理人提出复议申请。如果有权申请行政复议的法人或者其他组织终止的，承受其权利的法人或者其他组织可以申请行政复议。

同时，根据《行政复议法实施条例》的规定，申请人的特殊情形有：

第一，合伙企业申请行政复议的，应当以核准登记的企业为申请人，由执行合伙事务的合伙人代表该企业参加行政复议；其他合伙组织申请行政复议的，由合伙人共同申请行政复议。不具备法人资格的其他组织申请行政复议的，由该组织的主要负责人代表该组织参加行政复议；没有主要负责人的，由共同推选的其他成员代表该组织参加行政复议。

第二，股份制企业的股东大会、股东代表大会、董事会认为行政机关作出的具体行政行为侵犯企业合法权益的，可以以企业的名义申请行政复议。

第三，同一行政复议案件申请人超过 5 人的，推选 1～5 名代表参加行政复议。

（2）行政复议被申请人

行政复议被申请人是指被公民、法人或者其他组织认为侵犯其合法权益而向复议机关“指控”，并由复议机关通知参加复议的行政机关。成为被申请人应具备三个条件：

第一，必须是具有外部行政管理职能的行政机关，或者法律、法规授予行使外部行政管理职权的组织。没有外部行政管理职能的行政机关，如人事、监察部门等，不能成为被申请人。

第二，作为被申请人，必须是运用行政权力，实施了经申请人认为侵犯其合法权益的具体行政行为，并且这个具体行政行为与申请人的合法权益之间具有因果关系。没有实施具体行政行为或者虽实施了具体行政行为但与申请人的合法权益之间没有因果关系，不能成为被申请人。

第三，必须是由复议机关通知参加复议的。这是行政复议发生的标志，也是某一行政机关或者组织作为被申请人的必要条件。复议机关没有通知参加复议的，不能成为被申请人。

同时，根据《行政复议法实施条例》的规定，被申请人的特殊情形有：

第一，公民、法人或者其他组织对行政机关的具体行政行为不服，依照《行政复议法》和《行政复议法实施条例》的规定申请行政复议的，作出该具体行政行为的行政机关为被申请人。

第二，行政机关与法律、法规授权的组织以共同的名义作出具体行政行为的，行政机关和法律、法规授权的组织为共同被申请人。行政机关与其他组织以共同名义作出具体行政行为的，行政机关为被申请人。

第三，下级行政机关依照法律、法规、规章规定，经上级行政机关批准作出具体行政行为的，批准机关为被申请人。

第四，行政机关设立的派出机构、内设机构或者其他组织，未经法律、法规授权，对外以自己名义作出具体行政行为的，该行政机关为被申请人。

在申请人提出行政复议申请时，有可能发生错列被申请人的情形，根据《行政复议法实施条例》第 22 条规定，行政复议机构应当告知申请人变更被申请人。申请人更正期间，不计入行政复议审理期限。

（3）行政复议第三人

第三人是指与申请人申请行政复议的具体行政行为有利害关系并参加行政复议的公民、法人或者其他组织。作为行政复议第三人，有三个基本特征：

第一，与所复议的具体行政行为有利害关系。所谓“利害关系”是指第三人对申请人提出申请复议的具体行政行为有着权利、义务关系。与具体行政行为有利害关系，是第三人参与复议的唯一根据。

第二，第三人参加行政复议，与作为被申请人的行政机关之间应当有管理与被管理、支配与被支配的关系。

第三，参加到他人已经开始但尚未终结的复议活动中去。如果他人的复议活动尚未开始，不发生第三人参加复议的问题，如果他人的复议活动已经终结，也不存在第三人参加复议活动的问题。

4. 行政复议代理人

行政复议代理人是指以被代理人的名义，在代理权限内参加复议活动的人。行政复议代理人有三个基本特征：

第一，行政复议代理人只能以被代理人的名义参加复议活动，而不能以自己的名义参加复议活动。

第二，行政复议代理人参加复议活动的目的，在于维护被代理人的合法权益，而不是为了维护自己的权力和利益。

第三，行政复议代理人在代理权限内所实施的行为，其法律后果由被代理人承担，而不是由代理人承担。根据《行政复议法实施条例》的规定，申请人、第三人可以委托 1～2 名代理人参加行政复议。申请人、第三人委托代理人的，应当向行政复议机构提交授权委托书。申请人、第三人解除或者变更委托的，应当书面报告行政复议机构。

5. 行政复议申请形式

行政复议申请形式，是指公民、法人或者其他组织表达其复议意愿和要求的具体表现形式，包括书面申请、口头申请和电子邮件三种形式。

(1) 书面申请

书面申请是指行政管理相对人通过向行政机关递交复议申请书，以表达其申请复议的意愿和要求。申请人书面申请行政复议的，可以采取当面递交、邮寄或者传真等方式提出行政复议申请。复议申请书是书面申请的具体表现形式，主要包括五项内容。第一，申请人的基本情况，包括：公民的姓名、性别、年龄、身份证号码、工作单位、住所、邮政编码，法人或者其他组织的名称、住所、邮政编码和法定代表人或者主要负责人的姓名、职务；第二，被申请人的名称；第三，行政复议请求、申请行政复议的主要事实和理由；第四，申请人的签名或者盖章；第五，申请行政复议的日期。

(2) 口头申请

口头申请是指行政管理相对人以口头语言的形式向行政复议机关提出申请，以表达其申请复议的意愿和要求。申请人口头申请行政复议的，行政复议机构应当书面行政复议申请书规定的事项，当场制作行政复议申请笔录交申请人核对或者向申请人宣读，并由申请人签字确认。

（3）电子邮件

根据《行政复议法实施条例》规定，有条件的行政复议机构可以接受以电子邮件形式提出的行政复议申请。严格地讲，电子邮件形式也是一种特殊的书面形式，即用特定的物理介质将当事人的意思表示作了固定化的显示。

（五）行政复议受理

行政复议的受理是关于行政复议机关对公民、法人或者其他组织提出的行政复议申请进行审查并依法处理的规定。行政复议的受理既关系到公民、法人或者其他组织行使复议申请权的实际效果，也对行政复议活动的正常进行产生直接影响。

1. 行政复议机构的受理职责

根据《行政复议法》第3条第一项的规定，受理行政复议申请是行政复议机构的首要职责。行政复议机构应当公开其受理复议申请的有关制度和程序，设置专门的人员，具体接受行政复议的申请、接待行政复议申请人，使相对人可以比较便利地提交行政复议申请。同时，行政复议机构履行受理行政复议申请职责的最重要的表现，就是依法审查行政复议申请是否符合法律规定，以决定是否受理。

2. 审查期限

行政复议机构在收到复议申请书后，应当及时审查行政复议申请内容，并在一定期限内作出是否受理的决定。《行政复议法》规定："行政复议机关收到行政复议申请后，应当在五日内进行审查。"规定审查期限是为了促进行政复议机关及时审查复议申请，防止在复议工作中出现办事拖拉、效率低下的现象，更好地发挥行政复议制度的作用，同时，也体现方便申请人，提高工作效率的原则。

3. 复议申请的审查内容

行政复议机构对行政复议申请进行审查，是确保行政复议活动正常进行的重要环节。做好这一工作，既可以保证管理相对人正确行使自己的权利，也可以避免行政复议机构盲目立案，为顺利地开展行政复议活动创造有利条件。行政复议机构对公民、法人或者其他组织的复议申请主要审查下列事项：

（1）是否有明确的申请人和符合规定的被申请人。《行政复议法》第10条、《行政复议法实施条例》第6条至第10条对行政复议申请人的资格条件作了相应规定和补充。同时，《行政复议法》第12条至第15条对行政复议的被申请人作了间接规定，《行政复议法实施条例》第11条至第14条又对特殊情况下的被申请人如何确定作了补充规定。因此，根据相关规定，提起行政复议申请的申请人必须符合法定条件，主体资格应当明确。

（2）申请人是否与具体行政行为有利害关系。判断申请人与具体行政行为是否具有利害关系，要注意以下几点：一是，具体行政行为侵犯的是申请人的权益，而不是他人的权益，更不是社会公共权益。二是，侵犯的权益必须是合法的，所谓合法权益是指相对人依法已经享有或者取得的权利或者利益，该权益应当已经得到具体法律上的认可和保护，尚未取得或者依法不予保护的权益，不属于合法权益。三是，相对人只要“认为侵犯其合法权益”，就可以提出行政复议申请，而不必拘泥于其权益是否真正受到侵犯。

（3）是否有具体的行政复议请求和理由。申请人对具体行政行为不服提出行政复议，应当有具体的行政复议请求，并对行政复议请求的理由进行说明。比如对于具体行政行为是请求撤销、变更、确认违法，还是请求国家赔偿等应当明确、具体，便于行政复议机关及时了解申请人的意思，及时进行审理。

（4）是否在法定申请期限内提出。法律设定行政复议申请期限的目的在于为了维护社会管理秩序的稳定，防止行政复议救济权被滥用，如果当事人不珍惜行政复议权利，无正当理由超过行政复议申请期限的，对其行政复议申请不予受理。但是，如果行政复议申请人有正当理由的，比如不可抗力或者由于行政机关的原因造成期限的耽搁，行政复议机关就要从宽把握和判断。

（5）是否属于法律、法规规定的行政复议范围。行政复议申请是否属于行政复议的受案范围，这是审查复议申请最重要的内容。行政复议机关必须严格按照法定的行政复议范围进行审查，不能以各种借口将符合复议范围的申请排除在受理范围之外。同时，也不能盲目扩大复议范围。

（6）是否属于收到行政复议申请的行政复议机构职责范围。《行政复议法》第 12 条至第 14 条对行政复议的管辖作了一般规定，第 15 条还规定了当事人难以弄清楚向哪个行政机关申请行政复议的复杂情况时如何申请的问题。《行政复议法实施条例》第 23 条至第 25 条也对行政复议申请的受理机关作了规定。行政复议机关应当严格依照这些规定来受理行政复议申请，既不能推诿、敷衍该受理不受理，也不能越权不应受理而受理。

（7）其他行政复议机构是否受理同一行政复议申请，人民法院是否受理就同一事实提起的行政诉讼。根据《行政复议法》的规定，行政管理相对人对有些行政机关作出的具体行政行为不服，可以选择向不同的行政复议机关申请行政复议，但是对于同一行政复议申请只能由一个行政复议机构受理，如果其中一个行政复议机构已经受理，另一个行政复议机构则不能受理。同时，行政管理相对人一旦提起行政诉讼，则表明其已放弃了行政复议，行政复议机关也不能再受理行政复议申请。对此，行政复议机关要注意防止行政复议程序与行政诉讼程序的重复和冲突，以保证行政复议活动的有效性。

上述阐述的7项内容，既是行政复议机关收到行政复议申请后并在5日内进行初步审查的几个主要方面，也是申请人提出行政复议申请应当符合的条件。

4. 审查后的处理

经过对复议申请的审查，行政复议机关应视具体情况作出适当的处理。

（1）对符合《行政复议法实施条例》第28条规定条件的，依法予以受理。行政复议申请自行政复议机关负责法制工作的机构收到之日即为受理。

（2）对符合《行政复议法》规定的行政复议范围，但不属于本机关受理范围的，应当书面告知申请人向有关行政复议机关提出。经审查，不属于本机关受理的复议申请，在收到复议申请5日内，应当告知申请人向有受理权的行政复议机关提出复议申请。

（3）对不符合法定受理条件的，应当作出不予受理决定，送达申请人，该决定书中应当说明不予受理的理由和依据。行政复议机关应当在收到复议申请5日内作出不予受理的书面决定，并告知当事人。如果申请人认为行政复议机关应当受理而不予受理的，可以据此向人民法院提起行政诉讼，也可以向行政复议机关的上级机关反映，由上级行政机关责令其受理或者直接受理；对不经复议程序不得向人民法院起诉的，在收到不予受理决定书后可以据此向人民法院起诉。告知不予受理理由是充分保障复议申请人知情权的具体体现，也是行政机关政务公开的法律要求。

（4）依照《行政复议法实施条例》第29条的规定，行政复议申请材料不齐全或者表述不清楚的，行政复议机构可以向申请人发出补正通知，一次性告知申请人需要补正的事项。补正通知应当载明下列事项：行政复议申请书中需要修改、补充的具体内容；需要补正的证明材料；合理的补正期限；逾期未补正的法律后果。补正期限从申请人收到补正通知之日起计算。无正当理由逾期不补正的，视为申请人放弃行政复议申请。申请人应当在补正期限内向行政复议机构提交需要补正的材料。补正申请材料所用时间不计入行政复议审理期限。

5. 行政复议期间已进行的具体行政行为的处理

行政复议期间具体行政行为不停止执行。确立这个原则的目的是，既要维护国家社会公共利益，而且在一般情况下又不能损害行政管理相对人的合法权益。为了保证正确执行这个原则又不至于损害行政管理相对人的合法权益，出现以下几种情形时可以停止执行：

（1）被申请人认为需要停止执行的。公民、法人或者其他组织申请行政复议后，被申请人发现作出的具体行政行为有可能违法或者不当，如该具体行政行为不停止执行，有可能给申请人造成不可弥补的损失，被申请人认为需要停止执行的可以停止执行。

（2）行政复议机关认为需要停止执行的。行政复议机关对被申请人有监督的职责，同时对复议申请人也有保护的职责。因此，对被申请人的具体行政行为是否需要停止执行应当审查。如该具体行政行为不合法或者不适当，执行该具体行政行为可能造成重大行政赔偿，或者对申请人可能造成不可挽回的损失，行政复议机关可以决定停止执行。

（3）申请人申请停止执行，行政复议机关认为其要求合理，决定停止执行的。

（4）法律规定停止执行的。

（六）行政复议审理程序

1. 行政复议审理方式

行政复议的审理方式是行政复议制度的核心环节，是行政复议制度的价值和功能得以实现和发挥的关键。行政复议原则上采取书面审查的办法，但是申请人提出要求或者行政复议机关负责法制工作的机构认为必要时，可以向有关组织和人员调查情况，听取申请人、被申请人和第三人的意见。行政复议机构认为必要时，可以实地调查核实证据；对重大、复杂的案件，申请人提出要求或者行政复议机构认为必要时，可以采取听证的方式审理。

2. 行政复议证据规定

（1）被申请人的举证责任

被申请人应当自收到申请书或者申请笔录复印件之日起 10 日内，提出书面答复，并提交当初作出具体行政行为的证据、依据和其他有关材料。也就是说，被申请人必须向行政复议机关提出证明其具体行政行为合法，适当的事实和法律依据，如果提不出证据或者提出的证据不充分，就要承担对其不利的法律后果。也就是说，被申请人要紧紧围绕其具体行政行为的合法性与适当性进行举证。

被申请人负有此项举证责任，源于三点：

第一，“先取证、后裁决”原则的要求。根据依法行政原则，行政机关作出具体行政行为必须职权法定、程序法定。因此，被申请人决定作出具体行政行为时，必有其所认为的合法的、适当的证据。没有确凿的证据，就对行政相对人作出具体行政行为，显然是不行的。

第二，被申请人的举证能力强。在行政活动中，被申请人无疑处于主动的地位，作出具体行政行为无须征得申请人的同意，再加上行政主体在知识、技术手段、资料、设备方面的优势，其举证能力明显要比申请人强得多。

第三，行政管理双方地位的不平等。为了弥补这种不平等的关系，法律将证明具体行政行为合法，适当的责任归于被申请人一方，从而事实上形成对具体行政行为的制约。

需要强调的是，在行政复议过程中，被申请人不得自行向申请人和其他组织或者个人收集证据。按照依法行政原则，行政机关在对社会实施行政管理过程中，如果作出某种具体行政行为，必须先掌握这一具体行政行为成立所需要的基本事实，并具有充分的证据。不能在主要事实不清楚、证据缺失的情况下，先做具体行政行为，然后再去调查取证，这种“先决定、后取证”的做法，与依法行政的原则是相悖的。

（2）申请人的举证责任

在行政复议程序中，被申请人承担主要的举证责任，但并非申请人就没有举证义务。在实践中，申请人申请行政复议时需要提供某些特定的事实根据。为此，《行政复议法实施条例》第 21 条规定，申请人应当对以下情形提供证明材料：一是认为被申请人不履行法定职责的，提供曾经要求被申请人履行法定职责而被申请人未履行的证明材料；二是申请行政复议时一并提出行政赔偿请求的，提供受具体行政行为侵害而造成损害的证明材料；三是法律、法规规定需要申请人提供证据材料的其他情形。对条例规定的这些情形，是证明复议案件案情事实所必需的证据材料，是申请人要求复议机关保护其合法权益的重要依据，直接影响申请人复议请求的实现。

（3）对行政复议机构的调查取证权的限制

根据相关规定，行政复议机构可以直接以自己的名义调查取证、查阅有关文件和资料，独立行使调查取证权。行政复议机构直接调查取证，目的是为了保证行政复议机关全面客观地查明案件事实。但需要强调的是：第一，可以收集证明原具体行政行为违法、不当的证据；第二，不能收集证明原具体行政行为合法、适当的证据。这是毋庸置疑的。因此，负责调查取证的办案人员应当合理行使该权力。因为提供具体行政行为合法、适当证据的责任主体是被申请人，行政复议机构不能替被申请人补充、收集证据。这违背了行政复议公平、公正的原则，与行政复议机构居中裁决的中立地位相悖。

3. 行政复议和解和调解

（1）行政复议和解

行政复议和解是申请人、被申请人在行政复议过程中自愿达成和解，行政复议机关经审查批准后，对行政复议案件不再继续审理。根据《行政复议法实施条例》第 40 条规定，公民、法人或者其他组织对行政机关行使法律、法规规定的自由裁量权作出的具体行政行为不服申请行政复议，申请人与被申请人在行政复议决定作出前自愿达成和解的，应当向行政复议机构提交书面和解协议；和解内容不损害社会公共利益和他人合法权益的，行政复议机构应当准许。

行政复议和解应当注意以下几点：一是可以和解的具体行政行为必须是对行政机关行使法律、法规规定的自由裁量权而作出的具体行政行为；二是和解必须坚持平等、自愿、合法的原则；三是和解协议应当在行政复议决定作出前达成；四是和解协议应当经过行政复议机构批准。

（2）行政复议调解

调解作为解决社会冲突的方式在我国被广泛运用，并作为一种制度文化深深影响着民众的社会价值观。根据《行政复议法实施条例》第 50 条规定，行政复议机关可以按照自愿、合法的原则对两种纠纷进行调解：一是公民、法人或者其他组织对行政机关行使法律、法规规定的自由裁量权作出的具体行政行为不服申请行政复议的；二是当事人之间的行政赔偿或者行政补偿纠纷。当事人经调解达成协议的，行政复议机关应当制作行政复议调解书。调解书应当载明行政复议请求、事实、理由和调解结果，并加盖行政复议机关印章。行政复议调解书经双方当事人签字，即具有法律效力。调解未达成协议或者调解书生效前一方反悔的，行政复议机关应当及时作出行政复议决定。鉴于行政行为不可自由处分的特殊性，行政复议调解严格限制在一定的范围之内，这点需要特别注意。

4. 行政复议中止和终止

（1）行政复议中止

行政复议中止，是行政复议过程中出现法定情形后，行政复议机关暂停有关行政复议案件的审理，待有关影响行政复议案件正常审理的情形消除后，再继续审理行政复议案件。按照《行政复议法实施条例》第 41 条的规定，行政复议期间有下列情形之一，影响行政复议案件审理的，行政复议中止：

第一，作为申请人的自然人死亡，其近亲属尚未确定是否参加行政复议的；

第二，作为申请人的自然人丧失参加行政复议的能力，尚未确定法定代理人参加行政复议的；

第三，作为申请人的法人或者其他组织终止，尚未确定权利义务承受人的；

第四，作为申请人的自然人下落不明或者被宣告失踪的；

第五，申请人、被申请人因不可抗力，不能参加行政复议的；

第六，案件涉及法律适用问题，需要有权机关作出解释或者确认的；

第七，案件审理需要以其他案件的审理结果为依据，而其他案件尚未审结的；

第八，其他需要中止行政复议的情形。

行政复议中止的原因消除后，应当及时恢复行政复议案件的审理。行政复议机关中止、恢复行政复议案件的审理，应当告知有关当事人。

(2) 行政复议终止

行政复议终止，是指行政复议过程中出现法定情形后，行政复议机构不再继续审理有关案件，从而终结行政复议的活动。按照《行政复议法实施条例》第 42 条的规定，行政复议期间有下列情形之一，影响行政复议案件审理的，行政复议终止：

第一，申请人要求撤回行政复议申请，行政复议机构准予撤回的；

第二，作为申请人的自然人死亡，没有近亲属或者其近亲属放弃行政复议权利的；

第三，作为申请人的法人或者其他组织终止，其权利义务的承受人放弃行政复议权利的；

第四，申请人与被申请人依照本条例第四十条的规定，经行政复议机构准许达成和解的；

第五，申请人对行政拘留或者限制人身自由的行政强制措施不服申请行政复议后，因申请人同一违法行为涉嫌犯罪，该行政拘留或者限制人身自由的行政强制措施变更为刑事拘留的。

同时，依照《行政复议法实施条例》第 41 条第 1 款第（一）项、第（二）项、第（三）项规定中止行政复议，满 60 日行政复议中止的原因仍未消除的，行政复议终止。

(七)行政复议决定

行政复议决定是行政复议机关根据申请人的要求，对具体行政行为进行审查后所得出的结论性意见。行政复议决定包括维持、撤销、变更、限期履行、确认违法等。行政复议决定以书面方式作出，并在送达当事人后生效。

1. 行政复议决定类型

行政复议机关负责法制工作的机构应当对被申请人作出的具体行政行为进行审查，提出意见，经行政复议机关的负责人同意或者集体讨论通过后，根据不同情况，分别可以作出以下几种决定：

(1) 维持具体行政行为。根据《行政复议法》的规定，决定维持具体行政行为必须符合四种条件：一是事实清楚、证据确凿；二是适用依据正确；三是程序合法；四是内容适当。

(2) 决定被申请人履行法定职责。这是指行政复议机关经过对行政复议案件的审理，认定被申请人有不履行或拖延履行法定职责的情形，从而责成被申请人履行法定职责。

(3) 撤销、变更具体行政行为。行政复议机关决定撤销被申请人的具体行政行为，基于以下几种情况：①主要事实不清、证据不足的；②适用依据错误的；③违反法定程序的；④超越或者滥用职权的；⑤具体行政行为明显不当的。行政复议机关决定变更被申请人的具体行政行为的，应当基于以下两种情形：①认定事实清楚，证据确凿，程序合法，但是明显不当或者适用依据错误的；②认定事实不清，证据不足，但是经行政复议机关审理查明事实清楚，证据确凿的。

(4) 确认具体行政行为违法。这主要是针对行政主体的事实行为、不作为行为以及行政主体已经撤销违法行为的情况而作出的。

(5) 责令被申请人重新作出具体行政行为。按照《行政复议法》的规定，决定撤销或者确认该具体行政行为违法的，可以责令被申请人在一定期限内重新作出具体行政行为。责令被申请人重新作出具体行政行为的，被申请人应当在法律、法规、规章规定的期限内重新作出具体行政行为；法律、法规、规章未规定期限的，重新作出具体行政行为的期限为 60 日。公民、法人或者其他组织对被申请人重新作出的具体行政行为不服，可以依法申请行政复议或者提起行政诉讼。

(6) 决定撤销具体行政行为。被申请人不按照行政复议法的规定提出书面答复、提交当初作出具体行政行为的证据、依据和其他有关材料的，视为该具体行政行为没有证据、依据，决定撤销该具体行政行为。

（7）驳回行政复议申请。行政复议机关决定驳回行政复议申请的情形有：①申请人认为行政机关不履行法定职责申请行政复议，行政复议机关受理后发现该行政机关没有相应法定职责或者在受理前已经履行法定职责的；②受理行政复议申请后，发现该行政复议申请不符合《行政复议法》和《行政复议法实施条例》规定的受理条件的。上级行政机关认为行政复议机关驳回行政复议申请的理由不成立的，应当责令其恢复审理。

2. 行政复议不利变更禁止原则

行政复议中的不利禁止是指行政复议机关在审查具体行政行为的合法性和适当性过程中，禁止自己做出或者要求其他行政机关作出对行政复议申请人较原具体行政行为更为不利的复议决定。不利变更禁止原则是当今许多国家和地区的行政救济制度中所确定的一项原则，既不能加重对行政复议申请人的处罚或者苛以更多的义务，也不能减损复议申请人的既得利益或者权利。

在行政复议机关作出的维持、撤销、变更、确认违法、责令履行的行政复议决定中，只有变更的行政复议决定有可能将复议申请人置于较复议之前更为不利的境地。在行政复议中，确立不利变更禁止原则，就是对复议裁决变更内容的限定。

3. 行政赔偿责任

在行政复议决定中还有可能涉及行政赔偿责任。行政赔偿责任，是指行政机关及其工作人员在执行职务过程中，实施了行政侵权行为，即侵犯公民、法人或者其他组织的合法权益，并且造成损害，从而由行政机关对这种损害承担予以赔偿的一种法律责任。申请人在申请行政复议时可以一并提出行政赔偿请求，行政复议机关对符合国家赔偿法的有关规定应当给予赔偿的，在决定撤销、变更具体行政行为或者确认具体行政行为违法时，应当同时决定被申请人依法给予赔偿。

申请人在申请行政复议时没有提出行政赔偿请求的，行政复议机关在依法决定撤销或者变更罚款，撤销违法集资、没收财物、征收财物、摊派费用以及对财产的查封、扣押、冻结等具体行政行为时，应当同时责令被申请人返还财产，解除对财产的查封、扣押、冻结措施，或者赔偿相应的价款。

4. 行政复议决定的履行

行政复议决定的履行，是指行政复议机关作出行政复议决定后，行政复议各方当事人必须按照行政复议决定书的决定履行。被申请人不履行或者无正当理由拖延履行行政复议决定的，行政复议机关或者有关上级行政机关应当责令其限期履行。申请人逾期不起诉又不履行行政复议决定的，或者不履行最终裁决的行政复议决定的，按照下列规定分别处理：

（1）维持具体行政行为的行政复议决定，由作出具体行政行为的行政机关依法强制执行，或者申请人民法院强制执行；

（2）变更具体行政行为的行政复议决定，由作出行政复议决定的行政机关依法强制执行，或者申请人民法院强制执行。

（八）违反行政复议法的法律责任

1. 行政复议机关及其工作人员的违法责任

行政复议机关的违法责任是指行政复议机关违反行政复议法规定，应承担的法律责任。追究行政复议机关的法律责任包括以下几种情况：第一，行政复议机关无正当理由不予受理依法提出的行政复议申请；第二，行政复议机关不按规定转送行政复议申请的；第三，行政复议机关在法定期限内不作出行政复议决定的。行政复议机关如有上述情况之一的，经有权监督的行政机关督促仍不改正的，对直接负责的主管人员和其他直接责任人员依法给予警告、记过、记大过的处分；造成严重后果的，依法给予降级、撤职、开除的处分。

行政复议机关工作人员在行政复议活动中，徇私舞弊或者有其他渎职、失职行为的，依法给予警告、记过、记大过的行政处分；情节严重的，依法给予降级、撤职、开除的行政处分；构成犯罪的，依法追究刑事责任。

2. 被申请人的违法责任

被申请人的违法责任是指在行政复议活动中，被申请人不履行法定义务配合复议机关、阻碍申请人申请行政复议、对复议申请人打击报复陷害等行为应承担的法律责任。被申请人在复议活动中，不提出书面答复或者不提交作出具体行政行为的证据、依据和其他有关材料，或者阻挠、变相阻挠公民、法人或者其他组织依法申请行政复议的，对直接负责的主管人员和其他直接责任人员依法给予警告、记过、记大过的行政处分；进行报复陷害的，依法给予降级、撤职、开除的行政处分；构成犯罪的，依法追究刑事责任。

被申请人不履行或者无正当理由拖延履行行政复议决定，或者在规定期限内未按照行政复议决定的要求重新作出具体行政行为，或者违反规定重新作出具体行政行为的，对直接负责的主管人员和其他直接责任人员依法给予警告、记过、记大过的行政处分；经责令履行仍拒不履行的，依法给予降级、撤职、开除的行政处分。

二、人力资源社会保障行政复议

（一）人力资源社会保障行政复议概念

人力资源社会保障行政复议，是指公民、法人或者其他组织人力资源社会保障部门作出的具体行政行为侵犯其合法权益，依法向人力资源社会保障行政部门或者其本级人民政府提出复议申请，由受理该申请的行政复议机关对原具体行政行为依法进行审查并作出行政复议决定的活动。

一般而言，发生人力资源社会保障行政复议的前提是存在人力资源社会保障行政争议。人力资源社会保障行政争议，是指人力资源社会保障部门与其行政管理相对人之间，因实现权利和义务产生分歧而引起的争议。该行政争议与劳动争议不同，劳动争议是劳动者和用人单位之间在执行人力资源社会保障法律、法规、规章及履行劳动合同过程中发生的争议。从争议的性质上看，前者属于行政争议范畴，后者属于劳动争议范畴。

（二）人力资源社会保障行政复议机关及行政复议机构职责

1. 行政复议机关的职责

按照《行政复议法》的规定，履行行政复议职责的机关是行政复议机关。根据《行政复议法实施条例》《人力资源社会保障行政复议办法》的规定，行政复议机关应当依照有关规定配备、充实、调剂专职行政复议人员，保证行政复议机构的办案能力与工作任务相适应。同时，行政复议机关要为行政复议工作提供财政保障。

2. 行政复议机构职责

在人力资源社会保障行政复议机关中，其行政复议机构承担行政复议任务。该机构是行政复议机关内设的一个工作机构，不能以自己的名义独立作出行政行为，如不能作出行政复议不予受理决定、不能作出行政复议决定。根据《行政复议法》《行政复议法实施条例》及《人力资源社会保障行政复议办法》的有关规定，人力资源社会保障行政复议机构具体办理的行政复议事项有：

第一，处理行政复议申请；

第二，向有关组织和人员调查取证，查阅文件和资料，组织行政复议听证；

第三，依照《行政复议法实施条例》第 9 条的规定，办理第三人参加行政复议事项；

第四，依照《行政复议法实施条例》第 41 条的规定，决定行政复议中止、恢复行政复议审理事项；

第五，依照《行政复议法实施条例》第42条的规定，拟订行政复议终止决定；

第六，审查申请行政复议的具体行政行为是否合法与适当，提出处理建议，拟订行政复议决定，主持行政复议调解，审查和准许行政复议和解协议；

第七，处理或转送对《行政复议法》第 7 条所列有关规定的审查申请；

第八，依照《行政复议法》第 29 条的规定，办理行政赔偿等事项；

第九，依照《行政复议法实施条例》第 37 条的规定，办理鉴定事项；

第十，按照职责权限，督促行政复议申请的受理和行政复议决定的履行；

第十一，对人力资源社会保障部门及其工作人员违反《行政复议法》《行政复议法实施条例》和《人力资源社会保障行政复议办法》规定的行为，依照规定的权限和程序提出处理建议；

第十二，研究行政复议过程中发现的问题，及时向有关机关和部门提出建议，重大问题及时向行政复议机关报告；

第十三，办理因不服行政复议决定提起行政诉讼的行政应诉事项；

第十四，办理或组织办理未经行政复议直接提起行政诉讼的行政应诉事项；

第十五，办理行政复议、行政应诉案件统计和重大行政复议决定备案事项；

第十六，组织培训；

第十七，法律、法规规定的其他职责。

(三) 行政复议工作人员的权利义务

根据《行政复议法实施条例》第 4 条的规定，专职行政复议人员应当具备与履行行政复议职责相适应的品行、专业知识和业务能力，并取得相应资格。根据《行政复议法》《行政复议法实施条例》及《人力资源社会保障行政复议办法》的相关规定，总结起来，行政复议工作人员享有以下权利：

（1）依法履行行政复议职责的行为受法律保护；

（2）获得履行行政复议职责相应的物质条件；

（3）对行政复议工作提出建议；

（4）参加培训；

（5）法律、法规和规章规定的其他权利。

行政复议工作人员应当履行下列义务：

（1）严格遵守宪法和法律；

（2）以事实为根据，以法律为准绳审理行政复议案件；

（3）忠于职守，尽职尽责，清正廉洁，秉公执法；

（4）依法保障行政复议参加人的合法权益；

（5）保守国家秘密、商业秘密和个人隐私；

（6）维护国家利益、社会公共利益，维护公民、法人或者其他组织的合法权益；

（7）法律、法规和规章规定的其他义务。

（四）人力资源社会保障行政复议范围

人力资源社会保障行政复议的受案范围，是指公民、法人或者其他组织认为人力资源社会保障部门作出的具体行政行为侵犯其合法权益，向人力资源社会保障行政部门申请行政复议的事项范围。

1. 行政复议受理范围

根据《人力资源社会保障行政复议办法》第 7 条的规定，有下列情形之一的，公民、法人或者其他组织可以依法申请行政复议：

第一，对人力资源社会保障部门作出的警告、罚款、没收违法所得、依法予以关闭、吊销许可证等行政处罚决定不服的；

第二，对人力资源社会保障部门作出的行政处理决定不服的；

第三，对人力资源社会保障部门作出的行政许可、行政审批不服的；

第四，对人力资源社会保障部门作出的行政确认不服的；

第五，认为人力资源社会保障部门不履行法定职责的；

第六，认为人力资源社会保障部门违法收费或者违法要求履行义务的；

第七，认为人力资源社会保障部门作出的其他具体行政行为侵犯其合法权益的。

2. 行政复议不予受理范围

根据《人力资源社会保障行政复议办法》第 8 条规定，公民、法人或者其他组织对下列事项，不能申请行政复议：

第一，人力资源社会保障部门作出的行政处分或者其他人事处理决定；

第二，劳动者与用人单位之间发生的劳动人事争议；

第三，劳动能力鉴定委员会的行为；

第四，劳动人事争议仲裁委员会的仲裁、调解等行为；

第五，已就同一事项向其他有权受理的行政机关申请行政复议的；

第六，向人民法院提起行政诉讼，人民法院已经依法受理的；

第七，法律、行政法规规定的其他情形。

（五）人力资源社会保障行政复议申请

1. 申请人和被申请人

人力资源社会保障行政复议中，关于申请人和被申请人的相关规定，除应符合法律法规规定的条件外，根据《人力资源社会保障行政复议办法》，还需要注意以下几点：

第一，同一行政复议案件申请人超过5人，若推选代表参加行政复议，应当提交全体行政复议申请人签字的授权委托书以及全体行政复议申请人的身份证复印件。

第二，公民、法人或者其他组织申请作为第三人参加行政复议，应当提交《第三人参加行政复议申请书》，该申请书应当列明其参加行政复议的事实和理由。申请作为第三人参加行政复议的，应当对其与被审查的具体行政行为有利害关系负举证责任。行政复议机构通知或者同意第三人参加行政复议的，应当制作《第三人参加行政复议通知书》，送达第三人，并注明第三人参加行政复议的日期。

第三，申请人、第三人、委托代理人参加行政复议的，应当向行政复议机构提交授权委托书。授权委托书应当载明下列事项：一是委托人姓名或者名称，委托人为法人或者其他组织的，还应当载明法定代表人或者主要负责人的姓名、职务；二是代理人姓名、性别、职业、住所以及邮政编码；三是委托事项、权限和期限；四是委托日期以及委托人签字或者盖章。

第四，对县级以上人力资源社会保障行政部门的具体行政行为不服的，可以向上一级人力资源社会保障行政部门申请复议，也可以向该人力资源社会保障行政部门的本级人民政府申请行政复议。

第五，对人力资源社会保障行政部门按照国务院规定设立的社会保险经办机构依照法律、法规规定作出的具体行政行为不服，可以向直接管理该社会保险经办机构的人力资源社会保障行政部门申请行政复议。

第六，对依法受委托的属于事业组织的公共就业服务机构、职业技能考核鉴定机构以及街道、乡镇人力资源社会保障工作机构等作出的具体行政行为不服的，可以向委托其行使行政管理职能的人力资源社会保障行政部门的上一级人力资源社会保障行政部门申请复议，也可以向该人力资源社会保障行政部门的本级人民政府申请行政复议。委托的人力资源社会保障行政部门为被申请人。

第七，对人力资源社会保障部门和政府其他部门以共同名义作出的具体行政行为不服的，可以向其共同的上一级行政部门申请复议。共同作出具体行政行为的人力资源社会保障部门为共同被申请人之一。

第八，人力资源社会保障部门设立的派出机构、内设机构或者其他组织，未经法律、法规授权，对外以自己名义作出具体行政行为的，该人力资源社会保障部门为被申请人。

2. 行政复议申请期限

关于行政复议申请期限的计算方式，除了《行政复议法实施条例》规定的情形外，根据《人力资源社会保障行政复议办法》第19条第2款第3项规定，载明具体行政行为的法律文书依法留置送达的，自送达人和见证人在送达回证上签注的留置送达之日起计算。

3. 行政复议申请形式

关于行政复议申请形式，根据《人力资源社会保障行政复议办法》第21条的规定，对采取传真、电子邮件方式提出的行政复议申请，行政复议机构应当告知申请人补充提交证明其身份以及确认申请书真实性的相关书面材料。

同时，根据《人力资源社会保障行政复议办法》第21条的规定，申请人书面申请行政复议的，应当在行政复议申请书中载明下列事项：一是申请人基本情况：申请人是公民的，包括姓名、性别、年龄、身份证号码、工作单位、住所、邮政编码；申请人是法人或者其他组织的，包括名称、住所、邮政编码和法定代表人或者主要负责人的姓名、职务；二是被申请人的名称；三是申请行政复议的具体行政行为、行政复议请求、申请行政复议的主要事实和理由；四是申请人签名或者盖章；五是日期。

(六) 人力资源社会保障行政复议受理

人力资源社会保障行政复议机构收到复议申请后，应当注明收到日期，并在5日内进行审查，按照下列情况分别作出决定：

(1) 对符合《行政复议法实施条例》第28条规定条件的，依法予以受理，制作《行政复议受理通知书》和《行政复议提出答复通知书》，送达申请人和被申请人；

(2) 对符合规定的行政复议范围，但不属于本机关受理范围的，应当书面告知申请人向有关行政复议机关提出；

（3）对不符合法定受理条件的，应当作出不予受理决定，制作《行政复议不予受理决定书》，送达申请人，该决定书中应当说明不予受理的理由和依据。

对不符合前述规定的行政复议申请，行政复议机构应当将有关处理情况告知申请人。

（七）人力资源社会保障行政复议审理

1. 行政复议证据规则

除了《行政复议法实施条例》规定的事项外，根据《人力资源社会保障行政复议办法》相关规定，还要注意以下两点：

第一，申请人因不可抗力或者其他正当理由耽误法定申请期限的，其在提出行政复议申请时应当提供发生不可抗力或者有其他正当理由的证明材料；

第二，申请作为第三人参加行政复议的，应当对其与被审查的具体行政行为有利害关系负举证责任。

2. 补正通知

依照《行政复议法实施条例》的相关规定，行政复议申请材料不齐全或者表述不清楚的，行政复议机构可以向申请人发出补正通知，一次性告知申请人需要补正的事项。补正通知应当载明下列事项：行政复议申请书中需要修改、补充的具体内容，需要补正的证明材料，合理的补正期限，逾期未补正的法律后果。

补正期限从申请人收到补正通知之日起计算。无正当理由逾期不补正的，视为申请人放弃行政复议申请。申请人应当在补正期限内向行政复议机构提交需要补正的材料。补正申请材料所用时间不计入行政复议审理期限。

3. 行政复议答复

被申请人应当依法提交行政复议答复书，并提交当初作出具体行政行为的证据、依据和其他有关材料。行政复议答复书应当载明下列事项，并加盖被申请人印章：一是被申请人的名称、地址、法定代表人的姓名、职务；二是作出具体行政行为的事实和有关证据材料；三是作出具体行政行为依据的法律、法规、规章和规范性文件的具体条款和内容；四是对申请人行政复议请求的意见和理由；五是日期。被申请人应当对其提交的证据材料分类编号，对证据材料的来源、证明对象和内容作简要说明。因不可抗力或者其他正当理由，被申请人不能在法定期限内提出书面答复、提交当初作出具体行政行为的证据、依据和其他有关材料的，可以向行政复议机关提出延期答复和举证的书面申请。

4. 行政复议机构行使调查取证权的范围

在何种情况下，行政复议机构可以行使调查取证权，《行政复议法实施条例》将判断权赋予了行政复议机构，只要行政复议机构认为必要，就可以根据实际情况决定是否进行实地调查核实证据。根据《人力资源社会保障行政复议办法》第33条的规定，有下列情形之一的，行政复议机构可以实地调查核实证据：

第一，申请人或者被申请人对于案件事实的陈述有争议的；

第二，被申请人提供的证据材料之间相互矛盾的；

第三，第三人提出新的证据材料，足以推翻被申请人认定的事实的；

第四，行政复议机构认为确有必要的其他情形。

需要强调的是，行政复议机构行使调查取证权，要符合行政复议活动的要求，即注意将整个调查了解情况的工作始终建立在为了审查被申请人具体行政行为合法性和适当性的基础上，而不是为了支持被申请人执法的基础上，要对事实情况进行全面调查并收集证据，要保持“居中裁决者”的地位和角色，而不是替代被申请人执法。

5. 听证的适用范围

行政复议听证，既不同于立法听证，也不同于执法听证，它实际上是与法院审理程序相类似的一种行政复议审理方式，类似于准司法听证，其目的是为行政复议当事人提供一个质证、辩论的平台，为行政复议机关查清案件事实提供帮助。

【阅读参考】

听证的基本含义，是指行政机关作出决定时，要提前通知并听取利益受到影响的当事人的意见。

听证最早起源于英美法上的“自然公正”原则，后又经美国联邦宪法的“正当法律程序”原则作了进一步扩展。从程序上讲，它可以分为正式听证和非正式听证两种形式。

正式听证又称为准司法听证，因为其程序类似于司法审判程序。听证机关事先要制定听证规定，听证参加人要进行宣誓，听证中可以提出证据、进行辩论和质证，听证机关有权传唤证人作证，听证过程要作正式记录，听证主持人不能与当事人进行单方接触，并且最终的决定只能依据听证记录作出。

非正式听证，又称立法性听证，因为这种形式主要存在于立法中。其程序相对没有那么严格、正式，听证规定相对随意，主要目的是听取公众意见，并不涉及具体人的权利义务。听证参加人的意见只对决定的作出起参考作用。

根据《人力资源社会保障行政复议办法》第 34 条的规定，对重大、复杂的案件，申请人提出要求或者行政复议机构认为必要时，可以采取听证的方式审理。有下列情形之一的，属于重大、复杂的案件：涉及人数众多或者群体利益的案件，具有涉外因素的案件，社会影响较大的案件，案件事实和法律关系复杂的案件，行政复议机构认为其他重大、复杂的案件。

6. 行政复议调解

根据《人力资源社会保障行政复议办法》的规定，行政复议机关进行调解应当符合下列要求：在查明案件事实的基础上进行，充分尊重申请人和被申请人的意愿，遵循公正、合理原则，调解结果应当符合有关法律、法规的规定，调解结果不得损害国家利益、社会公共利益或者他人合法权益。申请人和被申请人经调解达成协议的，行政复议机关应当制作《行政复议调解书》。《行政复议调解书》应当载明下列内容：

(1) 申请人姓名、性别、年龄、住所（法人或者其他组织的名称、地址，法定代表人或者主要负责人的姓名、职务；

(2) 被申请人的名称；

(3) 申请人申请行政复议的请求、事实和理由；

(4) 被申请人答复的事实、理由、证据和依据；

(5) 进行调解的基本情况；

(6) 调解结果；

(7) 日期。

(八) 人力资源社会保障行政复议决定

人力资源社会保障行政复议机关对受理的行政复议案件，应依法分别作出决定维持、决定履行、决定撤销、决定变更，确认违法的决定。

人力资源社会保障行政复议机关作出复议决定，应当制作行政复议决定书。复议决定书应当载明下列事项：

(1) 申请人的姓名、性别、年龄、住所（法人或者其他组织的名称、地址，法定代表人或者主要负责人的姓名、职务）；

（2）被申请人的名称、住所；

（3）申请人的行政复议请求和理由；

（4）第三人的意见；

（5）被申请人答复意见；

（6）行政复议机关认定的事实、理由，适用的法律、法规、规章以及其他规范性文件；

（7）复议决定；

（8）申请人不服行政复议决定向人民法院起诉的期限；

（9）日期。

复议决定书应当加盖本行政机关的印章。行政复议机关可以使用行政复议专用章。在人力资源社会保障行政复议活动中，行政复议专用章和行政复议机关印章具有同等效力。

（九）人力资源社会保障行政复议案卷归档管理

案件审查结束后，办案人员应当及时将案卷进行整理归档。根据《人力资源社会保障行政复议办法》第 53 条规定，案卷保存期不少于 10 年，国家另有规定的从其规定。保存期满后的案卷，应当按照国家有关档案管理的规定处理。

案卷归档材料应当包括：

（1）关于行政复议申请的处理方面：行政复议申请书或者行政复议申请笔录、申请人提交的证据材料，授权委托书、申请人身份证复印件、法定代表人或者主要负责人身份证明书，行政复议补正通知书，行政复议受理通知书和行政复议提出答复通知书，行政复议不予受理决定书，行政复议告知书，行政复议答复书、被申请人提交的证据材料，第三人参加行政复议申请书、第三人参加行政复议通知书，责令限期受理行政复议申请通知书。

（2）关于案件审理方面：行政复议调查笔录，行政复议听证记录，行政复议中止通知书、行政复议恢复审理通知书，行政复议和解协议，行政复议延期处理通知书，撤回行政复议申请书，规范性文件转送函。

（3）关于处理结果方面：行政复议决定书，行政复议调解书，行政复议终止书，驳回行政复议申请决定书。

（4）其他方面：行政复议文书送达回证，行政复议意见书，行政复议建议书等。

同时，案卷装订、归档应当达到下列要求：案卷装订整齐；案卷目录用钢笔或者签字笔填写，字迹工整；案卷材料不得涂改；卷内材料每页下方应当居中标注页码。

第二节　社会保险行政争议

随着我国社会保险制度改革的深入，独立于企事业单位之外、资金来源多元化、保障制度规范化、管理服务社会化的社会保障体系的逐步建立，社会保险的运行方式和管理模式发生了较大变化。社会保险关系各方当事人间的一些争议，表现为劳动者或用人单位与社会保险经办机构之间的社会保险行政争议，如何化解和预防这类行政争议的发生，最大限度地维护各方当事人的合法权益，已日显重要。

一、社会保险行政争议的概述

社会保险行政争议是指人力资源社会保障行政部门及社会保险经办机构在依照法律、法规及有关规定经办社会保险事务过程中，与公民、法人或者其他组织之间因实现社会保险权利和义务而产生分歧所引起的争议。

社会保险行政争议具有以下特点：

第一，当事人的多样性，有人力资源社会保障行政部门、社会保险经办机构、劳动者、用人单位、医疗服务机构等。

第二，社会保险行政争议发生在劳动关系存续期间或劳动关系终止之后，以及社会保险事务管理关系之中。

第三，社会保险行政争议的内容与当事人的法定社会保险权利和义务相关。

以社会保险的险种为标准划分，社会保险行政争议主要有以下几种：(1) 养老保险争议；(2) 医疗保险争议；(3) 失业保险争议；(4) 工伤保险争议；(5) 生育保险争议。

二、社会保险行政争议处理原则

社会保险行政争议处理原则，是指社会保险经办机构和劳动保障行政部门在处理有关社会保险行政争议时应遵循的原则。主要包括以下内容：

（一）合法性原则

合法性原则是指社会保险经办机构和劳动保障行政部门在处理有关社会保险行政争议时，其管辖权限应当有合法的依据，审查的程序和审查的内容也应有合法的依据。

（二）公开性原则

公开性原则是指社会保险经办机构和劳动保障行政部门在处理有关社会保险行政争议，对争议事项和行政复议请求审查时，都应当公开地进行，审理中的有关文书和材料，对行政复议双方当事人都应该公开，不得有所隐瞒。

（三）公正性原则

公正性原则是指社会保险经办机构和劳动保障行政部门在处理社会保险行政争议时，必须依法、公开地进行审查，不能偏袒本部门或者下属机关。

（四）及时性原则

及时性原则是指社会保险经办机构和劳动保障行政部门在处理有关社会保险行政争议时，必须按照《行政复议法》和《社会保险行政争议处理办法》规定的审理期限及时作出审查决定和行政复议决定，不得拖延不办，或者久拖不决。

（五）便民的原则

便民的原则是指社会保险经办机构和劳动保障行政部门在处理有关社会保险行政争议时，应当对申请人提出行政复议申请提供必要的便利。不得以各种手段和方法，阻碍和干扰申请人提起行政复议申请的权利，也不得采取其他方式，增加申请人提起行政复议申请的经济负担。

三、社会保险行政争议的受案范围

社会保险行政争议的受案范围是指允许公民、法人或者其他组织申请社会保险争议复查和申请社会保险行政复议的事项范围。

根据《行政复议法》《社会保险行政争议处理办法》的规定，公民、法人或其他组织可以提出申请复查或申请行政复议的主要包括以下几项：

1. 认为经办机构未依法为其办理社会保险登记、变更和注销手续的；

2. 认为经办机构未按规定审核社会保险缴费基数的；

3. 认为经办机构未按规定记录社会保险费缴费情况或者拒绝其查询缴费记录的；

4. 认为经办机构违法收取费用或者违法要求履行义务的；

5. 对经办机构核定其社会保险待遇标准有异议的；

6. 认为经办机构不依法支付其社会保险待遇或对经办机构停止其享受社会保险待遇有异议的；

7. 认为经办机构未依法为其调整社会保险待遇的；

8. 认为经办机构未依法为其办理社会保险关系转移或者接续手续的；

9. 对劳动保障行政部门认定工伤的具体行政行为不服的；

10. 认为劳动保障行政部门或者经办机构的其他具体行政行为侵犯其合法权益的。

属于第（二）、（五）、（六）、（七）项情形之一的，公民、法人或者其他组织可以直接向劳动保障行政部门申请行政复议，也可以先向作出该具体行政行为的社会保险经办机构申请复查，对复查决定不服，再向劳动保障行政部门申请行政复议。

四、社会保险行政争议处理机构和处理方式

社会保险行政争议处理机构是指依照《社会保险行政争议处理办法》具体负责社会保险行政争议处理工作的机构。社会保险经办机构和人力资源社会保障部门的法制工作机构或者负责法制工作的机构为本单位的社会保险行政争议处理机构。

社会保险经办机构和人力资源社会保障行政部门分别采用复查和行政复议的方式处理社会保险行政争议。劳动者、用人单位、医疗服务机构等管理相对人与社会保险经办机构因缴费标准或者社会保险待遇方面的争议，可以先向社会保险经办机构申请复查，对复查结论不服，再向人力资源社会保障行政部门申请复议，当然这类争议也可以直接向管理该社会保险经办机构的人力资源社会保障行政部门申请复议。管理相对人与人力资源社会保障行政部门之间的社会保险行政争议，可以向作出该具体行政行为的人力资源社会保障行政部门的上一级人力资源社会保障行政部门申请复议，对复议决定不服，再向人民法院提起行政诉讼；也可以依法直接向人民法院提起行政诉讼。

五、社会保险行政争议案件管辖

社会保险行政争议案件管辖，是指社会保险行政争议处理机构受理社会保险行政争议案件的权限和分工。社会保险行政争议案件管辖分为复查管辖、行政复议管辖和诉讼管辖三种形式。

（一）复查管辖

复查管辖是指申请人对社会保险经办机构作出的具体行政行为不服申请复查的，由作出该具体行政行为的经办机构管辖。

（二）行政复议管辖

行政复议管辖是指申请人对经办机构作出的具体行政行为不服申请行政复议的，由直接管理该经办机构的人力资源社会保障行政部门管辖。申请人对人力资源社会保障行政部门作出的具体行政行为不服申请行政复议的，由上一级人力资源社会保障行政部门或者同级人民政府管辖。

（三）诉讼管辖

诉讼管辖是指申请人与社会保险经办机构之间发生的行政争议属于人民法院受案范围的，依照《行政诉讼法》的规定，由有管辖权的人民法院受理。

六、社会保险行政争议复查申请

社会保险行政争议复查申请，是指公民、法人和其他组织认为社会保险经办机构的具体行政行为侵犯其合法权益，而以自己的名义向社会保险经办机构就争议事项申请再次查实的行为。申请人向作出该具体行政行为的社会保险经办机构申请复查的，该经办机构应指定其内部专门机构负责处理，并应当自接到复查申请之日起20日内作出维持或改变该具体行政行为的复查决定。决定改变的，应当作出书面复查决定，重新作出新的具体行政行为。

申请人对社会保险经办机构的复查决定不服，或者经办机构逾期未作出复查决定的，申请人可以向直接管理该社会保险经办机构的人力资源社会保障行政部门申请行政复议。申请人在经办机构复查该具体行政行为期间，向人力资源社会保障行政部门申请行政复议的，经办机构的复查程序终止。经办机构复查期间，行政复议的申请期限中止，复查期限不计入行政复议申请期限。

复查不是处理社会保险行政争议的必经程序，公民、法人或者其他组织对经办机构的具体行政行为不服，可以依法直接申请行政复议或者行政诉讼。

七、社会保险行政复议申请

社会保险行政复议申请，是指公民、法人和其他组织认为社会保险经办机构或劳动保障行政机关的具体行政行为侵犯其合法权益，而以自己的名义提起行政复议的行为。

(一) 社会保险行政复议申请期限

申请社会保险行政复议的期限分为一般期限和特殊期限两种。一般期限，是指行政复议申请人认为社会保险经办机构的具体行政行为侵犯其合法权益的，可以自知道该具体行政行为之日起 60 日内向劳动保障行政部门申请行政复议。申请人超过法定 60 日期限提出行政复议申请的，劳动保障行政机关不予受理。特殊期限，是指对于社会保险经办机构在作出具体行政行为时，没有告知申请人有权申请行政复议或者行政复议申请期限的，行政复议申请期限从申请人知道行政复议权或者行政复议申请之日起算，但最长不得超过两年。因不可抗力或者其他正当理由耽误法定申请期限的，申请期限自障碍消除之日起继续计算，被耽误的期限不计入申请期限内。

(二) 社会保险行政复议审查程序

1. 审查方式

在人力资源社会保障行政部门收到公民、法人或者其他组织提出的社会保险行政复议申请后，应当在 5 日内进行审查。人力资源社会保障行政部门一般采取书面审查方式，必要时，可以向有关单位和个人调查了解情况，听取申请人、被申请人和有关人员的意见，并制作笔录。

2. 审查内容

社会保险行政复议审查的内容包括以下几项：

第一，复议申请的事项是否属于能够提起行政复议的范围，即是否属于《社会保险行政争议处理办法》第 6 条规定的申请人可以提起行政复议的受案范围。

第二，有无明确的被申请人，即作出具体行政行为的社会保险经办机构或劳动保障行政部门是哪一个、哪一级，复议申请人应当明确提出。

第三，是否具备行政复议申请人的资格。即只有认为社会保险经办机构或劳动保障行政部门的具体行政行为侵犯了自己的合法权益的公民、法人或者其他组织，才具备社会保险行政复议申请人的资格。

第四，有无明确的复议请求和事实根据。明确的复议请求是指申请人对被申请的具体行政行为是要求撤销还是改变原具体行政行为，其理由是什么，申请人应当明确提出。

第五，是否超过申请期限。社会保险行政争议处理办法规定，公民、法人或者其他组织申请社会保险行政复议的期限为自知道该具体行政行为之日起 60 日内提出，如果超过 60 日，该行政行为的相对人就丧失了提出行政复议申请的资格。

第六，是否已向人民法院提起诉讼。按照《行政复议法》的规定，公民、法人或者其他组织向人民法院提起行政诉讼，人民法院已经依法受理的，不得申请行政复议。据此，劳动保障行政部门在审查时，如果发现行政复议申请人已经就同一事由向人民法院提起行政诉讼，人民法院也已经受理立案的，劳动保障行政部门应当决定不予受理。

3. 审查后的处理

人力资源社会保障行政部门依法对行政复议申请人的申请审查后，应视具体情况作出以下处理：

第一，对符合法定受理条件的，但不属于本行政机关受理范围的，应当告知申请人向有关机关提出。

第二，对不符合法定受理条件的，应当作出不予受理决定，并制作行政复议不予受理决定书，送达申请人。该决定书中应当说明不予受理的理由。

除前款规定外，行政复议申请自人力资源社会保障行政部门收到之日起即为受理，并制作行政复议受理通知书，送达申请人和被申请人。通知书中应当告知受理日期。

（三）社会保险行政复议决定

社会保险行政复议决定，是指人力资源社会保障行政部门受理公民、法人或者其他组织提出的社会保险行政复议申请后，对具体行政行为审查后作出的书面决定。行政复议决定书应当包括以下主要内容：

1. 申请人的姓名、性别、年龄、工作单位、住址（法人或者其他组织的名称、地址，法定代表人的姓名、职务）；

2. 被申请人的名称、地址，法定代表人的姓名、职务；

3. 申请人的复议请求和理由；

4. 被申请人的答辩意见；

5. 认定的事实、理由，适用的法律、法规、规章和依法制定的其他规范性文件；

6. 复议结论；

7. 申请人不服复议决定向人民法院起诉的期限；

8. 作出复议决定的具体日期。

社会保险行政复议决定书应加盖本行政机关的印章。

第三节　人力资源社会保障行政诉讼

一、行政诉讼概述

行政诉讼是指公民、法人或者其他组织认为行政机关和行政机关工作人员的具体行政行为侵犯其合法权益，依照行政诉讼法和其他法律、法规向人民法院提起诉讼，人民法院在案件当事人的其他诉讼参与人参加之下，审理和解决行政争议的一种诉讼活动。

我国行政诉讼法是调整人民法院和行政诉讼参加人在诉讼过程中形成诉讼关系的法律规范的总和。行政诉讼与其他诉讼相比，有以下主要特征：

1. 行政诉讼是人民法院按照司法程序审理和解决行政争议的司法活动。目的是通过审查行政机关的具体行政行为是否合法，维护公民、法人和其他组织的合法权益。

2. 行政诉讼审理的案件是行政案件，即公民、法人或者其他组织不服行政机关的具体行政行为向人民法院起诉的案件，行政诉讼的当事人必须有一方是作出具体行政行为的行政机关或法律、法规授权的组织。

3. 行政诉讼当事人的诉权不同。作出具体行政行为的行政机关不能提起行政诉讼，是恒定的被告，行政机关的相对人，包括公民、法人或者其他组织不能成为被告。

4. 行政诉讼只有经过行政管理相对人一方起诉，人民法院才能受理。

5. 行政诉讼的提起一般需要有先行条件，即需要有行政机关的行政处理决定或者行政复议决定。

6. 行政诉讼中被告负有主要举证责任。

二、行政诉讼的基本原则

行政诉讼的基本原则是宪法和法律规定的，体现行政诉讼的特点，对行政诉讼具有指导意义，在行政诉讼中必须遵守的原则。根据我国《行政诉讼法》的规定，行政诉讼的基本原则分为三类：

（一）我国法律规定的诉讼（包括刑事诉讼、民事诉讼和行政诉讼）所普遍适用的原则

这类原则包括：人民法院依法独立行使审判权的原则；以事实为根据，以法律为准绳的原则；对诉讼当事人在适用法律上一律平等的原则；保障诉讼参与人依法享有诉讼权利的原则；实行两审终审、公开审判、和议、回避等制度的原则；公民有权用本民族语言文字进行诉讼的原则；人民检察院对人民法院的审判活动实行法律监督的原则等。

（二）行政诉讼和民事诉讼共同适用的原则

这类原则有当事人诉讼权利平等原则、辩论原则等。

（三）行政诉讼所特有的原则

这类原则有：

1. 人民法院对具体行政行为只进行合法性审查原则，这一原则包含三方面的含义：一是只审查具体行政行为，不审查抽象行政行为；二是只审查具体行政行为是否符合法律、法规的规定；三是原则上不审查具体行政行为的适当性，只有在行政机关作出的行政处罚显失公正，人民法院才可以判决变更。

2. 诉讼期间不停止执行原则。这是维护行政机关依法行使职权以保证国家行政管理活动正常进行的需要。如果因诉讼而中断执行，则国家的行政管理可能出现混乱，于国于民不利。

3. 不调解的原则。此原则的具体含义是：人民法院审理行政案件，不适用调解，不得以调解方式结案。其原因在于行政机关的具体行政行为是一种执法行为，其权利为法律所赋予，不能自行处置。允许行政诉讼中存在调解，则会削弱法律、法规的严肃性，并妨碍行政机关依法行使职权。需要说明的一点是，行政损害赔偿诉讼，具有解决民事权利义务关系的性质，根据《行政诉讼法》第 67 条的规定，可以适用调解。

三、行政诉讼的具体受案范围

我国《行政诉讼法》采用概括规定加列举加排除条款相结合的方法，明确规定了我国行政诉讼的受案范围。包括人民法院受理行政案件范围的规定和人民法院不予受理的事项两大部分。根据《行政诉讼法》的规定，人民法院受理行政案件范围包括以下两大类：

（一）侵犯人身权、财产权的行政案件

这类行政案件是指公民、法人或者其他组织认为行政机关和行政机关的工作人员的具体行政行为侵犯其人身权、财产权，依法向人民法院提起行政诉讼的案件。根据《行政诉讼法》规定，侵犯人身权、财产权的行政案件有下列8个方面：

1. 对行政处罚决定不服的行政案件

这类案件是指行政管理相对人对行政机关的行政处罚不服，认为行政处罚侵犯了自己的人身权、财产权而依法起诉的行政案件。行政处罚是特定的国家行政机关，依法对违反行政法律规范，不履行法定义务，但尚不够刑事处分的行政管理相对人给予的一种制裁。凡属于行政处罚的案件，都可依法提起行政诉讼。

2. 对行政强制措施不服的行政案件

这类案件是行政管理相对人不服行政机关的行政强制措施，认为行政强制措施侵犯其人身权、财产权而依法提起诉讼的行政案件。行政强制措施是行政机关为达到行政管理的目的，对特定的人或物采取一定的强制手段。不论是限制人身自由的行政强制措施还是对财产的行政强制措施，都直接影响着行政管理相对人的人身权、财产权。行政诉讼法将不服行政强制措施，特别是不服限制人身自由的行政强制措施的行政案件确定在受案范围之中，无疑会有利于保护公民、法人和其他组织的合法权益，也有利于加强对行政机关的监督。

3. 认为侵犯法律规定的经营自主权的行政案件

这类案件是指行政管理相对人对行政机关干涉、限制甚至是剥夺其法律规定的经营自主权的具体行政行为不服而提起诉讼的行政案件。这类案件是受案范围中侵犯财产权的行政案件。

4. 认为符合法定条件申请颁发许可证和执照，行政机关拒绝或者拖延颁发或者不予答复的案件

行政机关拒绝颁发许可证和执照而引起的行政案件，主要是行政管理相对人不服行政机关的驳回申请不予发证的决定而起诉；行政机关不予答复而引起的行政案件，是相对人认为行政机关对自己的申请，既不同意也不拒绝，而是故意拖延或不予理睬侵犯了自己的合法权益而起诉。《行政诉讼法》把这类行政案件确定在受案范围之中，有利于加强对行政许可行为的法律监督。

5. 申请行政机关履行保护人身权、财产权的法定职责，行政机关拒绝履行或不予答复的行政案件

保护公民、法人和其他组织人身权、财产权不受非法侵犯是行政机关的法定职责。当公民、法人或者其他组织的人身权、财产权受到非法侵害时，行政机关应当依职权主动保护或根据申请而予以保护，否则就是不履行法定职责的违法。《行政诉讼法》把这类行政案件确定在受案范围之内，有利于促使行政机关及其工作人员增强责任感，认真履行法定职责，有利于进一步保障公民、法人和其他组织的人身权、财产权。

6. 认为行政机关没有依法发放抚恤金的行政案件

这类案件是指依法应当得到一定数额的抚恤金的相对人，对有关负责发放抚恤金的行政机关不发放或者少发放不服而提起诉讼的行政案件。抚恤金是指军人、国家机关工作人员、参战民兵、民工等因工牺牲或者伤残和军人病故，法律、法规规定由民政部门或者其他行政部门对死者家属或伤残者发给的费用。依法得到抚恤金是因工伤残人员和因工牺牲人员家属的权利，负责发放抚恤金的行政机关不依法发放抚恤金，是对有关公民权利的侵害，受侵害的相对人可以依照《行政诉讼法》的规定提起诉讼。将这类案件确定在受案范围中，有利于充分保护享有得到抚恤金权利的公民的合法权益。

7. 认为行政机关违法要求履行义务的行政案件

这类行政案件是行政管理相对人对行政机关不按法律、法规规定的程序要求自己履行义务或者要求履行法律、法规规定之外的义务不服，而提起诉讼的行政案件。将这类案件确定在受案范围之内，有利于有效地制止社会上存在的乱摊派、乱收费、非法征税等违法要求履行义务的现象，有利于保护行政管理相对人的合法权益。

8. 认为行政机关侵犯其他人身权、财产权的案件

这类案件是指除上述 7 类行政案件所涉及的人身权、财产权以外的人身权、财产权受到行政机关具体行政行为侵犯，行政管理相对人依法提起诉讼的行政案件。下列几种情况均属于认为行政机关侵犯其他人身权、财产权的案件：

（1）公民、法人或者其他组织对行政机关就赔偿问题所作的裁决不服，而提起行政诉讼的案件；

（2）公民、法人或者其他组织对行政机关依照职权作出的强制性补偿决定不服，而提起行政诉讼的案件；

（3）公民、法人或者其他组织对人民政府或其主管部门有关土地、矿产、森林等资源的所有权或者使用权归属的处理决定不服，而提起行政诉讼的案件；

（4）公民、法人或者其他组织对人民政府或房地产行政主管部门关于房屋产权争议的确权决定不服而提起诉讼的案件。

（二）侵犯人身权、财产权以外的其他权利的行政案件

根据宪法的规定，公民的基本权利除了人身权、财产权以外，还有游行、示威、集会、结社、言论、出版等自由的权利，有选举权和被选举权，有劳动和受教育的权利等，《行政诉讼法》第 11 条第 2 款规定，除前款规定外，人民法院受理法律、法规规定可以提起诉讼的其他行政案件。所谓其他行政案件，就是侵犯上述人身权、财产权以外的权利的行政案件。这些案件是否属于行政诉讼受案范围，关键要看法律、法规规定，法律、法规规定可以提起诉讼的就属于受案范围，法律、法规没有规定的，暂时不属于受案范围。随着行政诉讼制度的发展，可以在单行法律、法规中规定人民法院可以受理但《行政诉讼法》没有涉及的行政案件，以进一步扩大行政诉讼的受案范围。

四、不可诉的行政行为

不可诉的行政行为是指公民、法人或者其他组织认为行政机关的具体行政行为侵犯其合法权益，而向人民法院提起诉讼，人民法院经审查后不予受理，这些行政机关的行政行为称不可诉的行政行为。根据《行政诉讼法》的规定，人民法院不予受理的行政案件主要有以下几种：

（一）控告行政机关所为的国家行为的事项

国家行为是特定国家机关对涉及国与国之间的关系、国家的安全及其他国家重大问题，根据宪法和法律的授权，以国家的名义作出的，并由国家承担法律后果的行为。它分为两类：一类是国防行为，另一类是外交行为。此外，一些涉及国家公共利益的重大行为，如戒严等，也属于国家行为。国家行为是国家主权或国家统治力量的体现，有关公民、法人或者其他组织不能

对国家行为提起诉讼，法院也没有审判权。在我国，国家行为由全国人大及其常务委员会监督，如果国家行为确有不当，可以通过全国人大及其常务委员会予以纠正。

(二) 控告行政机关抽象行政行为的事项

抽象行政行为是指国家行政机关并非针对特定人或具体事进行处理，而是制定具有普遍约束力的规范性文件的行为。根据我国法律规定，对此类抽象行政行为的监督，主要是通过权力机关的上下级之间、行政机关的上下级之间、权力机关对行政机关的监督来实现，未授权人民法院对抽象行政行为进行审查，因此，抽象行政行为不可诉。

(三) 控告行政机关内部行政行为的事项

内部行政行为是行政机关对本系统、本机关的人事、财务、工作、生活等方面的管理行为，作用于与行政机关有隶属关系的行政机关工作人员。我国《行政诉讼法》规定，对行政机关奖惩、任免工作人员等内部行政行为不服而起诉的，人民法院不予受理。将内部行政行为排除在受案范围之外，主要考虑内部行政行为不影响行政机关外部的公民、法人和其他组织的合法权益，另外也限于我国行政审判的承受力。目前，对内部行政行为主要由上级行政机关、人事部门或者监察部门进行监督。行政机关工作人员对行政机关的奖惩、任免决定不服，可以向上述有管辖权的机关提出申诉。

(四) 法律规定由行政机关最终裁决的案件

由行政机关最终裁决的具体行政行为，是行政机关依据法律特别授权而作出的。这样的行为具有法律效力，公民、法人或者其他组织必须服从，人民法院无权进行审查。这里的法律仅指全国人大及其常委会通过立法程序通过、颁布的法律，不包括行政法规和地方法规。由行政机关作最终裁决的案件主要是一些涉及出入境管理和一些知识产权方面的裁定，此类案件通过行政复议来解决，不具有可诉性。

五、行政诉讼的管辖

行政诉讼中的管辖，是指各级人民法院或者不同地区的同级人民法院，在受案范围内，受理第一审行政案件的权限分工。根据《行政诉讼法》的规定，行政案件的管辖包括：级别管辖、地域管辖、移送管辖、指定管辖和转移管辖。

（一）级别管辖

级别管辖，是指按照行政案件的性质、影响范围、繁简程度来划分不同级别人民法院之间审理第一审行政案件的分工和权限。我国人民法院分为四级，即基层人民法院、中级人民法院、高级人民法院和最高人民法院。这四级法院都可以审理第一审行政案件。级别管辖就是要确定哪些第一审行政案件由基层人民法院审理，哪些第一审行政案件由中级人民法院审理，高级人民法院和最高人民法院审理什么样的第一审行政案件。

划分级别管辖的标准，主要是看行政案件的性质、影响范围及繁简程度。

第一，行政案件的性质。不同性质的行政案件由不同级别的人民法院管辖。如普通行政案件由基层人民法院管辖，确认发明专利权的案件和海关处理的案件由中级人民法院管辖。

第二，行政案件的影响范围及繁简程度。这一标准也可以概括为行政案件的重大复杂程度。最高人民法院、高级人民法院管辖的第一审行政案件及中级人民法院管辖的部分第一审行政案件都是以这个标准来确定的。

1. 基层人民法院管辖的第一审行政案件

我国基层人民法院是法院体系的基层单位，它们分布广泛、数量众多，行政案件一般应由基层人民法院作为第一审法院受理。这样既便于当事人诉讼，也便于人民法院办案。因此，除法律另有规定的以外，一切第一审行政案件均由基层人民法院管辖。具体地讲，即除法律规定应由中级人民法院、高级人民法院、最高人民法院管辖的第一审行政案件外，其余一切第一审行政案件都由基层人民法院管辖。《行政诉讼法》第13条规定，“基层人民法院管辖第一审行政案件”，正是用排除的方法概括地确定了基层人民法院管辖的第一审行政案件。

2. 中级人民法院管辖的第一审行政案件

中级人民法院主要是审理基层人民法院审结后的上诉行政案件，并对下属的基层人民法院的审判工作进行监督和指导。同时根据《行政诉讼法》的有关规定，中级人民法院管辖以下三种第一审行政案件：

（1）确认发明专利权的案件、海关处理的案件

根据有关法律的规定确认发明专利权的案件。主要指：第一，关于应否授予发明专利权纠纷的案件；第二，宣告授予发明专利权无效或者维持授予发明专利权的纠纷案件；第三，实施强制许可的纠纷案件；第四，对实施强

制许可使用费用的裁决不服的纠纷案件。这些行政案件都是以国家专利局为被告，同时，确认发明专利权需要具备较高的科学技术和设备，因此，法律规定由中级人民法院作为第一审法院管辖。

海关处理的案件，根据法律规定，主要指公民、法人或其他组织对海关的处罚或其他行政处理不服而起诉的行政案件。由于海关处理的案件涉及海关业务，范围广泛，内容复杂；对一些物品进行检查往往需要专门技术和设备；进出口货物、物品涉及我国对外经济贸易和国际技术交往等，因此，法律规定由中级人民法院作为第一审人民法院管辖。

（2）对国务院各部门或者省、自治区、直辖市人民政府所作的具体行政行为提起诉讼的案件

这类行政案件，是以国务院各部门，省、自治区、直辖市人民政府为被告的案件。引起这些行政案件的具体行政行为一般是由国务院各部门，省、自治区、直辖市人民政府作出或批准的吊销许可证，责令停产停业，不核发许可证、不予注册登记、不批准开办企业等行政处罚或行政处理决定。这些行政案件，由于涉及的行政机关级别较高，分别是国务院部、委、局、署等国务院的组成部分和省、自治区、直辖市人民政府等地方最高行政机关；同时，案件处理往往涉及较强的政策性和较高的专业技术。因此，法律规定由中级人民法院作为第一审人民法院管辖。

（3）本辖区内重大、复杂的案件

这类行政案件，主要是相对于基层人民法院管辖的一般行政案件（或称普通行政案件）而言的，即在中级人民法院所管辖的地域范围内发生的涉及多人、多事、多单位或涉及较强专业性，或涉及法律适用方面，法律规定不明确、存在较大争论等的行政案件。是否属于重大复杂由中级人民法院来认定，在司法实践中应当具体案件具体分析。

3. 高级人民法院管辖的第一审行政案件

高级人民法院，主要审理不服中级人民法院第一审裁判的上诉案件，对下属基层人民法院和中级人民法院的审判工作进行监督和指导。同时，根据《行政诉讼法》规定，管辖本辖区内重大、复杂的第一审行政案件。重大复杂的行政案件，主要指案情重大、复杂，涉及面广。这样的行政案件，不论发生在哪个基层人民法院或者中级人民法院辖区内，只要高级人民法院认为该案在本省、自治区、直辖市内重大、复杂，就可以作为一审法院管辖。

4. 最高人民法院管辖的第一审行政案件

最高人民法院是国家的最高审判机关，它负责指导和监督全国地方各级

人民法院和专门法院的审判工作，并对审判过程中如何具体适用法律问题进行解释。同时审理不服高级人民法院第一审的上诉行政案件。因此，最高人民法院一般不受理第一审行政案件。根据《行政诉讼法》的规定：“最高人民法院管辖全国范围内重大、复杂的第一审行政案件。”

（二）地域管辖

地域管辖，又称土地管辖或区域管辖，是指按照人民法院的管辖区域和最初作出具体行政行为的行政机关所在地、当事人所在地及诉讼标的所在地的关系来确定行政案件的管辖。根据《行政诉讼法》的规定，地域管辖可以概括为：一般地域管辖、专属管辖、共同管辖三种。

1. 一般地域管辖，又称普通地域管辖，是指按照最初作出具体行政行为的行政机关所在地确定行政案件的管辖。行政诉讼一般地域管辖有以下三种情况：一是依法不经过复议而直接起诉的行政案件，由作出具体行政行为的行政机关所在地法院管辖；二是经过复议，复议机关维持原具体行政行为的行政案件，由最初作出具体行政行为的行政机关所在地法院管辖；三是经过复议，复议机关改变（包括撤销和变更）原具体行政行为的行政案件，由最初作出具体行政行为的行政机关所在地法院管辖，也可以由复议机关所在地法院管辖。

一般情况下，最初作出具体行政行为的行政机关所在地，既是具体行政行为的所在地，也是原告违反行政管理法规或不履行法定义务的违法行为的发生地，也是行政争议的发生地，同时，还是原告所在地。因此，《行政诉讼法》把一般地域管辖规定为由最初作出具体行政行为的行政机关所在地法院管辖，既便于当事人诉讼，又便于人民法院调查，收集和核实证据，迅速查明案情，及时正确地审理行政案件，便于人民法院对行政案件判决和裁定的执行。

2. 专属管辖，是指法律规定某些案件必须由特定的人民法院管辖。对于属于专属管辖的案件，其他任何法院都没有管辖权。专属管辖具有专属性和排他性。根据《行政诉讼法》的规定，行政诉讼专属管辖，就是指因不动产提起的行政诉讼，由不动产所在地人民法院管辖，《行政诉讼法》将因不动产而提起的行政诉讼规定由不动产所在地人民法院专属管辖，便于人民法院调查、勘验，正确及时审理案件，便于人民法院的判决、裁定的执行。

3. 共同管辖，是指两个以上人民法院，依照法律规定对同一个行政案件都有管辖权，根据《行政诉讼法》的有关规定，行政诉讼共同管辖有以下几种情况：

（1）经过复议，复议机关改变原具体行政行为的行政案件，最初作出具体行政行为的行政机关所在地人民法院和复议机关所在地人民法院都有管辖权。

（2）对限制人身自由的行政强制措施不服而起诉的行政案件，原告所在地的人民法院和被告所在地的人民法院都有管辖权。对于两个以上人民法院都有管辖权的案件，原告可以选择其中一个人民法院提起诉讼，原告向两个以上有管辖权的人民法院提起诉讼的，由最先收到起诉状的人民法院管辖。这一规定明确了共同管辖的行政案件最终管辖法院。

（三）移送管辖、指定管辖和移转管辖

根据《行政诉讼法》的规定，行政诉讼管辖还包括移送管辖、指定管辖和移转管辖。

1. 移送管辖

移送管辖，是指人民法院受理行政案件后，经审查发现不属于自己管辖而移送有管辖权的人民法院。《行政诉讼法》第 21 条规定：“人民法院发现受理的案件不属于自己管辖时，应当移送有管辖权的人民法院，受移送的人民法院不得自行移送。”移送管辖必须具备以下几个条件：

（1）移送案件的人民法院已对移送案件立案审理。只有当人民法院受理案件后，才涉及将案件进行移送，如果案件尚未立案受理，便发现无管辖权，则涉及不到移送案件，直接告知原告向有管辖权的人民法院起诉即可。

（2）移送的人民法院对案件没有管辖权。根据《行政诉讼法》第 41 条的规定，属于受诉人民法院管辖是提起行政诉讼的法定条件之一．也就是说人民法院对自己有管辖权的案件才能行使审判权，对没有管辖权而受理的案件应当移送有管辖权的人民法院。如果人民法院有管辖权并受理了行政案件，就不能再用移送管辖将案件推给其他人民法院。

（3）受移送的人民法院需对移送案件有管辖权。受理行政案件而无管辖权的人民法院在进行移送管辖时，应当以受移送的人民法院有管辖权为前提。但是，如果移送法院和受移送的法院发生分歧，亦即受移送的法院认为自己对移送案件没有管辖权时，根据法律规定，它不能将移送案件退回移送的法院，也不能自行移送，只能由受移送的人民法院提出意见，报请与移送法院共同的上级人民法院，由双方共同上级人民法院指定管辖。

2. 指定管辖

指定管辖是指上级人民法院依法指定自己所属的某一下级人民法院，对具体行政案件进行管辖。根据《行政诉讼法》第 22 条的规定，指定管辖适用于下面两种情况：

（1）由于特殊原因有管辖权的人民法院不能行使管辖权。特殊原因，主要包括事实原因和法律原因。事实原因，又称为客观原因，或称不可抗力，指严重的水灾、地震、意外事故等。法律原因是指有管辖权的人民法院因审判人员依法回避，不能组成合议庭。如果有管辖权的人民法院遇到上述的特殊情况，就无法行使管辖权来审理行政案件，这需要上级人民法院指定其他人民法院管辖。

（2）两个以上的人民法院对某一行政案件的管辖权发生争议，而又协商不成。出现此类情况由争议各方人民法院的共同上级人民法院指定下属人民法院管辖。

3. 移转管辖

移转管辖是指由上级人民法院决定或者同意将行政案件的管辖权由上级人民法院移交给下级人民法院，或者由下级人民法院移交给上级人民法院。转移管辖又称管辖权的转移。根据《行政诉讼法》的规定，移转管辖有以下三种情况：

（1）上级人民法院决定的移转管辖。根据《行政诉讼法》的规定，上级人民法院有权审判下级人民法院管辖的第一审行政案件，也可以把自己管辖的第一审行政案件移交给下级人民法院审判。

（2）下级人民法院报请上级人民法院同意的移转管辖。这样的移转管辖是，下级人民法院对于一些疑难的或特殊的行政案件受理后，认为需要由上级人民法院审判而报请上级人民法院同意，将案件的管辖权移到上级人民法院。这样的移转必须征得上级人民法院的同意，如果上级人民法院不同意，则仍由该下级人民法院管辖。

（3）指定管辖中的移转管辖。这种情况是指有管辖权的人民法院由于特殊原因不能行使管辖权，由上级法院指定另一人民法院管辖。

六、行政诉讼参加人

行政诉讼参加人是指依法参加行政诉讼活动，享有诉讼权利，承担诉讼义务的人，它包括诉讼当事人（原告、被告、第三人）和诉讼代理人。此外，《行政诉讼法》还涉及了“诉讼参与人”这一概念，诉讼参与人就是指参与诉讼的人，包括诉讼参加人及鉴定人、勘验人、翻译人员等。

（一）原告

行政诉讼原告是指认为行政机关的具体行政行为侵犯其合法权益，以自己的名义向法院起诉，请求人民法院保护其合法权益，从而使行政诉讼成立的公民、法人或者其他组织。根据这一概念，能够成为行政诉讼原告应具备以下几个条件：

第一，必须有一个具体行政行为的存在，通过具体行政行为使行政机关与公民、法人或其他组织之间形成一种行政法律关系；

第二，能够成为原告的公民、法人或其他组织，必须是行政法律关系的一方主体，是直接承担具体行政行为的法律后果的行政管理相对人；

第三，原告必须是认为自己的合法权益受到具体行政行为侵害的相对人，可以是公民、法人或其他组织。

只有具备了上述条件的人才有资格成为行政诉讼原告，有权依照《行政诉讼法》的规定提起行政诉讼。

根据《行政诉讼法》的规定，行政诉讼的原告包括公民、法人和其他组织三类。

1. 公民。公民主要是指具有中华人民共和国国籍的自然人。在我国进行行政诉讼的外国人、无国籍人，同中华人民共和国公民享有同等的诉讼权利和诉讼义务。如果有权提起诉讼的公民死亡，其近亲属可以提起诉讼。所谓近亲属是指死者的配偶、父母、子女、兄弟姐妹、祖父母、外祖父母、孙子女、外孙子女。

2. 法人。法人作为行政管理相对人时，亦具有原告资格，当受到具体行政行为侵害时可以提起诉讼。法人包括企业法人和机关、团体和事业单位法人，这其中也包括国家行政机关。当行政机关以行政管理相对人的身份作为行政法律关系一方主体时，即具有原告资格，受到侵犯即可依法提起行政诉讼。

3. 其他组织。主要指非法人团体。《行政诉讼法》规定，有权提起诉讼的法人或者其他组织终止，承受其权利的法人或者其他组织可以提起诉讼。主要是指当法人或其他组织依法撤销、解散、宣告破产以后，它所享有的提起诉讼的权利由承受其权利的新法人、新组织或其他承受其权利的法人、组织继续行使诉权提起行政诉讼。

（二）被告

行政诉讼被告是指在行政法律关系中与原告处于相对地位，被原告起诉其具体行政行为侵犯合法权益，而由人民法院通知应诉的行政机关。根据这一概念，作为被告应当具备以下条件：第一，被告必须是行政机关，而且是在行政法律关系中与原告处于相对地位的行政机关；第二，行政机关必须作出了具体行政行为；第三，原告认为行政机关所作的这个具体行政行为侵犯了其合法权益。

根据《行政诉讼法》的规定，行政机关作为被告，有以下六种情况：

1. 公民、法人或者其他组织直接向人民法院起诉的，作出具体行政行为的行政机关是被告。这里的“直接”指未经行政复议，依法径行起诉的情况。

2. 依法须经复议的案件，被告则依复议结果而定。凡是复议机关决定维持原具体行政行为的，作出原具体行政行为的机关是被告；复议机关改变原具体行政行为的，复议机关是被告。

3. 两个以上行政机关作出同一具体行政行为的，共同作出具体行政行为的行政机关是共同被告。

4. 由法律、法规授权的组织所作出的具体行政行为，该组织是被告。法律、法规授权是指在法律、法规中明确规定了某组织行使某项行政管理职能，否则不能理解为法律、法规的授权。

5. 由行政机关委托的组织所做的具体行政行为，委托的行政机关是被告。这里所说的委托必须是书面的、正式的委托，口头委托不能成立。

6. 行政机关被撤销的，继续行使其职权的行政机关是被告。如果没有继续行使被撤销的行政机关的职权的机关，那么作出撤销决定的行政机关或者其指定的行政机关是被告。

此外，依据有关司法解释，还存在以下情况：复议机关不复议的，作出原具体行政行为的行政机关是被告。非行政机关与行政机关共同作出处理决定的，非行政机关不能作为被告。对行政机关的派出机构作出的具体行政行为不服的，由该行政机关而不是其派出机构为被告，但法律、法规对派出机构有授权的除外。

（三）第三人

行政诉讼第三人是指同原、被告争议的具体行政行为有利害关系，根据申请或者人民法院通知而参加诉讼的公民、法人或其他组织。

根据有关司法解释，行政诉讼第三人表现形式有以下几种：

1. 权利被侵害人向人民法院起诉后，被诉的具体行政行为直接指向的被处罚人和权利申请人可以作为第三人。

2. 行政机关就同一违法事实处罚了两个以上共同违法的人，其中一部分人对处罚决定不服，向人民法院起诉的，人民法院发现没有起诉的其他被处罚人与被诉具体行政行为有法律上的利害关系，应当通知他作为第三人参加诉讼。

3. 不服行政机关对平等主体之间的赔偿裁决案件中，赔偿方或受偿方一方起诉，未起诉的一方可以作为第三人参加诉讼。

4. 有关确权行政案件中，对某项权利有争议的行政管理相对人中的一方不服确权决定向人民法院起诉的，另一方可以作为第三人参加诉讼。

5. 行政机关单方面作出裁决，直接设定管理相对人之间的民事法律关系，相对人中一方不服裁决而起诉的，另一方则可成为诉讼第三人。

6. 两个以上的公民、法人或者其他组织向行政机关申请颁发执照或许可证，行政机关对于他们的共同申请不予答复或拒绝颁发，其中部分申请人向人民法院起诉，另一部分未起诉，那么未起诉的申请人可作为第三人参加诉讼。

7. 同原告受处罚的行为有批准关系的另一行政机关可作第三人参加诉讼。

8. 行政机关与非行政机关共同署名作出具体行政行为，管理相对人不服而向人民法院起诉，虽然非行政机关不能作为被告，但作为被告的行政机关如果败诉并需承担赔偿责任的，非行政机关在行政赔偿诉讼中可作为第三人参加诉讼。

第三人参加诉讼的方式，一是自己申请，要作为第三人参加诉讼，经人民法院同意后可参加到诉讼中来。二是人民法院通知参加诉讼。人民法院在审理行政案件过程中，认为某公民、法人或其他组织与该诉讼争议的具体行政行为有利害关系，应通知其作为第三人参加诉讼，以保护其合法权益。

行政诉讼中设立第三人参加诉讼的制度，有很重要的意义：可以减少行政案件的发生。第三人都是与诉讼争议的具体行政行为有利害关系的人，设立第三人参加诉讼的制度，可以防止某些与正在诉讼中的具体行政行为有牵连的行政案件的发生。有利于帮助人民法院查明事实，保证办案质量。有利于保护第三人的合法权益。

(四) 诉讼代理人

诉讼代理人是指在行政诉讼中根据法律的规定，经法院指定或受当事人委托，以当事人的名义，在一定权限范围内代理当事人进行诉讼的人。被代理的一方当事人，称为被代理人。代理人进行诉讼活动的权限，称为诉讼代理权。

1. 诉讼代理人的法律特征

(1) 诉讼代理人必须以被代理人的名义进行诉讼。诉讼代理人只是代理被代理人进行诉讼活动，代理人并不承担诉讼产生的法律后果。因此，诉讼代理人所实施的一切诉讼行为，都必须以被代理人名义进行，并对被代理人发生法律效力。

(2) 诉讼代理人只能代理行政诉讼一方当事人，不能同时代表双方当事人。诉讼代理人代理当事人诉讼的目的是维护被代理人的合法权益，而行政诉讼当事人双方的利益是相对的。因此，诉讼代理人在同一诉讼中只能代理一方当事人进行诉讼。

(3) 诉讼代理人是维护被代理人利益的诉讼参加人。诉讼代理人与诉讼没有直接的利害关系，其代理诉讼行为所产生的法律后果，直接由被代理人承担。如果是为维护自己的利益参加诉讼，就是原告、被告、共同诉讼人或诉讼第三人，而不是诉讼代理人。

2. 诉讼代理人的种类

根据《行政诉讼法》的规定和代理权发生的原因，行政诉讼代理人可分为法定代理人、指定代理人和委托代理人三种。

(1) 法定代理人。法定代理人是根据法律的直接规定，基于亲权或者监护权的存在代理无诉讼行为能力的当事人进行诉讼的人。包括被代理人的父母、养父母、配偶、成年子女、享有监护权的监护人和负有保护责任的机关和团体的代表。无诉讼行为能力人包括未成年人、精神病人和限制行为能力人。

有的无诉讼行为能力的公民有两个以上的法定代理人，在需要他们为无诉讼行为能力的公民代理诉讼时，如互相推诿，不主动承担法定代理的义务，《行政诉讼法》规定，由人民法院指定其中一人代为诉讼。

(2) 指定代理人。指定代理人是指被人民法院指定，代理无诉讼行为能力而又没有法定代理人或者法定代理人不能行使代理权的当事人进行诉讼的人。在实践中适用指定代理人的主要情况有：①诉讼中法定代理人死亡，又没有其他法定代理人代理诉讼，而且该诉讼又不能中止；②诉讼进行中，当事人丧失了诉讼行为能力，该当事人没有法定代理人或者虽然有法定代理人，但不能行使代理权，而且诉讼又不能中止的。

（3）委托代理人。委托代理人是指受当事人、法定代表人、法定代理人的委托，代为进行诉讼活动的人。根据《行政诉讼法》第29条的规定，委托代理的人数限两人。委托他人代为诉讼，必须向人民法院提交由委托人签名或盖章的授权委托书。

委托代理人和其他代理人相比有如下特征：（1）委托代理人的代理权基于当事人、法定代理人的委托而产生；（2）委托代理权代理的事项和权限一般由委托人决定；（3）当事人、法定代理人委托他人代为诉讼必须向人民法院提交授权委托书。

为了保证当事人、法定代理人行使委托他人代为诉讼的权利，我国《行政诉讼法》对委托代理人的范围规定得相当广泛。可以被委托为诉讼代理人的主要包括有：原告的近亲属、律师、社会团体，原告所在单位推荐的人，以及经人民法院许可的其他公民。其中近亲属指当事人的配偶、父母、子女、同胞兄弟姐妹、祖父母、外祖父母、孙子女、外孙子女。社会团体作为委托代理人，或者由当事人所在单位推荐的人作为委托代理人，是我国代理制度所特有的，同时也是行政诉讼制度所必要的。

关于律师担任委托代理人的诉讼权利，《行政诉讼法》第30条规定：代理诉讼的律师，可以依照规定查阅本案有关的材料，可以向有关组织和公民调查，收集证据。对涉及国家机密和个人隐私的材料，应当依照规定保密。与之不同的是，当事人和其他诉讼代理人只有经人民法院许可后方能查阅案件的庭审材料，但涉及国家秘密和个人隐私的除外。

七、证据

行政诉讼中的证据，是当事人用来证明其诉讼请求的依据，也是人民法院用来查明案件的真实情况并作出判断的主要手段和依据。因此，行政诉讼证据同民事诉讼法和刑事诉讼法中的证据一样，是正确处理每一个行政案件的基础和前提。

（一）证据的种类

为了便于审判人员在司法实践中收集和运用证据，根据行政诉讼证据的来源性质、形成方式、表现形式、作用及其特点，从不同的方面和角度对证据加以分类是十分必要的。根据《行政诉讼法》第 31 条的规定，行政诉讼中的证据共分为以下 7 种：

1. 书证。指用文字、符号、图画等书面材料的内容、含义来证明行政案件真实情况的证据。

2. 物证。是指能够证明行政案件事实的物品及其痕迹。它是以自己存在的形态、质量、规格、特征等来证明行政法律关系及其正确与否。

3. 视听材料。指用录像或录音磁带反映出来的图像和音响，或者用电子计算机存储的资料来证明行政案件真实情况的证据。

4. 证人证言。由于了解案件的情况，应人民法院的询问或者传唤到庭作证的人，称为证人。证人就其所了解的案件事实向人民法院所做的陈述，称为证人证言。

5. 当事人的陈述。是指在行政诉讼中，当事人就争议的事项向人民法院所作的关于案件事实和理由的叙述或者承认。

6. 鉴定结论。指鉴定人运用专业知识对行政案件中的专门性问题进行分析鉴定后所作的书面结论。

7. 勘验笔录、现场笔录。行政诉讼中的勘验笔录是指行政机关的工作人员或者人民法院的审判人员，对与争议有关的现场或物品进行勘验所作的记录。现场笔录是指行政机关工作人员在现场当场实施行政处罚或者其他处理决定时所作的现场情况的笔录。

上述 7 种证据，只有经庭审查证属实，才能作为定案的根据。查证以前只能作为证据材料。在证据可能灭失或以后难以取得的情况下，根据《行政诉讼法》第 36 条的规定，诉讼参加人可以向人民法院申请证据保全，人民法院也可主动采取保全措施。

（二）举证责任

举证责任是指法律上规定的诉讼当事人，对应当确认的案件事实有责任提出证据加以证明。如果不能提供证据，则可能要承担败诉的结果。举证责任实质上是指法院即使难以查明全部案件事实，也能判断胜诉和败诉的审判规则。

根据《行政诉讼法》第 32 条规定，行政诉讼中作为被告的行政机关承担举证责任。这是行政诉讼不同于民事诉讼中的“谁主张，谁举证”的证据制度原则的特点。其原因在于，行政机关作出具体行政行为时应当有事实和法律依据，这才符合依法行政的原则。因此，当行政机关作为被告接受司法监督时，应有充足的证据证明自己作出的具体行政行为合法，否则，就是非法行政，应承担败诉的后果。正因上述原因，《行政诉讼法》第33条规定，在诉讼过程中，被告不得自行向原告和证人收集证据。这是对行政机关收集证据的限制规定。根据有关司法解释，在诉讼过程中，作为被告诉讼代理人的律师，同样不得自行向原告和证人收集证据。

《行政诉讼法》规定由被告一方负举证责任，并非否认原告一方向人民法院提供证据的权利和人民法院收集证据的权力。原告一方有权向人民法院提交有关证据，要求传唤证人或要求调取证据材料，以证实行政机关有违法或不当的行为。人民法院作为国家审判机关，有权要求当事人提供或补充证据，也有权向有关的行政机关及其其他组织、公民调取证据。

八、行政诉讼程序

（一）起诉

行政诉讼中的起诉是指公民、法人或者其他组织认为行政机关及其工作人员的具体行政行为侵犯其合法权益，以自己的名义，依照法定的条件和程序，请求人民法院通过审判给予保护的诉讼行为。

1. 起诉的条件

根据《行政诉讼法》的规定，行政诉讼的提起应具备以下几个条件：（1）起诉人合法，即原告是认为具体行政行为侵犯其合法权益的公民、法人或者其他组织；（2）有明确的被告，即被告必须是特定的行政机关，或者由法律、法规授权的组织；（3）有具体的诉讼请求和事实根据；（4）属于人民法院受案范围和受诉人民法院管辖。

2. 行政诉讼的起诉的法定程序

根据《行政诉讼法》的规定，符合起诉的法定程序以是否需要经过复议为标准。行政诉讼的提起是否需要复议，主要有以下三种情况：

（1）直接起诉。公民、法人或者其他组织，对行政机关给予的行政处理决定不服的，不必经上一级行政机关复议，可以直接向人民法院起诉。

（2）复议前置诉讼。有些法律、法规规定，公民、法人或者其他组织对行政机关的行政处理决定不服的，要先向上一级行政机关申请复议，对复议不服的再向人民法院起诉。即必须经过复议，否则，不符合起诉的程序，人民法院不予受理。

（3）选择起诉。这种情况又可以分为两种情况：一是公民、法人或者其他组织不服行政机关处理决定的，既可以向上一级行政机关申请复议，也可以直接向人民法院起诉。就是说，适用哪一种程序，由原告选择，如果向上一级行政机关申请复议，其复议后的裁决为终局裁决，当事人不服则不能再向人民法院起诉；如不申请复议，则可直接向人民法院起诉。二是有些法律、法规规定，公民、法人或者其他组织对行政机关处理决定不服的，可以向作出处理决定的行政机关或上级行政机关申请复议，对复议决定仍不服的，才能向人民法院起诉；也可以不经过复议程序直接向人民法院起诉。

3. 行政诉讼的起诉期限

行政诉讼的起诉期限包括经过复议的起诉期限和不经过复议的起诉期限两种。《行政诉讼法》对经过复议的行政案件起诉期限规定，行政复议申请人不服复议决定的，可以在收到复议决定书之日起 15 日内向人民法院提起诉讼。复议机关逾期不作规定的，申请人可以在复议期满之日起 15 日内向人民法院提起诉讼。不经复议的行政案件起诉期限是，申请人应当在知道或者应当知道行政机关作出具体行为之日起 3 个月内向人民法院起诉。

《行政诉讼法》规定：公民、法人或者其他组织因不可抗力或者其他特殊情况耽误法定期限的，在障碍消除后 10 日内，可以申请延长期限，由人民法院决定。起诉期限的延长应具备下列条件：一是享有起诉权的人在起诉期限内没能行使起诉权；二是没能行使起诉权是由于不可抗力或其他特殊情况所致；三是要在不可抗力或者其他特殊情况消除后 10 日内提出延长起诉期限申请；四是是否准许延长起诉期限由人民法院决定。

人民法院经审查，认为申请延长期限的理由符合法律规定的，应当作出延长期限的决定；否则，则应作出驳回申请的决定，延长期限的长短一般不应超过障碍发生而耽误的期限。

（二）起诉的审查和受理

受理是指人民法院收到原告的起诉后，经过对起诉的审查，认为符合法律规定的起诉条件，决定立案进行审理的诉讼行为。《行政诉讼法》第 42 条规定：人民法院接到起诉状经审查，应当在 7 日内立案或者作出裁定不予受理。根据《行政诉讼法》的规定和司法实践，审查起诉主要从以下几个方面进行：

1. 应当依照《行政诉讼法》的规定审查原告的资格，审查有无明确的被告和被告是否是特定的行政机关或法律、法规授权的组织，有无具体的诉讼请求和事实根据，审查是否属于人民法院的受案和管辖范围。

2. 审查是否依照法定的程序提起的诉讼。

3. 审查原告提起诉讼是否超过了法定的起诉期限。

4. 审查起诉状的形式和内容是否符合要求。对于不符合要求的，应当告知原告如何书写起诉状，让其补充修改后再行起诉。

(三) 审理和判决

审理和判决合称审判，《行政诉讼法》规定，审判程序分为第一审程序、第二审程序和审判监督程序。

1. 第一审程序

第一审程序就是《行政诉讼法》所规定的审理第一审行政案件所适用的程序。主要包括：组成合议庭，或者由审判员、陪审员组成合议庭。合议庭的成员应当是三人以上的单数；向被告送达起诉状副本，并依法定期限让被告提出答辩状。《行政诉讼法》规定，人民法院应当在立案之日起 5 日内，将起诉状副本发送被告。被告应当在收到起诉状副本之日起 10 日内向人民法院提交作出具体行政行为的有关材料，并提出答辩状。人民法院应当在收到答辩状 5 日内，将答辩状副本发送原告。被告不提出答辩状的不影响人民法院的审理；人民法院在完成开庭审理前的准备工作之后，便进入案件的开庭审理阶段。庭审程序如下：①开庭审理前的准备；②庭审开始；③法庭调查；④法庭辩论；⑤合议庭评议和宣告判决。

人民法院对经审理的案件，根据不同情况，依据《行政诉讼法》的规定，应分别作出以下判决：

（1）判决维持具体行政行为。它是确认被诉具体行政行为合法的判决。人民法院受理行政案件后，经过法庭调查、法庭辩论等审理程序，认为具体行政行为证据确凿，适用法律、法规正确，符合法定程序的，维持判决。

（2）判决撤销。它是指人民法院对于违法或部分违法的具体行政行为，依法作出的取消或部分取消该具体行政行为，从而使其一部分或者全部失去法律效力的一种司法判定。对于主要证据不充足的，适用法律、法规错误的，违反法定程序的，超越职权的，滥用职权的具体行政行为，只要具备以上所述的情况之一的，人民法院就可以判决撤销或者部分撤销。超越职权是指行政主体在行政管理活动中，行使了法律、法规没有授予的行政权力，或者超越了法律、法规授予的权限。滥用职权是指行政主体作出的具体行政行为虽然在其自由裁量权限内，但违反了法律、法规的目的和原则，并且不合理。

（3）重新作出具体行政行为。它是判决撤销的一种补充。

(4) 判决被告履行法定职责。它是指被告不履行法定职责时，判决被告必须在一定期限内履行法定职责。它包括：符合法定条件申请被告行政机关颁发许可证和执照，被告行政机关拒绝颁发和不予答复的；申请被告行政机关履行保护人身权、财产权的法定职责，被告行政机关拒绝履行或不予答复的；被告行政机关没有依法发给抚恤金的；其他不履行法定职责的行为。

(5) 判决变更具体行政行为。它是指人民法院作出的判决改变了具体行政行为的处理结果。人民法院一般不能判决变更，只有在法定条件下才能行使。第一，这种变更权只有对行政处罚才能适用。即只有对拘留、罚款、吊销许可证和执照、责令停产停业、没收财产等行政处罚才能变更，对行政强制措施或者行政机关的其他违法具体行政行为，一律不适用；第二，这种变更权只有限制在行政处罚显失公正时才适用。所谓显失公正是指行政机关在法律、法规规定的范围和处罚幅度内，给予违法行为人的行政处罚与其过错极不相称或者极不公正。显失公正主要有如下表现形式：违法行为人过错与其应受到的处罚极不相称，即轻错重罚，重错轻罚；在同一案件中，给予同样责任人的处罚差距很大；在同一案件中，轻者重处，重者轻处。

2. 第二审程序

第二审程序，又称上诉审程序。是指行政诉讼当事人不服地方各级人民法院的第一审未生效的判决或者裁定，向上一级人民法院提起上诉，上一级人民法院根据事实和法律，对案件重新进行审理和判决的程序。人民法院审理上诉案件的形式有开庭审理和书面审理两种方式。人民法院对上诉案件认为事实清楚的，可以实行书面审理。

根据《行政诉讼法》的规定，人民法院在审理上诉案件时，应当在收到上诉状之日起两个月内作出终审判决。有特殊情况需要延长的，由高级人民法院批准；高级人民法院审理上诉案件需要延长的，由最高人民法院批准。

第二审人民法院对第一审的判决和裁定进行全面审理之后，可以根据《行政诉讼法》第61条的规定，分别情况，作出判决。

(1) 驳回上诉，维持原判。第二审人民法院认为第一审人民法院的判决认定事实清楚，适用法律、法规正确，对于原判决的正确性和合法性予以肯定，否定并驳回上诉人提出的上诉理由和请求，维持原判。

(2) 依法改判。改判是指第二审人民法院通过对上诉案件的审理，判决改变原审判决对被诉具体行政行为合法性的判定。根据《行政诉讼法》第61条规定，有两种情况可以改判：一种是原审判决认定事实清楚，但适用法律、法规错误；另一种是原审判决认定事实不清，证据不足，或者违反法定程序可能影响正确判决的，第二审人民法院直接查清事实后，也可以改判。

(3) 发回重审。原审判决认定事实不清，证据不足，或者由于违反法定程序可能影响案件正确判决的，第二审人民法院裁定撤销原判，发回原审人民法院重新审理。

第二审人民法院的裁判一经作出，即产生以下法律效力：①不得重新起诉。由于我国实行两审终审制，对于终审的裁判，当事人不得再行起诉。②不得再行上诉。第二审人民法院的判决或者裁定送达当事人后，便立即发生法律效力，当事人不能再提起上诉。如果认为第二审判决确有错误，只能提起申诉，但不能停止判决的执行。③具有执行力。对于具有给付内容的终审判决，发生法律效力后，当事人应自觉地履行判决所确定的义务，如果义务人无正当理由拒不履行，享有权利一方当事人有权请求人民法院强制执行。人民法院也可以依职权强制执行。

3. 审判监督程序

审判监督程序是指人民法院对已经发生法律效力的判决、裁定，发现有违反法律、法规的规定，进行再次审理的程序。审判监督程序又称为再审程序。

根据《行政诉讼法》的规定，上级人民法院对下级人民法院已经发生法律效力的判决、裁定，发现违反法律、法规规定的，有权提审或指令下级人民法院再审。人民检察院对人民法院已经发生法律效力的判决、裁定，发现违反法律、法规规定的，有权按照审判监督程序提出抗诉。

当事人对已经发生法律效力的判决、裁定，认为确有错误的，可以向原审人民法院或者上一级人民法院提出申诉，但判决、裁定不停止执行。当事人申诉，一般应提交书面申诉状，指明判决、裁定的错误，提出申诉的理由和事实根据。用书面申诉有困难的，可以口头申诉，由人民法院记入笔录。

依照审判监督程序进行再审的案件，应另行组成合议庭，原合议庭成员不得参加新组成的合议庭。同时，对于再审案件，人民法院必须作出裁定，中止原判决、裁定的执行，裁定由院长署名，加盖人民法院印章。对已经生效的判决、裁定发现违反法律、法规规定的，在未经再审程序审理之前不得撤销，因为只有经过再审后才能认定原判决、裁定是否确实违反了法律、法规的规定。

第四节　国家赔偿制度

一、国家赔偿的概念

国家赔偿是指国家机关及其工作人员因行使职权给公民、法人及其他组织的人身权或财产权造成损害，由国家承担赔偿责任的制度。

为了更加准确地把握国家赔偿制度的含义，我们从以下几个层面上去分析、把握这一概念。

（一）国家赔偿的主体是国家

国家赔偿虽是一个抽象概念，但同时也可以作为一个责任主体，这表现在：首先，国家赔偿是对受国家侵害的相对人所给予的赔偿。具体的赔偿义务由法定的赔偿义务机关负责，但赔偿义务机关是代表国家履行赔偿责任。其次，赔偿费用来源于国库，赔偿费用列入各级财政预算，由国家支出。

（二）国家赔偿是由国家机关和国家机关工作人员行使职权的行为引起的

国家机关及其工作人员作为一类特殊的法律主体，其行为具有多样性，在履行管理社会公共事务的职能时，其行为是代表国家作出的，属于行使职权的行为，这种性质的行为如果造成了公民、法人或者其他组织合法权益的损害，国家就应当承担损害的赔偿责任。如果国家机关及其工作人员以普通的民事主体的身份出现，进行民事交往，其行为便不具有行使职权的因素，属于民事行为，由这类行为造成的损害，则不能由国家来承担赔偿责任。

（三）国家赔偿以公民、法人或其他组织的合法权益受到实际损害为前提

有损害必有赔偿，无损害则无赔偿，这是法律的一般原则，国家赔偿制度也不例外。国家机关及其工作人员违法行使职权，造成损害，必须进行国家赔偿；没有造成损害，则国家不必承担侵权的赔偿责任。

（四）国家赔偿是一项为当事人提供法律救济的具体的法律制度

国家赔偿制度具有现实性和可操作性，无论是赔偿的主体、赔偿的范围，还是赔偿的程序和标准，都由法律明确设定，受害人可依法请求国家赔偿。

【阅读参考】

国家赔偿制度是当今世界上许多国家普遍建立的一项法律制度。它反映着一个国家对公民权利的保障尊重程度。

新中国成立以来，我国立法逐步建立了国家赔偿制度。《共同纲领》和1954年《宪法》都有过有关国家赔偿的规定。1982年《宪法》进一步确认了公民对国家侵权损害的赔偿权。在《宪法》之外的其他法律、法规中也对国家赔偿有一些规定，如《民法通则》等。

1994年5月12日，《中华人民共和国国家赔偿法》正式颁布，这部法律对我国国家赔偿的赔偿范围、赔偿方式、赔偿义务机关、赔偿程序等重要问题作了明确规定，使我国的国家赔偿制度有了较充分的法律依据。2010年4月29日，第十一届全国人民代表大会常务委员会第十四次会议通过了《全国人民代表大会常务委员会关于修改〈中华人民共和国国家赔偿法〉的决定》，对1994年颁布的《国家赔偿法》有关赔偿范围、赔偿程序、赔偿支付、赔偿项目、举证责任等方面的内容进行了修改完善，促进了这一法律制度的发展和完善。

二、国家赔偿的归责原则

《全国人民代表大会常务委员会关于修改〈中华人民共和国国家赔偿法〉的决定》已于2010年4月29日由第十一届全国人民代表大会常务委员会第十四次会议审议通过，并于2010年12月1日起施行。根据新的修改内容，国家赔偿在归责原则方面的重大变化体现在以下两个方面：

首先，取消了违法归责原则在《国家赔偿法》中的指导地位。具体为，《国家赔偿法》第2条内容由“国家机关和国家机关工作人员违法行使职权侵犯公民、法人和其他组织的合法权益造成损害的，受害人有依照本法取得国家赔偿的权利”修改为“国家机关和国家机关工作人员行使职权，有本法规定的侵犯公民、法人和其他组织合法权益的情形，造成损害的，受害人有依照本法取得国家赔偿的权利”。

其次，将行使赔偿部分“错误逮捕”修改为无罪羁押赔偿，即只要案件最终处理结果无罪，即给予赔偿，并不严格要求原来的逮捕违法，这进一步表明刑事赔偿中结果归责原则的确立。

根据上述变化，修改后的《国家赔偿法》同时采用了结果归责原则和违法归责原则两种体系，既加强对公民、法人和其他组织合法权益的保护，又有利于进一步促进国家机关及其工作人员规范执法的功能。从各归责原则的具体适用看，《国家赔偿法》第17条第一项、第四项、第五项，第18条第一项适用的是违法归责原则；《国家赔偿法》第17条第二项、第三项，第18条第二项适用的是结果归责原则。

三、行政赔偿的范围

（一）受害人可以请求国家赔偿的情形

《国家赔偿法》第3条具体规定了行政机关及其工作人员违法行使职权，侵犯公民人身权，受害人可以请求国家赔偿的五种情形。

1. 违法拘留或者违法采取限制公民人身自由的行政强制措施的

拘留是公安机关对违法者采取的限制或剥夺其人身自由的行政处罚。《治安管理处罚条例》对拘留作了明确的规定，公安机关必须依法执行。对因违法拘留给受害人造成的损害，受害人有权求得国家赔偿。依据法律、法规规定限制公民人身自由的行政强制措施，主要有劳动教养、海关的扣押、强制戒毒等。法律对这类行政强制措施实施的机关、条件、程序等都作了详细的规定。

2. 非法拘禁或者以其他方法非法剥夺公民人身自由的

非法拘禁是指除拘留和法定的其他行政强制措施以外，非法采取的其他限制公民人身自由的行为。为了使行政机关有效地维护社会公共秩序，我国法律规定了一些行政强制措施，主要有拘留、劳动教养等。除此之外，任何机关不得以任何理由对公民的人身自由加以剥夺、限制，否则，就构成非法拘禁或非法剥夺公民人身自由。

3. 以殴打、虐待等行为或者唆使、放纵他人以殴打、虐待等行为造成公民身体伤害或者死亡的

殴打、虐待行为往往表现为行为人肉体折磨方式和精神折磨方式交替使用，而非单纯一种折磨方法，该行为是行政活动中严重侵犯公民人身权利的违法行为，它往往造成受害人人格尊严的极大侮辱和身心健康的极大伤害。从本质上讲，殴打、虐待行为并不是职权行为，但是，当加害人是国家机关工作人员时，相对人难以及时判断加害人是以什么身份在实施上述行为，不敢进行自我防卫。因此，法律将这些行为纳入行政赔偿的范围。

4. 违法使用武器、警械造成公民身体伤害或者死亡的

我国规范武器、警械使用的法律、法规主要有《人民警察使用武器或警

械的规定》《治安管理处罚条例》等。公安机关和其他行政机关及其工作人员必须严格依照这些法律、法规的规定使用武器或警械，否则即构成违法使用武器和警械，对因此致使公民身体伤害或公民死亡的，国家必须承担赔偿责任。

5. 造成公民身体伤害或者死亡的其他违法行为

这是一项概括性的规定。意思是除以上列举的行政侵权行为之外，行政机关及其工作人员其他违法行使职权的行为造成了公民身体伤害或死亡的，受害者有权得到国家赔偿。由于《国家赔偿法》对赔偿范围的规定采取的是逐一列举的形式，这就难免产生疏漏。事实上，以上四种情况也不足以概括行政机关侵犯公民人身权的全部行为。因此，有必要采取概括的形式对以上四种情况加以必要补充。

(二) 受害人可以取得国家赔偿的情形

行政机关及其工作人员违法行使职权，侵犯财产权的，受害人有取得国家赔偿的权利。《国家赔偿法》规定的行政机关侵犯财产权，受害人可以取得国家赔偿的情形有以下四种：

1. 违法实施罚款、吊销许可证和执照、责令停产停业、没收财物等行政处罚的

实践中行政机关违法实施行政处罚的情况主要有：一是无行政处罚权的行政机关违法实施了行政处罚。特定的行政处罚权只有法定的行政机关，或法律、法规授权的组织，或享有该项处罚权的行政机关委托的组织或个人才能享有。例如《劳动法》第 94 条规定："用人单位非法招用未满 16 周岁的未成年人的，由劳动行政部门责令改正，处以罚款；情节严重的，由工商行政管理部门吊销营业执照。"根据这一规定，劳动部门对非法招用未满 16 周岁的未成年人的用人单位具有实施罚款的处罚权，工商部门享有"吊销营业执照"的处罚权。如果劳动部门实施了吊销营业执照的处罚或工商部门对用人单位处以了罚款都属于违法实施行政处罚，并应承担因此给用人单位造成的损害。二是处罚对象错误。行政处罚是行政机关针对违法的公民、法人或其他组织而采取的惩戒措施，如果错误地处罚了不该处罚的公民、法人或其他组织，行政机关应承担因此而给受害人造成损害的赔偿责任。三是处罚内容错误。包括认定事实错误和使用法律错误，受害者因此而遭受到损害时，有权取得国家赔偿。

2. 违法对财产采取查封、扣押、冻结等行政强制措施的

行政强制措施可以施于人身，也可以施于财产。财产强制主要有查封、扣押、冻结等。这些强制措施会严重影响到公民、法人或其他组织对财产的占有、使用、收益。因此行政机关实施这类强制措施时，应严格依法进行，对于查封、扣押的财产应妥善保管，否则，受害人便有权就行政机关违法实施强制措施而遭受的损害，取得国家赔偿。

3. 违反国家规定征收财物、摊派费用的

公民、法人或其他组织的合法财产受国家法律保护，任何组织或个人包括行政机关，不得随意占有、征用。行政机关向公民、法人或者其他组织征收的财物主要是税款和少量必要的管理费，而且这种征收行为必须由法定的机关，依据法定的标准和程序向法定的征收对象依法征收，否则，就是违法征收。行政机关违法摊派，给法人、公民或其他组织造成损害的，受害者有权得到国家赔偿。

4. 造成财产损害的其他违法行为

除《国家赔偿法》列举的以上三种情况外，国家还要对行政机关及其工作人员违法行使职权给公民、法人或其他组织造成损害的其他行为，负赔偿责任。

（三）国家不承担赔偿责任的情形

《国家赔偿法》在列举规定了受害人有权取得国家赔偿的几种情形的同时，也明确规定了国家不承担赔偿责任的几种情形。

1. 行政机关工作人员与行使职权无关的个人行为

行政机关工作人员与行使职权无关的个人行为，由于不能满足国家赔偿责任对行为要件的要求，构不成国家赔偿，因此，对此类行为引起的损害，国家不负赔偿责任。

2. 因公民、法人和其他组织自己的行为致使损害发生的

国家赔偿责任构成的一个重要要件是因果要件，就是说公民、法人和其他组织遭受的损害必须是行政机关或其他工作人员违法行使职权的行为引起的，两者之间客观上存在因果关系，没有这一因果关系的存在，不能构成国家赔偿。

3. 法律规定的其他情形

这种情形是指只要法律规定在某种情形下国家不承担赔偿责任，即可免除国家在此情形下的赔偿责任。值得注意的是，这里的法律应作狭义的理解，仅指全国人大及其常委会制定的法律，不应包括法规和规章。

四、行政赔偿请求和赔偿义务机关

（一）行政赔偿请求人

行政赔偿请求人是依法有权向国家请求国家赔偿的公民、法人或其他组织；也就是合法权益受到职权行为的侵犯，因此遭受损害，向有关国家机关请求赔偿的公民、法人或其他组织。《国家赔偿法》第 6 条规定："受害的公民、法人和其他组织有权要求赔偿。受害的公民死亡，其继承人和其他有扶养关系的亲属有权要求赔偿。受害的法人或者其他组织终止的，其权利承受人有权要求赔偿。"因此，我们说，行政赔偿的请求人有以下两个特点：一是赔偿请求人必须是自己的合法权益受到违法行政行为的侵犯，以自己的名义请求国家赔偿的公民、法人或其他组织。二是赔偿请求人只能是公民、法人或其他组织，这是由国家赔偿的性质决定的。不可能有其他类型的赔偿请求人，但是在法定的情形下，行政赔偿的请求人可以转移，转移的条件与情形由法律规定，转移的对象一般是与受害人有特定的身份关系、经济关系的公民、法人或其他组织。

（二）行政赔偿义务机关

行政赔偿义务机关是指代表国家处理赔偿请求、支付赔偿费用、参加赔偿诉讼的行政机关。

我国《国家赔偿法》在赔偿义务方面确立的是侵权机关与赔偿义务机关一致的原则，即谁违法行使职权造成公民、法人或者其他组织合法权益的损害，谁就是赔偿义务机关，谁就要代表国家具体履行对受害人的赔偿义务。这也生动地体现了这部法律的一个基本精神：谁侵权，谁赔偿。因此，《国家赔偿法》第 7 条规定："行政机关及其工作人员行使行政职权侵犯公民、法人和其他组织的合法权益造成损害的，该行政机关为赔偿义务机关。"同时，《国家赔偿法》也规定了其他的一些情形。

1. 两个以上行政机关共同行使行政职权时侵犯公民、法人和其他组织的合法权益造成损害的，共同行使行政职权的行政机关为共同赔偿义务机关。

2. 法律、法规授权的组织在行使授予的行政权力时侵犯公民、法人和其他组织的合法权益造成损害的，被授权的组织为赔偿义务机关。

3. 受行政机关委托的组织或者个人在行使受委托的行政权力时侵犯公民、法人和其他组织的合法权益造成损害的，委托的行政机关为赔偿义务机关。

4. 赔偿义务机关被撤销的，继续行使其职权的行政机关为赔偿义务机关；没有继续行使其职权的行政机关的，撤销该赔偿义务机关的行政机关为赔偿义务机关。

5. 经复议机关复议的，最初造成侵权行为的行政机关为赔偿义务机关，但复议机关的复议决定加重损害的，复议机关对加重的部分履行赔偿义务。

五、行政赔偿程序

法律赋予受害的公民、法人或其他组织取得国家赔偿的权利，但是这一权利是通过什么方法、以什么步骤来实现的，这就是赔偿程序所应规范的内容。

(一) 行政赔偿申请

赔偿请求的提出是整个赔偿程序的开始。行政赔偿请求人请求行政赔偿时，首先应递交申请书。根据《国家赔偿法》的规定，申请书应载明的事项有：

1. 受害人的姓名、性别、年龄、工作单位和住所，法人或者其他组织的名称、住所和法定代表人或者主要负责人的姓名、职务。

2. 具体的要求、事实根据和理由。

3. 申请的年、月、日。申请书可以委托他人代写，也可以口头申请，由赔偿义务机关笔录。

根据《国家赔偿法》第9条的规定，赔偿请求人提起行政赔偿申请有两种方式：一种是单独提起赔偿请求，另一种是附带提起赔偿请求。遇到两个或两个以上行政机关作为共同赔偿义务机关时，赔偿请求可以向其中的任何一个提出。

(二) 行政先行程序

行政先行程序是指赔偿请求人先向有关的赔偿义务机关提出赔偿请求，赔偿义务机关与受害人就有关赔偿的范围、方式、数额等事项进行平等、自愿的协商，从而解决赔偿争议的一种程序制度。根据我国《国家赔偿法》第9条的规定，赔偿请求权人单独提出赔偿请求，必须经过先行处理程序，即先行处理程序是行政赔偿诉讼程序的前置条件。这一规定的例外是，受害人就行政机关的侵权行为不仅要求国家赔偿而且提出了行政复议或者行政诉讼时，受害者的赔偿请求可以随行政复议或行政诉讼的请求一起提交复议机关或人民法院，由它们对赔偿请求和复议请求或行政诉讼一并处理。

行政机关在接到请求人的申请后，应对请求人据以提出赔偿请求的行使职权的行为，进行认真的审查。行为确实属于《国家赔偿法》所规定的赔偿范围之内时，赔偿义务机关就应当与赔偿请求人一起，在平等自愿的基础上进行协商，就赔偿的具体方式、赔偿的数额达成协议，妥善处理赔偿问题。

请求人请求行政赔偿，赔偿义务机关应及时处理。我国《国家赔偿法》规定的行政机关处理行政赔偿的期限为 2 个月，自收到赔偿申请之日起算。如果赔偿义务机关超过法定期限不予赔偿或请求人对赔偿数额有异议时，请求人可以自上述 2 个月期间届满之日起 3 个月内向人民法院起诉。

（三）行政赔偿的诉讼程序

行政赔偿诉讼程序，是指赔偿请求人向人民法院提出行政赔偿诉讼，由人民法院对赔偿范围、方式、数额等事项进行审理并裁判，从而解决行政赔偿争议的一种程序制度。

行政赔偿诉讼可分为两种，一种是行政诉讼附带行政赔偿诉讼，另一种是独立的国家赔偿诉讼。前一种情况发生在请求人受到行政机关违法行使职权行为的侵犯后，向人民法院提起行政诉讼时，一并提出了行政赔偿的要求的情形下；或者是在请求人就行政赔偿请求与行政复议请求一并向复议机关提出，申请人对复议机关的复议决定不服后，又向人民法院起诉的情况下。必须说明的是，行政诉讼附带赔偿诉讼时，一并提出的行政诉讼和行政赔偿诉讼依据的必须是同一个侵权事实。后一种行政赔偿诉讼，即独立的国家赔偿诉讼只有在请求人向赔偿义务机关提出赔偿请求，而赔偿义务机关逾期不予赔偿或请求人对赔偿数额有异议后，才可在法定期限内向人民法院提起。

六、行政赔偿的追偿与追惩制度

追偿在这里是指赔偿义务机关在向行政侵权的受害人支付赔偿金以后，依法责令有故意或重大过失的工作人员或受委托的组织或个人承担部分或全部赔偿费用的制度。我国《国家赔偿法》对追偿问题作了这样的规定："赔偿义务机关赔偿损失后，应当责令有故意或者重大过失的工作人员或者受委托的组织或者个人承担部分或者全部赔偿费用。"

（一）追偿权人和被追偿人

根据《国家赔偿法》的规定，享有追偿权的主体是赔偿义务机关，赔偿义务机关是追偿权人。被追偿人一般来说是具体实施了违法行政行为并给公民、法人或者其他组织造成损害者。具体来说主要包括：（1）对违法行使职权有故意或重大过失的行政机关工作人员；（2）有故意或重大过失的受委托的组织或个人。

（二）追偿的条件

根据我国《国家赔偿法》的规定，追偿必须具备以下条件：

首先，赔偿义务机关在对受害者履行义务赔偿了损失后，才有权追偿。如果赔偿义务机关未曾向受害的公民、法人或其他组织支付赔偿费用，其追偿便没有行使的前提和基础。

其次，只有在违法行使职权的行政机关工作人员或受委托的组织或个人有故意或重大过失时，追偿才能发生。不论是故意或重大过失，都表明造成损害结果发生的人员未尽职务应有的注意，有严重的过错，这种过错是在执行职务时绝对不该有的。因此，我国《国家赔偿法》将国家赔偿制度的追偿建立在故意或重大过失的基础上。

（三）追偿的数额限制

根据我国《国家赔偿法》的规定，追偿的数额是赔偿义务机关赔偿数额的一部分或全部。在行政赔偿案件处理过程中，赔偿义务机关支出的办案经费、诉讼费用等不应列入追偿范围之列。在确定具体的追偿数额时，一般要考虑如下几点：第一，主观过错程度。一般来说，故意比过失的主观性大，故意中直接故意又比间接故意的主观性大，主观性大、过错严重的，追偿的数额应当大一些。过错程度较轻的，则应承担较小的责任。第二，造成损害的大小。一般来说，给受害者造成的损害越大，追偿的数额也就越大。第三，工作人员的承受能力。工作人员承担追偿费用的来源是其工资收入，因而在确定追偿时，一定要考虑工作人员的承受能力，保障其在维护正常生活的前提下，负担合理的追偿数额。

除追偿制度以外，《国家赔偿法》还规定对违法行使职权的工作人员的追惩制度。《国家赔偿法》第 14 条第 2 款规定：“对有故意或者重大过失的责任人员，有关机关应当依法给予行政处分，构成犯罪的，应当依法追究刑事责任。”追偿制度的对象，是故意或者重大过失的责任人员。追偿制度的内容主要有两项：一是行政处分，这是有行政机关对其有故意或重大过失的工作人员作出的降级、降职、撤职等职务的惩戒制裁；二是追究刑事责任，这是由人民法院对有故意或重大过失，情节严重已构成犯罪的工作人员给予的刑事制裁。

七、赔偿方式

赔偿方式是指国家以什么形式或者通过什么方法承担赔偿责任。《国家赔偿法》第25条规定：“国家赔偿以支付赔偿金为主要方式。能够返还财产或者恢复原状的，予以返还财产或者恢复原状。”根据这一规定，我国国家赔偿的方式主要是支付赔偿金，即以金钱赔偿为基本方式，并附之以返还财产或恢复原状。

金钱赔偿是为世界各国国家赔偿所广泛采用的赔偿方式，也是世界各国国家赔偿中最主要的承担责任的方式。在各国的国家赔偿实践中，这一方式至少显示了如下的优点：首先，可以保证国家机关在履行赔偿义务的同时，有足够的时间和精力进行日常的行政管理工作。国家机关在履行赔偿义务时，不应贻误公务，不应影响其日常行政管理工作的进行。这就决定了国家赔偿应采取简便、快捷的方式，以免占用过多的时间、牵扯过多的精力。其次，金钱赔偿适用于任何形式的损害，不论是物质的、精神的损害还是人身的、财产的损害都可以通过金钱支付的方式得以补偿，加之其具有方便、快捷、便于操作的优点，能够保证受害者尽快得到损害赔偿。对及时赔偿受害者，保障受害者尽快实现其获得国家赔偿的权利也非常有益。

返还财产一般适用于原物虽还存在，但被他人非法占有的情况。作为国家赔偿方式中的一种，它主要适用于侵犯财产权的情况，如违法实施罚款、没收财物、违法追缴、错误判处罚金、没收财产以及违反国家规定征收财物、摊派费用等。另外，适用返还财产的前提是原财产还存在，如果原物已经灭失，就不能适用返还财产，而适用金钱赔偿。

恢复原状一般适用于非法损坏他人的财物的情况。赔偿义务机关在履行赔偿义务时，如果应返还的财产发生损坏，应当恢复原状；不能恢复原状的，应赔偿当事人损失。实施财产强制措施，对查封、扣押、冻结、追缴的财产未妥善保管，在强制措施解除后，发现财产损坏的，也应恢复原状或赔偿损失。

八、国家赔偿的计算标准

国家赔偿费用的计算标准，在《国家赔偿法》中是将侵犯人身权和侵犯财产权分别加以规定的，其中侵犯人身权又分为侵犯公民人身自由和侵犯公民生命健康两种情况。

（一）侵犯人身自由的赔偿计算标准

《国家赔偿法》第33条规定："侵犯公民人身自由的，每日赔偿金按照国家上年度职工日平均工资计算。"根据这一规定，对侵犯公民人身自由的损害赔偿，具体标准是按日支付赔偿金，每日的赔偿金按照国家上年度职工日平均工资计算，即公民应得到的赔偿金等于该公民因错拘、错捕、错判等而被限制了人身自由的天数乘以上年度职工日平均工资。

（二）侵犯公民生命健康权的赔偿计算标准

对国家机关因违法行使职权侵犯公民生命健康权而引发的国家赔偿，按以下不同情况所规定的计算标准进行计算：

1. 造成身体伤害的，应当支付医疗费、护理费，以及赔偿因误工减少的收入。减少的收入每日的赔偿金按照国家上年度职工日平均工资计算，最高额为国家上年度职工年平均工资的5倍。

2. 造成公民部分或者全部丧失劳动能力的，应当支付医疗费、护理费、残疾生活辅助具费、康复费等因残疾而增加的必要支出和继续治疗所必需的费用，以及残疾赔偿金。残疾赔偿金根据丧失劳动能力的程度确定，按照国家规定的伤残等级确定，最高不超过国家上年度职工年平均工资的20倍。造成全部丧失劳动能力的，对其抚养的无劳动能力的人，还应当支付生活费。

3. 造成死亡的，应当支付丧葬费和死亡赔偿金，总额为国家年度职工平均工资的20倍。对死者生前抚养的无劳动能力的人，还应当支付生活费。

（三）侵犯公民人身权造成精神损害的赔偿标准

致人精神损害的，应当在侵权行为影响的范围内，为受害人消除影响、恢复名誉、赔礼道歉；造成严重后果的，应当支付相应的精神损害抚慰金。

（四）侵犯公民、法人和其他组织的财产权造成损害的赔偿标准

1. 处罚款、罚金、追缴、没收财产或者违法征收、征用财物的，返还财

产。应当返还的财产损害的，能够恢复原状的应恢复原状，不能恢复原状的，按照损害程度给付相应的赔偿金。应当返还的财产灭失的，应给付相应的赔偿金。

2. 查封、扣押、冻结财产的，解除对财产的查封、扣押、冻结，造成财产损坏时，能够恢复原状的应恢复原状；不能恢复原状的，按照损害程度给予相应的赔偿。造成被查封、扣押、冻结财产灭失的，应给付相应的赔偿金。

3. 财产已经拍卖或者变卖的，给付拍卖或者变卖所得的价款；变卖的价款明显低于财产价值的，应当支付相应的赔偿金。

4. 吊销许可证和执照、责令停产停业的，赔偿停产停业期间必要的经常性经费开支。必要的经常性费用开支是指公民、法人或者其他组织在停产、停业期间用于维持生存的基本开支，如水费、电费、仓储保管费、职工的基本工资等费用。

5. 返还执行的罚款或者罚金、追缴或者没收的金钱，解除冻结的存款或者汇款的，应当支付银行同期存款利息。

6. 对财产造成其他损害的，按照直接损失给予赔偿。直接损失是指现有财产或利益的损失，与直接损失相对应的间接损失指的是未来可得利益的损失。按照《国家赔偿法》的规定，我国侵犯财产权的国家赔偿范围是直接损失，间接损失一般不予赔偿。

赔偿费用的来源直接反映着国家赔偿的性质。赔偿费用的来源是否有保证直接关系到国家赔偿制度是否能够真正确立，关系到公民、法人及其他组织请求国家赔偿的权利是否能够实现。《国家赔偿法》规定："赔偿费用列入各级财政预算。赔偿请求人凭生效的判决书、复议决定书、赔偿决定书或者调解书，向赔偿义务机关申请支付赔偿金。赔偿义务机关应当自收到支付赔偿金申请之日起 7 日内，依照预算管理权限向有关的财政部门提出支付申请。财政部门应当自收到支付申请之日起 15 日内支付赔偿金。赔偿费用预算与支付管理的具体办法由国务院规定。"

思考题

1. 什么是行政复议？其原则是什么？
2. 行政复议决定的结构有哪些？
3. 综述社会保险行政争议的复查。
4. 行政诉讼的受案范围有哪些？

5. 行政诉讼的举证责任原则是什么？
6. 行政诉讼的基本程序有哪些？
7. 什么是国家赔偿？其归责原则是什么？
8. 行政赔偿的程序是什么？

第七章

人力资源和社会保障依法行政

本章导读

依法行政是我国社会政治经济发展的必然结果，是依法治国的核心和关键。国务院《全面推进依法行政实施纲要》确立了建设法治政府的目标，明确了全面推荐依法行政的具体要求和工作任务，是建设法治政府的纲领性文件。

执法评议和执法责任制是全面推进依法行政的重要制度，对于建设法治政府、规范和监督行政执法活动、提高行政执法水平具有重要意义。

本章通过对依法行政、执法评议和执法责任制的概念、地位作用的介绍，以及对《全面推进依法行政实施纲要》的全面解读，帮助读者理解依法行政的内涵，把握依法行政、执法评议和执法责任制的基本要求，提高依法行政能力。

第一节　依法行政概述

一、依法行政基本概念及意义

（一）依法行政的概念

依法行政是指行政机关根据法律法规的规定取得、行使行政权力，并对行政行为的后果承担相应的责任。

依法行政有以下三点基本要求：

1. 行政主体合法

行政主体必须是依法设立的并具备相应的资格条件。这项内容包括行政机关和其他行政组织必须符合法律规定的主体地位、资格和组织条件。如果进行行政活动的主体不是依法成立的或者不具备行政主体资格，其行为不具有法律效力。

2. 行政权的取得和行使合法

具体包括：一是行政权的取得必须有法律依据。行政机关的权力不是固有的，而是来源于人民，是由人民代表大会及其常务委员会制定的法律赋予的。二是行政权的行使必须符合法律法规的规定。这包括行政活动必须有法律法规的依据，否则不得作出影响公民权利的行为；行政主体必须在法定的权限范围内活动，不得超越职权和滥用职权；行政主体不仅要遵守约束性的法律规定，而且要积极采取措施保证法律的实施；行政行为不仅要符合实体性规定，还要符合程序性规定。

3. 行使行政权要承担相应的责任

我国宪法规定，任何组织或者个人都不得有超越宪法和法律的特权。行政机关在行使行政权的时候，同时意味着要承担相应的责任，做到权责统一。具体包括：一是行政主体的职权与职责统一；二是行为主体与责任主体相一致；三是责任与违法相对应，违法必须受追究；四是基于行政主体的地位和公务的要求，公务员还要承担道义上的责任，遵守公务员的纪律要求和行为规范。

（二）依法行政的基本原则

依法行政的基本原则，是贯穿在依法行政全过程之中，指导和规范行政立法、行政执法和行政司法的基础性行政法律规范。具体内容如下：

1. 法律保留原则

法律保留原则是指凡涉及公民、法人、其他组织重大权益的事项，尤其是限制或剥夺公民、法人、其他组织人身权、财产权的事项，只能由代议机关制定法律作出规定。或者只能由法律明确授权的特定规范作出规定。《立法法》第 8 条规定，下列事项只能制定法律：（1）国家主权的事项；（2）各级人民代表大会、人民政府、人民法院和人民检察院的产生、组织和职权；（3）民族区域自治制度、特别行政区制度、基层群众自治制度；（4）犯罪和刑罚；（5）对公民政治权利的剥夺、限制人身自由的强制措施和处罚；（6）对非国有财产的征收；（7）民事基本制度；（8）基本经济制度以及财政、税收、海关、金融和外贸的基本制度；（9）诉讼和仲裁制度；（10）必须由全国人民代表大会及其常务委员会制定法律的基本事项。第 9 条规定：“本法第八条规定的事项尚未制定法律的，全国人民代表大会及其常务委员会有权作出决定，授权国务院可以根据实际需要，对其中的部分事项先制定行政法规，但是有关犯罪和刑罚、对公民政治权利的剥夺和限制人身自由的强制措施和处罚、司法制度等事项除外。”

2. 法律优先原则

广义上的法律优先是指行政活动必须受法律的约束，不得与法律相违背和冲突。行政从属于法律，法律具有优先地位。狭义上的法律优先主要是指代议机关制定的法律高于其他任何法律规范，其他任何法律规范都不得与法律相抵触。在法律尚无规定而其他法律规范作了规定时，一旦法律就此作出规定，其他法律规范的规定必须服从法律。如我国《宪法》《组织法》和《立法法》规定，国务院根据宪法和法律制定行政法规，国务院各部、各委员会根据法律和国务院行政法规制定规章，省、自治区、直辖市人民政府和省、自治区所在地的市和国务院批准的较大的市的人民政府根据法律、行政法规和地方性法规制定规章。

3. 职权法定原则

职权法定原则是指行政机关的行政职权并不是行政机关本身所固有的，必须由法律规定或授予。这与公民权利不同。公民权利是公民本身所固有的，凡是法律没有禁止的，公民都可以为之。对于行政机关而言，只有法律规定或授权才可为之，否则即属违法。职权法定原则要求行政机关只能在法定权限内行使职权，不得超越职权和滥用职权，否则要承担不利的法律后果。《行政诉讼法》规定，对于超越职权或者滥用职权的具体行政行为，人民法院可以判决撤销或者部分撤销，并可以判决被告重新作出具体行政行为。《行政复议法》规定，对于超越或者滥用职权的，行政复议机关可以决定撤销、变更或者确认该具体行政行为违反；决定撤销或者确认该具体行政行为违法的，可以责令被申请人在一定期限内重新作出具体行政行为。

4. 行政合理原则

行政合理原则指行政行为要客观、适度、合乎理性。由于行政管理面临的情况复杂多变，而法律往往是滞后的，不可能将一切行政活动都加以规定。行政主体只有拥有自由裁量权才能履行好职责。行政合理原则要求行政行为必须符合立法目的和宗旨，必须具有合理的动机，必须考虑相关因素，同时不应该考虑无关因素，必须符合公正法则。《全国推进依法行政实施纲要》规定：“行政机关实施行政管理，应当遵循公平、公正的原则。要平等对待行政管理相对人，不偏私、不歧视。行使自由裁量权应当符合法律目的，排除不相关因素的干扰；所采取的措施和手段应当必要、适当；行政机关实施行政管理可以采用多种方式实现行政目的的，应当避免采用损害当事人权益的方式。”

5. 行政诚信原则

行政诚信原则是指政府要诚实守信，不得随意变更自己作出的决定，以维护法律的安定性和公民对政府的信赖。中国传统文化高度重视行政诚信，孔子提倡“道千乘治国，敬事而信，节用而爱人，使民以时”，将守信无欺作为执政者所要遵守的基本准则之一。我国建立的是社会主义市场经济体制，公民守信是建立市场经济秩序的重要前提，取信于民是对政府执政的基本要求。《全国推进依法行政实施纲要》要求政府“诚实守信”，具体要求是：“行政机关公布的信息应当全面、准确、真实。非因法定事由并经法定程序，行政机关不得撤销、变更已经生效的行政决定；因国家利益、公共利益或者其他法定事由需要撤回或者变更行政决定的，应当依照法定权限和程序进行，并对行政管理相对人因此而受到的财产损失依法予以补偿。”

6. 权利救济原则

无救济即无权利，无有效的救济就无真实的权利。权利救济原则有两点要求：一是行政机关在作出可能对行政相对人的权益产生不利影响的行政决定时，应当依法告知相对人获得权利救济的途径、方式和期限。如《行政处罚法》规定，行政机关在作出行政处罚决定之前，应当告知当事人作出处罚的事实、理由及依据，并告知当事人依法享有的权利。当事人有权进行陈述和申辩。行政机关在作出责令停产停业、吊销许可证或者执照、较大数额罚款等行政处罚决定之前，应当告知当事人有要求举行听证的权利。行政机关依法制作的行政处罚决定书应当载明不服行政处罚决定、申请行政复议或者提起行政诉讼的途径和期限。二是行政相对人认为行政行为侵犯其合法权益时，应当有权依法申请行政复议，提起行政诉讼，符合《国家赔偿法》规定的，还可申请国家赔偿。《行政诉讼法》《行政复议法》《国家赔偿法》分别规定了申请行政诉讼、行政复议和国家赔偿的受案范围、程序等内容，为行政相对人提供了必要的救济途径。

（三）依法行政的地位和作用

1. 依法行政是依法治国方略的内在要求

《宪法》规定：“中华人民共和国实行依法治国，建设社会主义法治国家。”依法治国的一个基本要求是“政府和公职人员必须严格依法行政，依法办事，依法管理国家的政治、经济、文化和其他各项事务”。依法治国方略的确立为依法行政开辟了道路、创造了条件，依法行政则是依法治国的核心和关键，也是重点和难点。法律实施是包括立法机关、行政机关和司法机关在内的所有国家机关的任务，最重要的还是行政机关，据统计，80％的法律都要靠行政机关执行。行政机关行使行政权直接涉及公民、法人和其他组织的切身利益，承担着繁重任务，面临着各种复杂局面。行政机关是否依法行政，从总体上决定着我国依法治国方略能否实现。只有各级行政机关坚持依法行政，自觉守法，严格执法，才能维护我国社会主义法制的统一和尊严，才能真正做到依法治国。

2. 依法行政是构建社会主义和谐社会的迫切需要

党的十六届四中全会提出“构建社会主义和谐社会”的奋斗目标。和谐社会的总要求首先是民主法治，和谐社会必然是法治社会，法治国家是构建和谐社会的前提和保障。各级政府在构建和谐社会进程中责任重大，能否依法行政关系着社会主义和谐社会能否顺利建立。只有各级政府坚持依法行政，才能使公民权利得到尊重和保障，促进人的全面发展。能够通过政府职能转变来培育市场和社会力量，重构政府与市场、政府与社会的关系，营造政府与公民之间的和谐关系。不断完善各项法律制度，健全纠纷解决机制。坚持依法行政，使行政权力在法律的轨道上运行，能够夯实社会和谐的法治基础，促进实现社会公平正义，维护社会和谐稳定。

3. 依法行政是实现行政管理目标的必然选择

行政机关依法行政所依之法，是由人民选举产生的权力机关制定的，体现了人民意志。行政机关坚持依法行政，遵循同样的标准和规则，能够保持国家行政管理的统一性、连续性和稳定性，实现行政管理的目标，体现为人民服务的宗旨。坚持依法行政，遵守法定的操作规程，能够保证行政管理符合国家和人民群众的要求，减少矛盾和纠纷，保证行政管理的效率。当前，我国正处于全面建设小康社会的历史进程中，坚持依法行政，实现政府组织机构、人员编制、行政行为等向科学化、规范化、法制化的根本转变，有利于更好地履行政府经济调节、市场监管、社会管理和公共服务的职能，全面实现行政管理的目标，在全面建设小康社会的道路上扎实前进。

4. 依法行政是人力资源社会保障事业科学发展的重要保证

当前，我国在人力资源和社会保障领域已经颁布施行了《劳动法》《劳动合同法》《公务员法》《就业促进法》《社会保险法》《失业保险条例》等法律法规以及大量的规章和规范性文件，基本上做到了有法可依。各级人力资源社会保障部门坚持依法行政，有力推动了各项工作开展。人力资源社会保障工作涉及人民群众最关心、最直接、最现实的利益问题，在保障和改善民生、促进社会和谐中发挥着不可替代的重要作用。只有全面推行依法行政，不断提高各级人力资源社会保障部门依法行政水平，才能更好地为人民群众服务，实现人力资源社会保障事业的科学发展。

二、全面推进依法行政实施纲要的基本框架和内容

2004年3月22日，国务院印发了《全面推进依法行政实施纲要》（以下简称《纲要》）。《纲要》确立了建设法治政府的目标，明确了今后十年全面推进依法行政的指导思想和具体目标、基本原则和要求、主要任务和措施，是建设法治政府的纲领性文件。《纲要》的发布，是国务院贯彻执行宪法的重大举措，充分表明国务院坚持执政为民、全面推进依法行政、建设法治政府的坚定决心，对进一步推进我国社会主义政治文明建设具有重大意义。

《纲要》从依法行政的指导思想、工作目标、基本原则和基本要求、工作任务、保障措施等六个方面进行了阐述。

（一）指导思想

全面推进依法行政，必须以邓小平理论和“三个代表”重要思想为指导，坚持党的领导，坚持执政为民，忠实履行宪法和法律赋予的职责，保护公民、法人和其他组织的合法权益，提高行政管理效能，降低管理成本，创新管理方式，增强管理透明度，推进社会主义物质文明、政治文明和精神文明协调发展，全面建设小康社会。

（二）工作目标

《纲要》明确提出，全面推进依法执政，经过十年左右坚持不懈的努力，基本实现建设法治政府的目标。具体内容是：

——政企分开、政事分开，政府与市场、政府与社会的关系基本理顺，政府的经济调节、市场监管、社会管理和公共服务职能基本到位。中央政府和地方政府之间、政府各部门之间的职能和权限比较明确。行为规范、运转协调、公正透明、廉洁高效的行政管理体制基本形成。权责明确、行为规范、监督有效、保障有力的行政执法体制基本建立。

——提出法律议案、地方性法规草案，制定行政法规、规章、规范性文件等制度建设符合宪法和法律规定的权限和程序，充分反映客观规律和最广大人民的根本利益，为社会主义物质文明、政治文明和精神文明协调发展提供制度保障。

——法律、法规、规章得到全面、正确实施，法制统一，政令畅通，公

民、法人和其他组织合法的权利和利益得到切实保护，违法行为得到及时纠正、制裁，经济社会秩序得到有效维护。政府应对突发事件和风险的能力明显增强。

——科学化、民主化、规范化的行政决策机制和制度基本形成，人民群众的要求、意愿得到及时反映。政府提供的信息全面、准确、及时，制定的政策、发布的决定相对稳定，行政管理做到公开、公平、公正、便民、高效、诚信。

——高效、便捷、成本低廉的防范、化解社会矛盾的机制基本形成，社会矛盾得到有效防范和化解。

——行政权力与责任紧密挂钩、与行政权力主体利益彻底脱钩。行政监督制度和机制基本完善，政府的层级监督和专门监督明显加强，行政监督效能显著提高。

——行政机关工作人员特别是各级领导干部依法行政的观念明显提高，尊重法律、崇尚法律、遵守法律的氛围基本形成；依法行政的能力明显增强，善于运用法律手段管理经济、文化和社会事务，能够依法妥善处理各种社会矛盾。

（三）基本原则

《纲要》明确，依法行政必须坚持党的领导、人民当家做主和依法治国三者的有机统一；必须把维护最广大人民的根本利益作为政府工作的出发点；必须维护宪法权威，确保法制统一和政令畅通；必须把发展作为执政兴国的第一要务，坚持以人为本和全面、协调、可持续的发展观，促进经济社会和人的全面发展；必须把依法治国和以德治国有机结合起来，大力推进社会主义政治文明、精神文明建设；必须把推进依法行政与深化行政管理体制改革、转变政府职能有机结合起来，坚持开拓创新与循序渐进的统一，既要体现改革和创新的精神，又要有计划、有步骤地分类推进；必须把坚持依法行政与提高行政效率统一起来，做到既严格依法办事，又积极履行职责。

需要说明的是，《纲要》规定的依法行政的基本原则是国务院对各级政府的要求，高屋建瓴，指导性强。第一部分所讲的依法行政的基本原则是学者从法理角度提出的，两者相互补充，并不矛盾。

（四）基本要求

1. 合法行政。行政机关实施行政管理，应当依照法律、法规、规章的规定进行；没有法律、法规、规章的规定，行政机关不得作出影响公民、法人和其他组织合法权益或者增加公民、法人和其他组织义务的决定。

2. 合理行政。行政机关实施行政管理，应当遵循公平、公正的原则。要平等对待行政管理相对人，不偏私、不歧视。行使自由裁量权应当符合法律目的，排除不相关因素的干扰；所采取的措施和手段应当必要、适当；行政机关实施行政管理可以采用多种方式实现行政目的，应当避免采用损害当事人权益的方式。

3. 程序正当。行政机关实施行政管理，除涉及国家秘密和依法受到保护的商业秘密、个人隐私以外，应当公开，注意听取公民、法人和其他组织的意见；要严格遵循法定程序，依法保障行政管理相对人、利害关系人的知情权、参与权和救济权。行政机关工作人员履行职责，与行政管理相对人存在利害关系时，应当回避。

4. 高效便民。行政机关实施行政管理，应当遵守法定时限，积极履行法定职责，提高办事效率，提供优质服务，方便公民、法人和其他组织。

5. 诚实守信。行政机关公布的信息应当全面、准确、真实。非因法定事由并经法定程序，行政机关不得撤销、变更已经生效的行政决定；因国家利益、公共利益或者其他法定事由需要撤回或者变更行政决定的，应当依照法定权限和程序进行，并对行政管理相对人因此而受到的财产损失依法予以补偿。

6. 权责统一。行政机关依法履行经济、社会和文化事务管理职责，要由法律、法规赋予其相应的执法手段。行政机关违法或者不当行使职权，应当依法承担法律责任，实现权力和责任的统一。依法做到执法有保障、有权必有责、用权受监督、违法受追究、侵权须赔偿。

（五）工作任务

按照建设法治政府的要求，《纲要》提出了 7 项工作任务。

一是转变政府职能，深化行政管理体制改革。主要内容包括：依法界定和规范经济调节、市场监管、社会管理和公共服务的职能；合理划分和依法规范各级行政机关的职能和权限，实现政府职责、机构和编制的法定化；完善依法行政的财政保障机制；改革行政管理方式；推行政府信息公开。

二是建立健全行政决策机制。主要内容包括：健全行政决策机制，建立健全公众参与、专家论证和政府决定相结合的行政决策机制，实行依法决策、科学决策、民主决策；完善行政决策程序，实行决策公开，重大行政决策要进行合法性论证；建立健全决策跟踪反馈和责任追究制度，实现决策权与决策责任相统一。

三是提高制度建设质量。主要内容包括：制度建设要遵循并反映经济和社会发展规律，紧紧围绕全面建设小康社会的奋斗目标，紧密集合改革发展稳定的重大决策，严格按照法定权限和法定程序进行；要按照条件成熟、突出重点、统筹兼顾的原则，科学合理地制定政府立法工作计划；改进政府立法工作方法，扩大政府立法工作的公众参与程度；积极探索对政府立法项目，尤其是经济立法项目的成本效益分析制度；建立和完善行政法规、规章修改、废止的工作制度和规章、规范性文件的定期清理制度。

四是理顺行政执法体制，加强行政程序建设，规范行政执法行为。主要内容包括：深化行政执法体制改革，加快建立权责明确、行为规范、监督有效、保障有力的行政执法体制；严格按照法定程序行使权力、履行职责；健全行政执法案卷评查制度；建立健全行政执法主体资格制度；推行行政执法责任制，建立公开、公平、公正的评议考核制和执法过错或者责任追究制。

五是积极探索高效、便捷和成本低廉的防范、化解社会矛盾的机制。主要内容包括：积极探索预防和解决社会矛盾的新路子；充分发挥调解在解决社会矛盾中的作用；切实解决人民群众通过信访举报反映的问题。

六是完善行政监督制度和机制，强化对行政行为的监督。主要内容包括：自觉接受人大监督和政协的民主监督；接受人民法院按照行政诉讼法的规定对行政机关实施的监督；加强对规章和规范性文件的监督，做到有件必备、有备必审、有错必纠；认真贯彻行政复议法，加强行政复议工作；完善并严格执行行政赔偿和补充制度；创新层级监督新机制，强化上级行政机关对下级行政机关的监督；加强监察、审计等专门监督；强化社会监督。

七是不断提高行政机关工作人员依法行政的观念和能力。主要内容包括：实行领导干部的学法制度，加强依法行政知识培训，提高领导干部依法行政的能力和水平；建立行政机关工作人员学法制度，增强法律意识，提高法律素养，强化依法行政知识培训；建立和完善行政机关工作人员依法行政情况的考核制度；积极营造全社会遵法守法、依法维权的良好环境。

（六）保障措施

一是提高认识，加强领导。要从“立党为公、执政为民”的高度，充分认识全面推进依法行政的必要性和紧迫性，真正把依法行政作为政府运作的基本准则；各地方、各部门的行政首长是推进依法行政工作的第一责任人；

要加强对推进依法行政工作的领导，一级抓一级，逐级抓落实。

二是明确责任，严肃纪律。要结合实际，制定落实《纲要》的具体办法和配套措施，有计划、分步骤地推进依法行政，做到五年有规划、年度有安排；上级行政机关应当加强对下级行政机关的监督检查。对贯彻落实《纲要》不力的，要严肃纪律，予以通报，并追究有关人员相应的责任。

三是定期报告推进依法行政工作情况。地方政府应当定期向本级人大及其常委会和上一级政府报告推进依法行政的情况；国务院各部门、地方政府工作部门要定期向本级政府报告推进依法行政的情况。

四是要充分发挥政府法制机构的作用。全面推进依法行政、建设法治政府，需要一支政治强、作风硬、业务精的政府法制工作队伍，协助各级政府和政府部门领导做好全面推进依法行政的各项工作。要切实加强政府法制机构和队伍建设，充分发挥政府法制机构在依法行政方面的参谋、助手和法律顾问的作用，并为他们开展工作创造必要的条件。

第二节 执法评议与执法责任制

执法评议和执法责任制是全面推进依法行政的重要制度，党中央、国务院高度重视推行行政执法责任制和评议考核制工作。党的十五大报告指出："一切行政机关都必须依法行政，确实保障公民权利，实行执法责任制和评议考核制。"党的十六届四中全会通过的《中共中央关于构建社会主义和谐社会若干重大问题的决定》规定："加快建设法治政府，全面推进依法行政，严格按照法定权限和程序行使权力、履行职责，健全行政执法责任追究制度。"党的十七届二中全会通过的《关于深化行政管理体制改革的意见》规定："必须严格依法行政，坚持用制度管权、管事、管人，健全监督机制，强化责任追究，切实做到有权必有责、用权受监督、违法要追究。"国务院《关于全面推进依法行政的决定》规定："要积极推行行政执法责任制和评议考核制，不断总结实践经验，充分发挥这两项相互联系的制度在行政执法监督中的作用。"国务院《全面推行依法行政实施纲要》规定："推行行政执法责任制。依法界定执法职责，科学设定执法岗位，规范执法程序。要建立公开、公平、公正的评议考核制和执法过错或者错案责任追究制。"

执法评议与执法责任制密不可分，是一个制度的两个方面。执法责任制是基础，是执法评议考核的内容。执法评议是推行执法责任制的保障和重要环节。

一、执法评议基本内容

行政执法评议考核，简称执法评议，是评价行政执法工作情况、检验行政执法部门和行政执法人员是否正确行使执法职权和全面履行法定义务的重要机制，是推行行政执法责任制的重要环节。《国务院办公厅关于推行行政执法责任制的若干意见》（国办发［2005］37号）对行政执法评议考核做出了明确规定。

（一）评议考核的基本要求

行政执法评议考核应当严格遵守公开、公平、公正原则。在评议考核中，要公正对待、客观评价行政执法人员的行政执法行为。评议考核的标准、过程和结果要以适当方式在一定范围内公开。

（二）评议考核的主体

地方各级人民政府负责对所属部门的行政执法工作进行评议考核，同时要加强对下级人民政府行政执法评议考核工作的监督和指导。国务院实行垂直管理的行政执法部门，由上级部门进行评议考核，并充分听取地方人民政府的评议意见。实行双重管理的部门按照管理职责分工分别由国务院部门和地方人民政府评议考核。各行政执法部门对所属行政执法机构和行政执法人员的行政执法工作进行评议考核。

（三）评议考核的内容

评议考核的主要内容是行政执法部门和行政执法人员行使行政执法职权和履行法定义务的情况，包括行政执法的主体资格是否符合规定，行政执法行为是否符合执法权限，适用执法依据是否规范，行政执法程序是否合法，行政执法决定的内容是否合法、适当，行政执法决定的行政复议和行政诉讼结果，案卷质量情况等。评议考核主体要结合不同部门、不同岗位的具体情况和特点，制定评议考核方案，明确评议考核的具体标准。

（四）评议考核的方法

行政执法评议考核可以采取组织考评、个人自我考评、互查互评相结合的方法，做到日常评议考核与年度评议考核的有机衔接。要高度重视通过案卷评查考核行政执法部门和行政执法人员的执法质量。要积极探索新的评议考核方法，利用现代信息管理手段，提高评议考核的公正性和准确性。

在行政执法评议考核中，要将行政执法部门内部评议与外部评议相结合。对行政执法部门或者行政执法人员进行评议，必须认真听取相关行政管理相对人的意见。外部评议情况要作为最终考核意见的重要根据。外部评议可以通过召开座谈会、发放执法评议卡、设立公众意见箱、开通执法评议专线电话、聘请监督评议员、举行民意测验等方式进行。行政执法评议考核原则上采取百分制的形式，考核的分值要在本级人民政府依法行政情况考核中占有适当比重。

各地区、各有关部门要把行政执法评议考核与对行政执法部门的目标考核、岗位责任制考核等结合起来，避免对行政执法活动进行重复评议考核。

二、执法责任制基本内容

行政执法责任制是规范和监督行政机关行政执法活动的一项重要制度。通过职权行使与责任承担的一体化，强化行政执法监督，规范行政执法行为，提高行政执法水平。其核心是责任及责任承担的相关机制。

《国务院办公厅关于推行行政执法责任制的若干意见》规定了依法界定执法职责、建立健全行政执法评议考核机制、认真落实行政执法责任三方面的基本内容。其中，建立健全行政执法评议考核机制已在执法评议部分作了介绍，这一部分着重介绍依法界定执法职责、认真落实行政执法责任两方面的内容。

（一）依法界定执法职责

1. 梳理执法依据

推行行政执法责任制首先要梳理清楚行政机关所执行的有关法律法规和规章以及国务院部门“三定”规定。地方各级人民政府要组织好梳理执法依据的工作，对具有行政执法主体资格的部门（包括法律法规授予行政执法权的组织）执行的执法依据分类排序、列明目录，做到分类清晰、编排科学。要注意与《行政处罚法》《行政许可法》等规范政府共同行为的法律规范相衔接。下级人民政府梳理所属部门的执法依据时，要注意与上级人民政府有关主管部门的执法依据相衔接，避免遗漏。地方各级人民政府要根据执法依据制定、修改和废止情况，及时调整所属各有关部门的执法依据，协调解决梳理执法依据中的问题。梳理完毕的执法依据要以适当方式向社会公布。

2. 分解执法职权

地方各级人民政府中具有行政执法职能的部门要按照本级人民政府的统

一部署和要求，根据执法机构和执法岗位的配置，将其法定职权分解到具体执法机构和执法岗位。有关部门不得擅自增加或者扩大本部门的行政执法权限。

分解行政执法部门内部不同执法机构和执法岗位的职权要科学合理，既要避免平行执法机构和执法岗位的职权交叉、重复，又要有利于促进相互之间的协调配合。不同层级的执法机构和执法岗位之间的职权要相互衔接，做到执法流程清楚、要求具体、期限明确。对各行政执法部门的执法人员，要结合其任职岗位的具体职权进行上岗培训；经考试考核合格具备行政执法资格的，方可按照有关规定发放行政执法证件。

3. 确定执法责任

执法依据赋予行政执法部门的每一项行政执法职权，既是法定权力，也是必须履行的法定义务。行政执法部门任何违反法定义务的不作为和乱作为的行为，都必须承担相应的法律责任。要根据有权必有责的要求，在分解执法职权的基础上，确定不同部门及机构、岗位执法人员的具体执法责任。要根据行政执法部门和行政执法人员违反法定义务的不同情形，依法确定其应当承担责任的种类和内容。

地方各级人民政府可以采取适当形式明确所属行政执法部门的具体执法责任，行政执法部门应当采取适当形式明确各执法机构和执法岗位的具体执法责任。国务院实行垂直管理和中央与地方双重管理的部门也要根据上述规定，做好依法界定执法职责的工作。

（二）认真落实行政执法责任

推行行政执法责任制的关键是要落实行政执法责任。对有违法或者不当行政执法行为的行政执法部门，可以根据造成后果的严重程度或者影响的恶劣程度等具体情况，给予限期整改、通报批评、取消评比先进的资格等处理；对有关行政执法人员，可以根据年度考核情况，或者根据过错形式、危害大小、情节轻重，给予批评教育、离岗培训、调离执法岗位、取消执法资格等处理。

对行政执法部门的行政执法行为在行政复议和行政诉讼中被认定违法和变更、撤销等比例较高的，对外部评议中群众满意程度较低或者对推行行政执法责任制消极应付、弄虚作假的，可以责令行政执法部门限期整改；情节严重的，可以给予通报批评或者取消评比先进的资格。

除依照《关于推行行政执法责任制的若干意见》对有关行政执法部门和行政执法人员进行处理外，对实施违法或者不当的行政执法行为依法依纪应采取组织处理措施的，按照干部管理权限和规定程序办理；依法依纪应当追究政纪责任的，由任免机关、监察机关依法给予处分；涉嫌犯罪的，移送司法机关处理。

追究行政执法责任，必须做到实事求是、客观公正。在对责任人作出处理前，应当听取当事人的意见，保障其陈述和申辩的权利，确保不枉不纵。对行政执法部门的行政执法责任，由本级人民政府或者监察机关依法予以追究；对实行垂直管理的部门的行政执法责任，由上级部门或者监察机关依法予以追究；对实行双重管理的部门的行政执法责任，按有关管理职责规定予以追究。同时，要建立健全行政执法奖励机制，对行政执法绩效突出的行政执法部门和行政执法人员予以表彰，调动行政执法部门和行政执法人员提高行政执法质量和水平的积极性，形成有利于推动严格执法、公正执法、文明执法的良好环境。

【案例】

2008 年，某市工商局在对本系统一次内部检查评议中，有 28 个行政执法机构因管理不到位、执法存在问题而被追究行政执法责任，有 40 名行政执法人员因违法违规操作被追究行政执法过错责任。这次执法责任制检查内容包括推行行政执法责任制的制度建设、行政许可、行政处罚、行政强制、行政征收、规范性文件审查等 6 个方面 110 项具体内容。检查全面覆盖该局下辖的 15 个县市局、分局。在检查中，发现存在问题的执法行为有 46 项。针对存在的问题，市工商局召开现场会进行剖析讲评，并要求相关单位进行限期整改。

三、探索建立完善人力资源社会保障系统执法评议与执法责任制

各级人力资源社会保障部门按照党中央、国务院的要求，努力探索，大胆实践，在建立健全行政执法责任制和评议考核制方面做了很多工作，取得了显著成效，有力提高了依法行政工作水平，推动了人力资源社会保障事业的发展。

早在 20 世纪 90 年代，一些地方的人事、劳动保障部门就开始了执法评议和行政执法责任制的探索，取得了有益经验。1998 年 12 月，天津市人民政府印发了《天津市劳动和社会保障部门行政执法责任制规定》。同年，北京市人事局也印发了《北京市人事局行政执法责任制方案》，开始了执法评议和行政执法责任制的探索。2005 年，《国务院办公厅关于推行行政执法责任制

的若干意见》颁布以后，各级人事、劳动保障部门按照《意见》要求，全面推行了行政执法责任制，提高了依法行政工作水平。浙江、江苏等地制定了行政执法责任制规定、行政执法评议考核办法、行政执法责任追究办法等文件，建立健全了相关制度。

2008年，按照国务院机构改革方案，组建了人力资源和社会保障部，不再保留原人事部、原劳动和社会保障部。新部组建以来，部党组高度重视法制工作。2009年2月，尹蔚民部长在新部组建后召开的全国人力资源和社会保障工作会议上强调“要注重提高依法行政能力，深入开展普法宣传教育，进一步清理和规范行政审批，加强行政复议和执法监督，自觉履行法定职责，严格依法办事”。人力资源社会保障法制工作面临着难得的发展机遇，也面临着新的挑战。

当前，人力资源社会保障系统执法评议与责任制处在建立和完善之中。人力资源社会保障系统不是垂直管理或者双重管理，按照现有的行政执法责任制的工作格局，各级人力资源社会保障部门要按照当地政府的统一要求，建立健全执法评议和责任制。这并不意味着上级人力资源社会保障部门在这方面就不能有所作为，实际上，一些地方的人力资源社会保障部门已经开展了系统内的执法评议工作，取得了显著效果。如四川等地人力资源社会保障部门开展了系统执法评议考核工作，并对先进单位进行了表彰。湖南、江苏等地人力资源社会保障部门等开展了行政执法案卷评查工作。河南省人力资源社会保障厅加强依法行政工作，在省政府组织的2009年度行政执法责任目标考核中被评为优秀等次。

当前和今后一段时期，人力资源社会保障工作执法评议和执法责任制工作思路是：统一规划管理，分级组织实施；加强宏观指导，强化监督检查；注重制度建设，突出工作实效；体现人力资源社会保障系统特点，注意与地方政府衔接；推广先进经验，加强薄弱环节。通过各级人力资源社会保障部门不懈努力，逐步建立健全人力资源社会保障系统评议考核和执法责任制工作，不断提高人力资源社会保障系统依法行政工作水平。

思 考 题

1. 依法行政的概念和基本要求是什么？
2. 如何正确理解依法行政的基本原则？
3. 《全面推进依法行政实施纲要》的基本要求有哪些？
4. 简述执法评议考核的主要内容和方法。

第八章

国际劳工公约

本章导读

国际劳工组织是一个由成员国组成的国际性政府间组织。它主张通过劳工立法来改善劳工状况，增进劳资双方的共同福利，致力于在自由、平等、安全和具备尊严的条件下，使劳动者获得生产性就业和体面劳动，进而获得世界持久和平，建立社会正义。

国际劳工立法的主要内容是劳工大会通过的公约和建议书。自1919年建立以来，国际劳工组织共制定了189个公约和201份建议书，涉及的内容极其广泛，包括充分就业、工资、一般工作条件、社会保障、产业关系、特定劳动者群体等。

国际劳工组织制定的国际劳工公约只对已批准公约的会员国有拘束力，而国际劳工组织章程则对所有会员国有拘束访。因此各会员国不论其是否批准了某一公约，它们都承担了一定的义务。

本章通过对国际劳工组织、国际劳工公约和建议书的概念及其作用的介绍，帮助读者理解国际劳工组织的运行，国际劳工公约和建议书对成员国的影响，了解我国批准国际劳工公约的情况。

第一节　国际劳工组织及其立法活动

国际劳工组织（International Labour Organization）成立于第一次世界大战结束后的1919年，是一个由成员国组成的国际性政府间组织。它是根据“凡尔赛和约”作为国际联盟的附属机构成立的，创始国是包括中国在内的29个国家。国际劳工组织章程实际上是“凡尔赛和约”的组成部分。国际劳工组织成立以来，经历了三个发展阶段：1919—1939年，是国际联盟一个带有自治性的附属机构；1940—1945年国际联盟解体期间，作为一个独立的国际组织继续存在；1946年至今，通过与联合国签订协议，成为联合国的一个专门机构。总部设在日内瓦，现有183个成员国。

一、国际劳工组织的宗旨和组织原则

（一）基本宗旨

根据国际劳工组织章程，该组织的宗旨是“促进充分就业和提高生活水平，促进劳资双方合作，扩大社会保障措施，保护工人的生活与健康”，主张通过劳工立法来改善劳工状况，“增进劳资双方的共同福利”，致力于在自由、平等、安全和具备尊严的条件下，使劳动者获得生产性就业和体面劳动，进而“获得世界持久和平，建立社会正义”。

（二）主要活动

国际劳工组织的主要活动有三项：从事国际劳工立法，开展技术合作，开展就业和社会保障领域的研究和信息传播。在国际劳工组织成立初期，主要是围绕制定国际劳工公约和建议书开展活动，收集、研究有关劳工领域的情报，为制定国际劳工标准提供依据，并为成员国开展本国的劳工立法提供咨询服务。随着国际劳工组织的不断发展，特别是第二次世界大战后随着越来越多第三世界国家的加入，国际劳工组织开始注重开展技术合作活动，并于1960年在意大利都灵建立了高级技术和职业培训中心，使劳工组织对成员国的技术援助和合作进入了一个新的阶段。

（三）组织原则

国际劳工组织自成立之日起就具有不同于其他国际组织的、独特的组织原则，即三方原则。虽然会员是以国家为单位的，但在国际劳工组织的大会、理事会和其他会议上，每个国家的代表团成员除政府代表外，还必须有雇主代表和工人代表参加。三方代表自由参加讨论，独立进行表决。

二、国际劳工组织的工作机构

国际劳工组织的主要工作机构包括：

（一）国际劳工大会

国际劳工大会是国际劳工组织最高权力机关，每年至少召开一次，一般情况下每年6月在瑞士日内瓦举行。各国代表团由政府代表2人、工人和雇主代表各1人和若干顾问组成。大会下设若干常设委员会，即总务委员会、财政委员会、公约和建议书实施委员会、资质审查委员会，同时根据每一技术性议题各设一个委员会。除财政委员会由政府代表一方组成外，其余各委员会均实行三方原则。各委员会来审议各项议题，各委员会要向大会提出报告，供大会讨论通过。

大会的主要任务是：(1) 听取和讨论国际劳工组织总干事年度报告；(2) 通过以国际劳工公约和建议书为形式的国际劳工标准，审议各成员国执行公约的情况；(3) 每两年由大会批准本组织双年度预算；(4) 讨论劳工领域内重大的、带有普遍性的问题，并通过决议，为劳工组织的总政策和未来活动提供指导方针；(5) 批准接纳新的会员国。

（二）理事会

理事会是国际劳工组织的执行机构，每3年进行一次换届选举。理事会每年召开3次会议，为大会和其他重要会议确定议程，并就应该采取的后续行动做出决定。此外，它还负责指导劳工局的各项活动，并选举任命国际劳工组织总干事。同大会一样，理事会也是一个三方性的机构，由56人组成，其中政府理事28人，工人和雇主理事各14人。28名政府理事中有10名为非选任的常任理事国，来自最重要的工业国，包括中、美、英、法、俄、日、德、巴西、印度、意大利。其余18名政府理事和工人、雇主理事分别在出席大会的政府代表、工人代表和雇主代表中选举产生，任期3年。理事会选举主席1人，副主席3人，每年改选一次。理事会一般每年召开3次会议，3月、6月（在国际劳工大会开幕前和闭幕后）、11月各1次。

（三）国际劳工局

国际劳工局是国际劳工组织的常设秘书处，也是大会、理事会及其会议的秘书处，它负责为大会和其他会议起草文件和报告，征聘和指导劳工组织在全世界进行技术合作的专家，发行各种出版物和期刊，并与各国劳工部、雇主和工人团体进行密切合作。

（四）技术性委员会和会议

为协助国际劳工局工作，国际劳工组织建立了一些技术性委员会，主要包括：联合海事委员会、农村发展咨询委员会、公务人员联合委员会及各种产业委员会。必要时，国际劳工局还召开一些技术性的专家会议。

（五）区域性会议

国际劳工组织还定期召开区域性会议，其议程、时间、地点均由理事会决定，有关各国也按三方性原则派代表团参加会议。会议研究本地区劳工问题，通过行动计划，或对国际劳工组织在本地区的活动提出建议，但其所通过的决议仅供理事会参考，对劳工组织和与会国均无约束力。

三、国际劳工组织的立法活动

制定国际劳工公约和建议书是国际劳工组织的主要任务之一。在1919年成立时载入“凡尔赛和约”的国际劳工组织章程中，明确了国际劳工立法的9项原则，主要内容是人的劳动不是商品；工人和雇主都有自由结社权；工人应获得足以维持生活的工资；实行8小时工作制，每周休息24小时；禁止使用童工；对青年男女的劳动作某些限制以保证其身体健康和接受教育；男女同工同酬；外籍工人与本国工人待遇平等以及设立劳工监察制度，保障劳工立法的贯彻实施。

【阅读参考】

1944年国际劳工组织通过费城宣言，重申并丰富了国际劳工立法的原则。

费城宣言提出，全人类不分种族、信仰或性别，都有谋求自己物质福利和精神发展的权利。同时进一步强调，国际劳工组织的活动目标是促进充分就业和提高生活水平，充分开发工人技能，为工人提供培训条件，促进劳资合作，扩大社会保障措施，充分保证各行业工人的生命与健康，对儿童和妇女提供保护，保证教育和职业机会平等。此外，近年来联合国通过了一系列有关劳动和社会问题的重大决议和宣言，涉及保护人权、反种族歧视、反对歧视妇女等，进一步丰富了国际劳工立法的原则和内容。

国际劳工组织的立法活动概括起来说就是制定公约和建议书的过程。一般情况下，通过一个公约或建议书需经大会讨论两次。在特别紧急或特殊情况下，理事会可以经3/5多数票决定后，将某一问题提交大会进行一次性讨论。从具体程序上讲，可以概括为以下三个阶段：

一是准备阶段。当认为针对某一问题制定标准的设想已比较成熟时，国际劳工局即组织法律专家和有关技术人员准备材料，说明各会员国与拟制定的公约有关的法律规定和实施情况。材料准备好后，由劳工局局长向理事会提出简要的报告，然后由理事会进行讨论，决定是否列入国际劳工大会议程。如果得到理事会的肯定，劳工局则再提出一份更加详细的报告，内容包括各国的有关法律与实际情况以及对标准文本的设想，在讨论该标准的劳工大会召开前的一年分送各会员国，各会员国须在大会召开前 8 个月将本国三方对该标准的意见答复劳工局。然后，国际劳工局根据各国的答复拟定出标准建议文本草案，在大会召开前 4 个月送成员国政府，准备提交大会讨论。

二是初审和修改阶段。一般由大会任命一个三方性委员会（包括政府、雇主和工人），对这些标准草案进行审议。委员会讨论后对原建议文本作必要修改后，同将此问题列入下届大会议程的决议一并提交大会讨论。大会进行第一次讨论后，劳工局根据其提出的修改意见起草一份拟议公约或建议书的临时文本，在大会闭幕后 2 个月内送各成员国政府。各成员国政府可在 3 个月内提出修正案或其他建议交劳工局，劳工局再根据他们的意见拟出最后报告，在下次劳工大会召开前 3 个月送各成员国政府。

三是表决通过阶段。劳工大会将在上次大会讨论并根据各国意见修改的公约或建议书文本草案，再次交三方性委员会逐条审议，然后由三方委员会将其同意的文本提交大会讨论通过。根据国际劳工组织的章程规定，大会对公约或建议书进行最后表决时须经出席代表的 2/3 多数票通过。通过后的公约或建议书有两份由大会主席和劳工局局长签字确认，其中一份交劳工局存档，另一份送联合国秘书长备案。劳工局局长应将签署过的公约或建议书副本一份送各成员国，然后由各成员国代表送交本国主管机关，由各国根据情况决定是否批准实施，或在本国相关立法中参考。

第二节 国际劳工立法的主要内容

国际劳工立法的主要内容是劳工大会通过的公约和建议书。自 1919 年建立以来，国际劳工组织共制定了 189 个公约和 201 份建议书，涉及的内容极其广泛，除了有核心公约以外，还有一系列涉及充分就业、工资、一般工作条件、社会政策、社会保障、产业关系等方面的公约和建议书。

一、核心公约

（一）结社自由和集体谈判的公约和建议书

此类公约主要有1948年的第87号《结社自由和保护组织权利公约》和1949年的第98号《组织权利和集体谈判权利公约》，除外，其他有关结社自由的公约和建议书还有：1921年的第11号《农业工人结社自由权利公约》，1971年的第135号《对企业工人代表提供保护和便利公约》和143号建议书，1975年的第141号《农业工人组织及其在经济与社会发展中的作用公约》和149号建议书，1978年的第151号《公职中保护组织权利和决定就业条件程序公约》和159号建议书，以及1981年的第154号《促进集体谈判公约》。

（二）废除强迫劳动的公约和建议书

1930年的第29号《强迫劳动公约》，规定逐步废除各种形式的强迫劳动，在完全废除之前，强迫劳动只能适用于公共的目的或作为一种例外的措施。公约规定“强迫劳动”是指任何人受惩罚、威胁、被迫从事非本人自愿从事的一切工作或劳务。但是有些义务不包括在“强迫劳动”范围内，例如纯属军事性质的义务兵役，正常的公民义务，服刑劳役，以及“不可抗力”事变中的工作和轻微的社会劳务。公约规定“作为征税的强迫劳动，以及行使行政职权的酋长为进行公共工程而征用的强迫劳动应逐步废除”，并要求立刻废除下列情况的强迫劳动：妇女；18岁以下和45岁以上的男子；残疾人；为私人或私营企事业利益而进行的工作；矿山井下工作；为公共目的而工作但不是目前迫切需要者，或者并非为预防饥荒及食物供应匮乏者；作为集体惩罚方法的工作。公约最后还提出有效实施本公约的一些措施。这一公约主要是针对当时殖民领地存在的问题而制定的。

1957年的第105号《废除强迫劳动公约》，进一步要求立即和完全废除为以下目的进行的强迫劳动：（1）作为政治压制或政治教育的一种手段，或作为对持有或发表同既定政治、社会或经济制度相对立的政治观点或思想观点的一种惩罚；（2）作为动员和利用劳动力发展经济的一种方法；（3）作为劳动纪律的一种手段；（4）作为对参与罢工的一种惩罚；（5）作为对种族歧视、社会歧视、民族歧视或宗教歧视的一种工具。

(三) 禁止就业歧视的公约和建议书

1958年的第111号《歧视（就业与职业）公约》和第111号同名建议书，公约所称的“歧视”包括根据种族、肤色、性别、宗教、政治观点、民族血统或社会出身所造成的任何区别、排斥和偏私，并因而产生剥夺或损害就业或职业机会平等的影响。这种歧视既可以是法律规定的结果，也可以是实际情况或惯例所形成的。公约认为以下三种情况不应被认为是“歧视”：一是某一特殊工作因其所固有的要求而造成的任何区别、排斥和偏私，不应认为是歧视；二是对于被正当地怀疑的人或从事不利于国家安全活动的人所采取的任何措施，而有关个人又有权向国家主管机关进行申诉者，不应认为是歧视；三是国际劳工大会制定的其他公约和建议书所规定的保护和帮助的特殊措施，不应认为是歧视。

在建议书中更具体地规定了每个人应在下列各方而享有平等的机会和待遇：(1) 获得职业指导和安置服务；(2) 根据个人适合的情况获得自己选定的训练与职业；(3) 按照个人品格、经验、能力和勤奋获得提升；(4) 就业任期的保障；(5) 同工同酬；(6) 工作条件。

公约和建议书还规定了消灭歧视的行动措施。《歧视（就业与职业）公约》规定，凡实施本公约的成员国须承允将其作为一项国家政策，采取适合本国实际的方法，消除任何与此有关的歧视；要谋求与雇主和工人组织及其他团体的合作，促其接受和遵守此项政策；制定保证遵守这项政策的法律，并加强这方面的教育计划；废止不符合上述政策的法律规定，限制任何这类行政指令或惯例；在国家直接控制下执行就业方面的政策；保证在国家指导下遵守职业指导、职业训练和安置服务的各项政策等。

(四) 禁止使用童工劳动的公约和建议书

国际劳工组织于1919年成立时就把保护童工作为主要任务之一。自1919年的第5号公约规定了儿童就业的最低年龄以来，这方面先后通过了10多个公约，其适用范围也逐步扩大。这些公约规定最低就业年龄标准先是14岁，以后又提高到15岁，特别艰苦的工作则规定较高的年龄界限。1973年，国际劳工组织将各个标准合并成为一个一般性的公约予以通过。

以14岁作为最低就业年龄的有：(1) 1919年第5号《确定儿童受雇用于工业工作的最低年龄公约》，规定：“凡儿童在14岁以下者，不得受雇用或工作于任何公营或私营工业或其任何分部”，但所雇用工人仅为家属者，以及在技术专门学校工作并经政府机关核准并受其监督者，不在此限。(2) 1920 年第 7 号《确定儿童受雇用于海上工作的最低年龄公约》，规定准予在海上工作的就业年龄是 14 岁。(3) 1921 年第 10 号《儿童受雇用于农业工作的最低年龄公约》，规定凡 14 岁以下儿童在规定到校上课的时间内，不得受雇或工作于任何公营或私营农业企业或其任何分部。(4) 1932 年第 33 号《准许儿童受雇用于非工业工作的最低年龄公约》，规定凡 14 岁以下儿童或 14 岁以上儿童，依照国家法律或条例仍须受初等教育者，不得受雇于公约适用的非工业工作。

此后，1936 年第 58 号《确定儿童受雇用于海上工作的最低就业年龄公约》对 1920 年第 7 号公约进行了修正，1937 年第 59 号《确定儿童受雇用于工业工作的最低就业年龄公约》对 1919 年的第 5 号公约进行了修正。修正后公约对要求某些危及雇用人的生命、健康或道德的职业，应规定较高的年龄。1937 年第 60 号《儿童受雇用于非工业工作的最低年龄公约》对 1932 年第 33 号公约作了修正，规定对准许例外情况的年龄标准也应有所提高。1959 年适用于渔工的第 112 号公约，也把 15 岁作为最低就业年龄。此外，一些公约还对某些艰苦职业做出了规定，例如 1921 年第 15 号公约和 1959 年第 112 号公约分别规定海船上的扒炭工、司炉工和渔工的最低就业年龄为 18 岁。

1973 年国际劳工组织把上述 10 个公约合并成为单一公约，即第 138 号《准予就业最低年龄公约》，并以第 146 号《准予就业最低年龄建议书》作为补充。新公约规定："凡批准本公约的会员国承允奉行一项国家政策，旨在保证有效废除童工，并逐步把准许就业的最低年龄提高到与未成年人体力、智力最充分发展相适应的水平。"强调批准本公约的会员国应规定准许就业和工作不应低于完成义务教育的年龄，并在任何情况下应不低于 15 岁，对于发展中国家最低年龄可初步规定为 14 岁。对于任何就其性质或环境有可能危害未成年人健康、安全或道德的职业或工作，其就业的最低年龄应不低于 18 岁。某些有限的职业或工作可以例外，但公约规定的产业部门必须实施。此外，1999 年国际劳工大会通过了第 182 号《禁止和立即行动消除最恶劣形式的童工劳动公约》和第 190 号同名建议书，要求批准公约的会员国采取有效措施，消除最恶劣形式的童工劳动。

二、关于就业和就业保护

(一) 就业政策的公约和建议书

1964 年的第 122 号《就业政策公约》和第 122 号同名建议书，是劳工组织在就业政策方面的两个重要文件。公约要求批准本公约的会员国“应宣布并实行一项积极政策，旨在促进充分的、生产性的和自由选择的就业”，同时规定这项政策应以保证下列就业为目的：(1) 为一切有能力工作、寻找工作的人提供工作；(2) 此项工作应尽可能是生产性的；(3) 有选择职业的自由，每个工人有资格享受最充分可能发挥其技能与才能的机会，获得最适合的工作，不分其种族、肤色、性别、宗教、政见、民族血统或社会出身。

同时，公约中还规定就业政策应适当考虑经济发展的阶段和水平，以及就业目标同其他经济和社会目标之间的相互关系，并应实行适合国家条件和实际情况的方法。要求会员国应在经济和社会相互配合的范围内，决定采取与经常检查为达到上述目标所制定的措施，以及为实施这些措施应采取的必需的步骤，包括适时制订计划。在实施本公约时，对受这些措施影响的人员的代表，特别是雇主和工人的代表，应征询他们对有关就业政策的意见，以便考虑他们的经验和见解，并获得他们对制定和支持此项政策的合作。

建议书对公约的一般原则作了具体而确切的补充规定。首先列举了就业政策的各项目标，其次叙述了此项政策的一般规则、一般措施（长期的与短期的）和可供选择的措施。建议书讨论了就业问题与经济不发达之间的关系，特别是投资与收入政策、促进工业就业和农村就业以及人口增长等。此外，建议书还涉及雇主与工人及其组织应采取的行动，以及国际范围内应采取的行动。建议书附录中详细地提出了实施就业政策的各种方法。

(二) 失业问题的公约和建议书

1919 年的第 2 号《失业公约》和第 1 号同名建议书中，规定政府应免费设立职业介绍所帮助失业者，对于失业者应给与失业保险，并建议国家在大量工人失业的情况下，应尽可能地组织公共工程。此外，1937 年的第 50 号《国际合作建议书》和第 51 号《国家计划公共工程建议书》以及 944 年的第 73 号《国际计划公共工程建议书》，也提出了减少失业的具体措施和建议。1935 年的第 45 号《未成年人失业建议书》，对未成年人失业问题提出了建议，强调非自愿的闲散会破坏未成年人的品格，降低他们的职业技能，威胁国家的发展；提出了关于离校年龄、准许就业年龄、普通教育与职业教育，对未成年失业者的娱乐与社会服务等一系列措施，以及行业组织和私人组织应采取的行动，建议国家建立失业中心，为未成年人提供多种就业保证。

在保护工人失业方面最有代表性的公约是1982年通过的第158号《关于雇主提出中止雇佣公约》和第166号《关于雇主提出中止雇佣建议书》，以及1988年第168号《促进就业和失业保护公约》和第176号同名建议书，提出了具体的措施并规定了在人员过剩的情况下应遵守的程序，防止工人被无故解雇并保障工人在失业的情况下享受收入保护。

（三）职业介绍所的公约和建议书

关于这方面的标准主要有两项内容：一是取缔或管理收费的职业介绍所，二是组织公立职业介绍所。关于取缔或管理收费职业介绍所方面，早在1919年的第1号建议书中就提出禁止设立收费的职业介绍所，已经设立的要由政府发许可证，并且要尽快取消。1933年的第34号《收费职业介绍机构公约》由于规定缺乏伸缩性，批准国太少，因此1949年的第96号《收费职业介绍机构公约（修正）》对其作了修正，规定批准公约的会员国可做出以下两种选择：逐步取缔以谋利为目的的收费职业介绍所并管理其他职业介绍所，或管理所有的职业介绍所。绝大多数批准公约的会员国选择了前者。此外，1997年国际劳工组织还通过了第181号《私营就业机构公约》，对私营就业服务机构问题做出了进一步规定。

在设立公立职业介绍所方面，国际劳工组织早在1919年第2号公约中就提出应设置免费公立职业介绍所，1933年第34号公约和第42号建议书也提出了类似的规定。但直至1948年的第88号《职业介绍所组织公约》和第83号同名建议书，才提出了比较确切的标准，规定凡批准本公约的会员国应维持免费公立职业介绍所制度，保证就业市场有最完善的组织，使之成为获得与维持充分就业及开发利用生产资源的国家计划的一个主要部分。公约详细规定了职业介绍所的组织及其与其他机构的合作，以保证有效地招募与安置人员。还规定了职业介绍所的职能和应采取的措施。

（四）妇女就业保护的公约和建议书

妇女就业保护的主要目的是保护女工不从事过分艰苦的工作，特别是在生育期间，同时保障妇女享有与男子一样的平等权。主要包括有家庭负担的妇女就业保护，生育前后妇女就业保护，妇女夜间工作就业保护，以及妇女受雇于有害健康或危险职业就业保护等方面的内容。

1. 有家庭负担妇女的就业保护的标准

1965年的第123号《雇用负担家务的妇女建议书》，建议各国主管机关应遵奉一项政策，使有家务负担而在外工作的妇女能享受工作的权利而不受歧视，同时应发展能使她们协调地履行两种职责的服务业，并提供托儿服务和设施。1981年第156号《有家务负担的男女工人享有同等机会和同等待遇公约》和第165号同名建议书，规定了使有家务负担的男女工人能获得同没有家务负担的男女工人一样的平等机会和平等待遇的保障措施，并要求批准公约的会员国把此作为国家政策。

2. 妇女生育前后就业保护的标准

1919年的第3号《妇女生育前后工作公约》和1952年第103号《生育保护公约》，后者是对前者的修正。两个公约均规定，产假期至少应为12个星期。第3号公约要求在分娩前后各为6个星期，第103号公约只规定12个星期应包括产后强制性休假的时间，并不得少于6个星期；预产期以前的休假，应按照预产期和实际分娩日期两者相隔的实际时间予以延长，产后的强制休假不得因此而减少；如因怀孕而产生疾病时，假期应予以延长。第103号公约还规定，在产假期间，妇女有权领取到现金和医药津贴，医药津贴应当包括产前、产时、产后的护理及必要时的住院护理。妇女哺乳婴儿时，有权为此而中断其工作，且每天可为此中断工作两次（各半小时），中断时间应算作工作时间。禁止雇主在妇女在产假期间给予其解雇预先通知，在产假缺勤期间满期者也不得给予此类通知。

2000年，国际劳工大会通过第183号《保护生育公约》，对1952年第103号公约做了进一步的修订。主要体现在：妇女产假期不得少于14个星期；妇女领到的现金津贴应足以维护本人及婴儿的健康和基本生活水平；应保证产后妇女在就业方面不受歧视，确保其产后回到原工作岗位并得到原报酬的权利等。

3. 妇女夜间工作保护标准

1906年的伯尔尼公约是关于妇女夜间工作的第一个公约，1919年国际劳工组织在第一届大会上通过的第4号《妇女夜间工作公约》对伯尔尼公约进行了修订，规定“凡妇女不论年龄，在任何公营、私营工业或其他任何分部均不得于夜间工作（除所雇用工人仅为家属者外）”。同时说明，“夜间”系指“至少连续11个小时的时间，其中包括自晚10时至翌晨5时间”。1934年又通过第41号《妇女夜间工作公约》，规定执行管理职能的、不从事体力劳动的妇女不适用此公约。1948 年第 89 号《受雇用于工业的妇女夜间工作公约（1948 年修正）》修订了 1934 年第 41 号公约。1990 年，国际劳工大会通过了第 171 号《夜间工作公约》，对妇女夜间工作做出了进一步规定。

4. 妇女受雇于有害健康或危险职业的保护标准

1935 年第 45 号《妇女受雇用于各种矿场井下工作公约》，规定凡妇女不论其年龄，均不得受雇用于任何矿场井下工作，但下列人员例外：（1）任管理职务而非从事体力劳动者；（2）从事卫生及福利工作者；（3）学习期间在矿场的井下部分受若干时间的训练者；（4）偶然必须进入矿场的井下部分担任非体力的职务者。此外还有一些对妇女从事危险工作的保护标准，如 1919 年第 4 号建议书，1921 年第 13 号公约，1960 年第 114 号建议书以及 1967 年第 127 号公约。

三、关于工作条件和工作环境

（一）8 小时工作制的公约和建议书

1919 年的第 1 号《工业工作时间每日限为 8 小时及每周限为 48 小时公约》，对日工作时间和周工作时间作出了规定。但是，公约同时也做出了一些例外情况，例如：企业中担任监督和管理职务者以及机密事务者可以例外；一周中 1 天或几天的工作时间少于 8 小时，则其余各天工时可多于 8 小时，但所多工时不得超过 1 小时；如遇当前或迫近的事故，或遇机器或工作场所所需要之紧急工作，或遇不可抗力时可以超过规定时限，但“仅以避免该企业的正常生产遭受严重障碍所必要的工时为限”。同时，规定如遇到战争或其他危害国家安全的紧急事变时，可以暂停实施本公约，并允许在与有关组织协商后制定条例的前提，有其他一些经常的临时的例外。

除以上公约外，关于工作时间的公约和建议书还有：1920 年的第 30 号《商业及办事处所工作时间的规定的公约》，1931 年的第 31 号《限制煤矿工作时间公约》以及 1935 年对该公约进行修正的第 46 号公约，1939 年的第 67 号《公路运输工作时间与休息时间的规定公约》，1979 年的第 153 号公约和第 161 号建议书。需要特别指出的是，1935 年国际劳工组织还通过了第 47 号《每周工作时间减少至 40 小时公约》，并将 40 小时工作制原则运用于不同部门的专门公约（如第 43 号公约、第 49 号公约、第 51 号公约和第 61 号公约等），但是批准实施这些公约的国家一直很少。

关于每周休息的公约和建议书。1921 年的第 14 号《工业中实行每周休息公约》规定，凡公营或私营工业或其他分部所雇用的全体职工均应于每7日的期间内，享有至少24小时的连续休息时间。在可能的情况下，此项休息时间应与本国或当地的风俗或习惯相适应。公约准许有一些例外，但应在尽可能的范围内补偿职工的休息时间。此外，1957年的第106号《商业和办事处所每周休息公约》，进一步扩大了每周休息制的适用范围。同时，1957年通过的第103号《商业和办事处所每周休息建议书》中，还倡议每周至少有36小时休息时间，并提出在可能情况下，应安排连续休息36小时。

（二）工资照付假期的公约和建议书

1936年的第52号《工资照付年假公约》规定，凡适用本公约人员连续服务满一年后，有享受工资照付年假的权利，假期应有至少6个工作日。未满16周岁的人，包括学徒工在内，连续工作满一年后，此项假期至少得有10个工作日。公共及惯例假日不应包括在工资照付的年假之内。工人在假期内应领取本人的经常报酬，包括实物报酬的现金价值及集体协议规定的报酬。公约也准许有例外的情况，但是必须坚持在一年内工作人有最低限度的年休假。公约还规定，凡在工资照付年休假期间从事有报酬工作者，取消其休假期间领取报酬的权利；凡工人在未享受应得的年休假以前，由于雇主之责任而被解雇者，应按其应得的年休假日数领取规定的报酬。

继第52号公约之后，1952年的第101号《农业工资照付休假公约》，1954年的第98号《工资照付休假建议书》，1970年的第132号《工资照付年休假公约》，1974年的第140号《工资照付的离职学习公约》等，对工资照付休假的适用范围、休假期限等做出了进一步的规定或建议。特别是1974年的第140号《工资照付的离职学习公约》，对于工人进行继续教育和培训，提高其职业技能，促进就业和增加职业保障有非常重要的意义。此外，同年通过的第148号《工资照付的离职学习建议书》，对各项规定又做出了补充。

（三）职业安全与卫生的公约和建议书

国际劳工组织制定的职业卫生和安全的公约和建议书，大约占其总数的1/3以上，开始是对个别部门、个别化学物质制定标准，后来逐渐走向制定统一的、全面的职业卫生与安全标准。主要有：1919年的第6号《禁止在火柴制造中使用白磷的建议书》，1919年的第3号《防止炭疽病建议书》，1919年的第4号《保护妇女与儿童免受铅中毒建议书》，1921年的第13号《油漆中使用白铅公约》，1929年的第32号《动力传动机器安全责任建议书》和

1963年的第119号《机器防护公约》，1960年的第115号《保护工人以防电离辐射公约》和第114号同名建议书，1967年的第127号《准许工人搬运的最大重量公约》和第128号同名建议书，1971年的第136号《防苯中毒危害公约》和第144号同名建议书，1974年的第139号《预防和控制致癌物和制剂导致职业危害公约》和第147号同名建议书，1977年的第148号《保护工人以防止环境中因空气污染、噪音和振动引起职业危害公约》和第156号同名建议书，1979年第152号《码头作业职业安全和卫生公约》和第160号同名建议书，1988年第167号《建筑安全和卫生公约》和第175号同名建议书，1995年第176号《矿山安全和卫生公约》和第183号同名建议书以及2001年第184号《农业中的安全和卫生公约》和第192号同名建议书。

与上述针对个别部门制定的标准不同，1981年国际劳工大会通过的第155号《工人与劳动场所的安全与卫生公约》和第164号同名建议书，规定了包括各个工作部门，根据当前所有工作领域的实际情况实行一项全面的、统一的防护制度，并力求把多种工人、工种和部门的活动包括在内。1985年通过第161号《职业卫生设施公约》，对职业卫生的设施做出了进一步规定。

四、劳动管理、产业关系和工资

（一）劳动管理的公约和建议书

在劳动管理方面的国际劳工标准主要包括劳动监察、劳动管理、劳动统计和有关劳工标准三方协商四个方面的公约和建议书。

1. 劳动监察的公约和建议书

国际劳工组织自成立以来，制定了10多个有关劳动监察方面的公约和建议书，规定了工业、农业、建筑业、工商业、种植业、海员等方面的劳动监察。其中，主要有1919年第5号《关于建立政府服务设施的建议书》，1923年第20号《组织监察系统以保证实施有关保护工人的法律和条例的一般原则建议书》，1926年第28号《对海员工作条件的一般原则建议书》，以及1937年的第54号《建筑业监察建议书》，都对劳动监察做出了规定或建议。到1947年的第81号《工商业劳工监察公约》和第81号同名建议书，形成了劳动保障监察方面的基本文件。这两个文件对劳动监察的实施范围、监察的职责、监察工作的组织进行和人员组成、监察员的权利、监察员的义务、监察的次数、监察员的自由处置权、对违法行为的处罚、监察报告等，都做出了明确的规定。此外，1969年还制定了第129号《农业劳动监察公约》和第

133 号《农业劳工监察建议书》；1996 年通过了第 178 号《劳动监察（海员）公约》和第 185 号同名建议书。

2. 劳动行政管理的公约和建议书

这方面的主要文件是 1978 年第 150 号《劳动行政管理公约》和第 158 号同名建议书。公约规定各会员国应以适合国情的方法，保证组织和有效实施一项劳动行政管理制度，其任务和职责应适当协调，保证公共行政机关同最有代表性的雇主组织和工人组织进行协商、合作与谈判。主管机关在劳动行政管理制度内应负有主要责任，并对公约的事实做出相应的安排，为有关人员"提供有效完成其任务所必需的地位、物质手段和资金来源"。公约和建议书还强调了劳动行政管理在达成"有充分和足够报酬的职业"方面的地位、作用和责任，指出大多数发展中国家劳动部门的职能需要扩大和加强，以便能够和其他部门合作，承担和履行人力资源开发、人力资源分析和就业政策制定等方面的新责任。

3. 劳动统计的公约

根据国际劳工组织的章程，国际劳工局的主要职能之一就是搜集和传播有关劳动条件和劳动制度方面的情报。因此，为了方便统计资料的国际间对比，必须建立劳动统计的国际标准。1938 年第 63 号《主要矿业与制造业（包括建筑业和营造业）及农业的工资与工作时间统计公约》规定，本公约的批准国都应编制关于工资和工作时间的统计资料，按时发表并报送国家劳工局。1985 年对上述公约进行了补充修订，扩大公约的适用范围，形成了第 160 号《劳动统计公约》和第 170 号同名建议书。

4. 国际劳工标准三方协商的公约和建议书

这方面的文件主要是 1976 年第 144 号《三方协商促进国际劳工标准公约》和《三方协商促进履行国际劳工标准和有关国际劳工组织活动的国家行动建议书》。公约要求本公约的批准国实行各种程序，保证政府、雇主和工人代表之间就有关国际劳工组织活动的各项事宜进行有效的协商，规定政府有义务就本国对劳工大会议程有关问题的答复、对拟议中的公约和建议书的意见、对本国实施公约的报告和对未批准的公约的报告，同最有代表性的雇主组织和工人组织开展咨询和协商。

（二）产业关系（劳资关系）的公约和建议书

国际劳工组织制定的有关劳资关系的国际标准，归纳起来主要有 7 个方面：一是结社自由方面的公约和建议书；二是有关集体协议和集体谈判的公约和建议书，包括1951年第91号《集体协议建议书》，1981年第154号《促进集体谈判公约》和第163号同名建议书，其中，第154号公约对其适用范围、实施谈判的方式等做出了规定；三是1951年第92号《自愿调解和仲裁建议书》，对调解的机构、程序以及仲裁的有关问题提出了建议；四是1952年第94号《企业一级雇主与工人间协商与合作建议书》，规定了有关协商和合作的具体步骤；五是1960年第113号《产业与国家两级公共机关与雇主组织及工人组织之间协商与合作建议书》，要求采取措施促进雇主组织和工人组织之间的有效协商与合作；六是关于雇主提出中止雇佣的文件，包括1963年第119号《雇主提出中止雇佣建议书》、1982年第158号《雇主提出中止雇佣公约》和第166号同名建议书，规定雇主中止雇佣须有正当理由，工人有权向有关机关申诉，被中止雇佣的工人有权得到合理时间的事先通知或补偿；七是关于企业内部沟通和对冤屈的审查标准，包括1967年第129号《企业内部管理部门与工人之间沟通建议书》和第130号《企业内部为解决冤屈进行审查建议书》。

（三）工资的公约和建议书

主要包括确定最低工资的标准和工资保障的标准。在最低工资方面有很多公约，最早的是1928年适用于制造业和商业的第26号《确定最低工资办法的制定公约》和第30号同名建议书。该公约规定，凡批准本公约的会员国应制定或维持一种办法，为那些无法从集体协议或其他办法得到工资保障的人，确定最低工资率。公约还规定了监督和制裁办法，并在建议书中提出了确定最低工资的一般原则。其他有关的公约和建议书有：1951年第99号《农业中确定最低工资办法公约》和第89号同名建议书，1970年第131号《确定最低工资并特别考虑发展中国家公约》和第135号同名建议书。此外，还有其他一些涉及最低工资的文件，例如1947年第82号《非本部领土社会政策公约》、1962年第117号《社会政策基本目标和标准公约》等。

在工资保障方面实施较普遍是1949年第95号《保护工资公约》和第85号同名建议书。公约规定了支付工资的形式、支付工资的日期和地点、工人支配工资的自由、扣除工人工资的限制、企业破产时工人应作为优先债权人等内容；建议书补充了一些具体的办法。其他相关的文件还有1949年第94号《公共合同劳动条款公约》和第84号同名建议书，目的主要是防止纺织企业用降低工资费用的方法竞争，从而有可能压低工人工资的行为。

五、关于社会保障

国际劳工组织有很大一部分公约和建议书是关于社会保障的。这些标准在第二次世界大战前主要涉及某些特殊危险或不测事由，而第二次世界大战后则包括社会保障的各个部分。其中，1952 年第 102 号《社会保障最低标准公约》是一个基本标准，它涉及 9 个部分，即医疗护理、疾病津贴、失业津贴、老年津贴、工伤津贴、家庭津贴、生育津贴、残疾津贴和遗属津贴。批准本公约的会员国应遵守公约规定的 9 项标准中的至少 3 项，实施于指明的工人类别或部门，此后还可声明增加实施的标准和适用的工人类别或部门。

(一) 医疗护理的公约和建议书

1927 年第 24 号《商业工人及家庭佣工的疾病保险公约》和第 25 号《农业工人疾病保险公约》分别在工商业和农业中规定实行强制疾病保险制度，其津贴待遇包括免费治疗和提供药品和器械。第 102 号公约对保证预防或治疗性质的医疗护理作了详细规定，并把津贴扩大到住院治疗。1987 年国际劳工大会通过了第 165 号《（海员）健康保护和医疗公约》，对海员医疗护理做出了具体规定。

(二) 疾病津贴的公约和建议书

第 24 号和第 25 号公约规定了工人患病时应支付现金津贴，第 102 号公约规定应定期支付最低限度津贴。1969 年第 130 号《医疗护理与疾病津贴公约》和第 134 号同名建议书，规定了较高津贴水平，适用范围也有所扩大。

(三) 生育津贴的公约和建议书

这方面主要有两个公约：第一个是 1919 年第 3 号《妇女生育前后工作公约》，只适用于工商业中受雇的妇女；第二个是 1952 年第 103 号《生育保护公约（1952 年修正）》，适用于农业及其他非工业部门受雇的妇女。两个公约均规定生育产假期间发给现金津贴并提供医疗护理，其经费来自强制社会保险制度或其他公共基金。第 3 号公约规定生育津贴不得少于妇女生育的工资收入的 2/3，第 102 号公约也有关于生育津贴的规定。2000 年，国际劳工大会通过第 183 号《保护生育公约》，对 1952 年的第 103 号公约做了进一步修订。

（四）残疾津贴的公约和建议书

1933 年第 37 号《工商业或自由职业受雇用人及厂外工人与家庭佣工的强制性残疾保险公约》和第 38 号《农业受雇人员的强制性残疾保险公约》都规定，应对一般无能力工作的受保者支付残疾津贴。第 102 号公约也有规定。1967 年第 128 号《残疾、老年、遗属津贴公约》提高了最低限度津贴，并规定了对残疾者提供康复服务的义务。同年通过的第 131 号《残疾、老年和遗属津贴建议书》，把适用范围扩大到了所有经济自立人员。相关的公约还有 1983 年第 159 号《（残疾人）职业康复和就业公约》。

（五）老年津贴的公约和建议书

1933 年第 35 号《工商业或自由职业受雇用人及厂外工人与家庭佣工的强制性老年保险公约》和第 36 号《农业受雇人员的强制性老年保险公约》中，规定了强制性的养老保险制度，强调应给达到规定年龄（不小于 65 岁）受保人支付老年年金。第 102 号公约规定老年年金应不低于已规定的水平。1967 年第 128 号公约修正了以前的标准，规定了更高的老年津贴待遇。

（六）遗属津贴的公约和建议书

1933 年第 39 号《工商业或自由职业受雇用人及厂外工人与家庭佣工的强制性遗属保险公约》和第 40 号《农业受雇人员的强制性遗属保险公约》都有遗属津贴的规定。第 102 号公约还规定这一保险制度下的最低遗属津贴标准。第 128 号公约又修正了以前的公约，规定了较高的津贴待遇。

（七）工伤津贴的公约和建议书

1921 年第 12 号《农业工人赔偿公约》规定，农业工人应包括在现行工人赔偿立法的适用范围内。1925 年第 17 号《工人事故赔偿公约》规定，对因工业事故而致身体遭受伤害（永久丧失工作能力或死亡）的工人或其赡养的家属应当给予赔偿。1925 年第 18 号《工人职业病赔偿公约》（后由 1934 年第 42 号公约作了修正）规定，按照有关工业事故法律的一般原则支付职业病赔偿金。第 102 号公约进一步规定，由于职业原因发生事故或患规定的职业病时，应以医疗护理和定期支付的形式给予工伤津贴。1964 年第 121 号《工伤事故津贴公约》扩大了适用范围，规定了定期支付工伤津贴的最低标准。

（八）失业津贴的公约和建议书

1934 年第 44 号《对非自愿失业者保证给予津贴或补助公约》，要求批准公约的会员国建立一种对非自愿失业者支付津贴的制度。第 102 号公约也对失业津贴作了详细规定，明确了定期支付的失业津贴如何计算。还有 1988 年第 168 号《促进就业和失业保护公约》和第 185 号同名建议书。

（九）家庭津贴的公约和建议书

第 102 号公约规定，应给予维持子女生活的津贴，这种津贴可以采取定期支付形式，也可用实物补助，还可以两者结合。

此外，一些公约还专门规定外籍工人享受同等社会保障待遇，或至少对来自批准同一公约的别国工人应同等对待。例如，1925 年第 19 号《本国工人与外国工人关于事故赔偿的同等待遇公约》规定，批准公约的各国在事故赔偿方面应相互给对方的国民和本国国民同等待遇的权利。1962 年第 118 号《本国人与非本国人在社会保障方面平等待遇公约》规定，本国人与非本国人在社会保障的 9 个部分享有平等待遇。

第三节　国际劳工标准的实施和监督

一、国际劳工组织会员国的义务

国际劳工组织制定的国际劳工公约只对已批准公约的会员国有拘束力，而国际劳工组织章程则对所有会员国有约束力。因此各会员国不论其是否批准了某一公约，它们都承担了一定的义务。这些义务是：

（一）向主管机关提交公约和建议书的义务

1919 年建立国际劳工标准制度时，为使国际劳工组织的公约有特别效力，并使其影响超过传统的外交条约，采用了国际法上新的规则。按照这条规则，各会员国应保证把公约和建议书在大会通过后的一年内，特殊情况下应在 18 个月以内提交本国主管机关，以便制定法律或采取其他行动。会员国应依据国际劳工组织章程的规定，把公约和建议书提交主管机关的情况以及采取的措施通知国际劳工局局长。

（二）遵守某些基本原则的义务

由于国际劳工组织会员国接受了该组织章程，因而有义务遵守章程所规定的基本原则。如国际劳工大会认为南非政府种族隔离政策不符合《费城宣言》，而该国政府又承允遵守国际劳工组织章程，因此在1964年6月召开的国际劳工大会上谴责了南非种族隔离政策。

（三）就未批准的公约和建议书提交报告的义务

虽然会员国对未批准的公约和建议书不承担实质性的义务，但根据国际劳工组织章程的规定，会员国仍有义务根据国际劳工局理事会的要求就上述未批准公约和建议书的情况提交报告。报告内容包括：

（1）与该项公约和建议书所述事项有关的本国法律及实施情况。

（2）通过立法、行政措施、集体协议或其他方法，使该项公约或建议书得到实施或达到准备付诸实施的程度。

（3）阻碍或推迟批准公约或实施建议书的困难。各国政府须将这些报告的副本抄送该国的有代表性的雇主组织和工人组织。

二、国际劳工公约的批准及实施

（一）公约的批准

每个会员国都有通过批准某一公约而承担对它实施的国际义务。各个会员国政府应把所有公约和建议书提交本国的立法机关，由本国的立法机关根据本国的具体自主做出它们认为适当的决定。由于批准国际劳工公约是一种正式行动，会员国应将某公约的正式批准书通知国际劳工局局长，承允实施该公约的义务。同其他国际公约不同的是，国际劳工公约的批准具有特殊的性质，即它既不需要事先签字，也不需要互换批准书。

对国际劳工组织公约的批准是不能有所保留的，因为公约是由国际劳工大会三方代表通过的，涉及三方的利益，而且保留是与公约的整个目标不相容的。虽然国际劳工组织早期曾有过有条件的批准的10个例子，即公约对某一具体会员国的生效，必须以某些别国的批准为条件，但以后这种做法并未承袭下来。此外，按照某些公约的规定，会员国送交批准书时应附带报送一份声明书，说明它对严格程度不同的义务的选择，或对遵守公约所承担的确切程度，或希望有哪些可能的例外。会员国批准的公约应由国际劳工局局长送交联合国秘书长，按照联合国宪章第102条规定进行登记。

（二）公约的生效

每个国际劳工公约在其最后条款均有关于公约生效的规定。公约生效的条件一般是至少收到两个会员国的批准书。对某些国际劳工公约来说，特别是海事方面的公约，则要求更多会员国的批准书。1928年以后的公约通常规定，公约于第二个批准书登记之日起12个月后生效。

（三）公约的退出

每个公约的最后条款也规定退出公约的条件。1932年以后制定的公约规定：凡批准公约的会员可在公约生效之日起满10年后退出公约；退约时应将退约书送国际劳工局局长登记；此项退约应于退约书送交登记之日起1年后生效；如果在上款所述的10年满期后1年内不行使退约权，即须再受10年的约束。其后，可按本条规定的条件，在每10年期限制届满时提出退约。

（四）实施已批准公约的义务

凡批准某公约的会员国，应采取必要行动使该公约的各条款生效，但并不要求必须用法律措施来使之生效。至于实施国际劳工组织章程或某一公约条款的方法，各国可以有很大的选择余地。实施已批准公约的义务，必须理解到旨在改善工人条件的国际劳工标准是最低的标准。为了避免误解，国际劳工组织章程规定“无论如何不得认为，大会制定的任何公约或建议书，或任何会员国批准的公约，可以影响保证有关工人享受较公约或建议书所规定更为优越的条件的任何法律、裁决书、惯例或协议”。

根据国际劳工组织章程第35条，负责非本国领土对外关系的会员国如批准某项公约，应承担另外3项义务：一是保证将该国已批准的公约实施于各非本部领土，但公约所订事项属于该领土自治权力范围者，或公约国当地情况而不能实施者，或公约需作适应当地情况的变通才能实施者除外；二是在批准某一公约后，应尽快向国际劳工局局长送交声明，说明该国保证实施该公约各条款的程度；三是每年报告所有非本部领土的公约实施情况。

有些公约中还包括如下条款，即在战争情况下，或遇到构成危及国家安全的事件，或不可抗力，或为了公共利益，由于情况特别严重，有关政府暂停实施公约的条款。此外，其他实施已批准公约的义务还包括：每个会员国应该向国际劳工局提出年度报告，说明它采取什么措施来实施其所批准的公约规定。按照这条规定，1959 年以后通常要求每两年作一次详细的报告，并将报告抄送本国有代表性的雇主组织和工人组织。

（五）把国际公约并入本国法律

对一个公约的批准，除了在国际范围的影响以外，还会对国家产生直接的影响。在这些国家内，任何一个条约（也适用国际劳工公约）一经批准、发表和颁布，就立即成为其国内法的一个部分，并可直接在国家一级实施。这是由这些国家的宪法条款加以规定的或者由判例法决定的。在另一些国家里，通常采取的做法是，在批准一个条约的法令中包括一个条款，载明该条约应在国内法中实施。按照有些国家的制度，这样并入本国立法中的条约，从各方面来说都与国内法类似；而按照另一些国家的制度，这样并入的条约须经宪法规定或法院判决，由最高立法机关来处理。

三、国际劳工组织的监督体制

国际劳工组织的监督体制可以归纳为两大类，一类是以审查各国政府定期报告为基础的定期监督，另一类是以提出控诉与申诉为基础的监督。

（一）经常性的监督

国际劳工局除了对有关基本权利公约的实施进行特殊监督外，还有权利对已批准某一公约会员国进行监督。各会员国政府要对其已批准的公约的实施情况，对未批准公约和建议书所采取的行动，以及对新制定公约和建议书上报本国主管机关的情况，向国际劳工局定期提出报告。为了审查这些报告，国际劳工组织在 1926 年以后建立了两个监督机构，即公约与建议书实施专家委员会和国际劳工大会的公约与建议书实施委员会。

1. 公约与建议书实施专家委员会

这个委员会是主要的监督机构，成立于 1927 年，由公认有资格的并完全独立于政府之外的专家组成，有的是首席法官，有的是国际法、劳工法教授，有的是卸任的政治家。这些专家是以个人的资格，由理事会根据国际劳工局局长的建议任命，而不是根据本国政府的建议任命。委员会的基本原则是“要求公正客观地指出各会员国的状况符合其所批准公约的条款和其依据国际劳工组织章程所承担的义务的程度”，强调委员会成员在完成任务时必须完全独立于会员国之外。委员会的职能是研究、审理国际、组织或个人对某会员国在实施公约方面的申诉或指控。委员会只根据公约中规定的标准进行审查，不受任何特定社会和经济制度的影响。

2. 大会公约与建议书实施委员会

这个委员会是由每年召开的国际劳工大会建立的。委员会由各国政府代表以及雇主和工人组织的代表组成。委员会把专家委员会提供的报告作为工作基础，并选择其中最重要的案例进行审议，指出不符合公约的情况要求有关国家的政府做出解释，并说明将采取或已采取什么措施来消除这种不符合公约的情况。对有关会员国政府所作的书面或口头的答复，委员会有时要进行详细讨论。如果委员会对有关会员国政府所作的答复不满意，政府代表可以有机会再作进一步的口头声明，委员会将讨论情况和结论整理成简要的报告，提交劳工大会讨论和通过。

3. 直接接触

为了实施更加全面有效的监督，国际劳工组织从1968年开始采用了“直接接触”的办法。这个办法遵循监督机构所规定的某些指导原则，并根据有关国家政府的要求或同意来加以运用。具体做法是在有关国家内由国际劳工局局长的1名代表与该国政府当局之间进行充分讨论，并可以与该国的雇主组织和工人组织进行接触，使工人与雇主组织发挥充分作用。

（二）控诉与申诉

1. 控诉

根据国际劳工组织章程第26条至第34条，控诉是国际劳工组织最正式的监督程序。“任何会员国认为任何其他会员国未曾切实遵守双方均已批准的任何公约时，有权向国际劳工局提出控诉。”国际劳工局理事会也可自行或在收到某一代表（政府、雇主或工人）的控诉时，采取下述程序。

理事会在收到某一项控诉时，可任命一个调查委员会来彻底审议该项控诉案。各会员国无论与该案有无直接关系，均应将与该案事项有关的一切资料提供调查委员会使用。调查委员会在充分审议该控诉案后，应提出报告，其中包括该委员会对与各方争执有关的一切事实问题的裁决，并包括其认为适宜的关于处理该案应采取的步骤，以及采取这些步骤的期限的建议。各有关政府应在3个月内通知国际劳工组织总干事，表明是否接受该委员会报告中的建议；如不接受，说明是否拟将该案提交国际法院。任何会员国如在指定时间内不执行调查委员会报告中的建议或国际法院的判决，理事会可提请大会采取其认为明智和适宜的行动，保证上述建议得到履行。

2. 申诉

申诉是国际劳工组织章程第 24 条与第 25 条规定的另一种类型的监督程序。雇主或工人的产业团体，可以就某一会员国在其权限范围内在任何一方面未曾切实遵守其所参加的任何公约一事，向国际劳工局提出申诉。国际劳工局理事会可将此项申诉送交被申诉国政府，并可请该政府对此事做出它认为适当的声明。如理事会在适当时期内未接到被申诉的政府的声明，或接到声明后认为不满意，则理事会有权公布申诉和公布答复该申诉的声明。理事会在其结论中并说明它对于申诉提出问题的哪些方面的处理认为满意，或者要求有关政府做出进一步的行动或澄清。在实际工作中，是由一个由 3 名理事会成员（分别从理事会的政府、雇主和工人三组挑选）组成的委员会进行申诉审理，该委员会审理后要向理事会提出报告。

四、中国批准的国际劳工公约

中国是国际劳工组织的创始国之一。1919 年中国在对奥和约上签字，成为国际联盟的创始国，并由此成为国际劳工组织的原始会员国。1944 年中国成为国际劳工组织的常务理事国。中华人民共和国成立以后，由于当时的国际国内背景，中国与国际劳工组织的关系暂时中断。1971 年联合国大会通过恢复我国席位的决议后，国际劳工组织理事会也决定恢复我国的合法席位。1983 年 6 月，我国正式恢复在国际劳工组织中的活动。

从 1930 年起，当时的国民党政府先后批准了 14 个国际劳工公约。具体包括：1920 年第 7 号《海上最低就业年龄公约》；1921 年第 11 号《农业结社权公约》，第 14 号《工业每周休息公约》，第 15 号《扒炭工和司炉工最低就业年龄公约》，第 16 号《海上未成年人体检公约》；1925 年的第 19 号《事故赔偿同等待遇公约》；1926 年第 22 号《海员协议条款公约》，第 23 号《海员遣返公约》；1928 年第 26 号《确定最低工资办法公约》；1929 年第 27 号《航运包裹标明重量公约》；1932 年第 32 号《码头工人事故防护公约》；1935 年第 45 号《妇女矿井下工作公约》；1937 年第 59 号《工业最低就业年龄公约》；1946 年第 80 号《最后条款修订公约》。1949 年中华人民共和国建立以后，台湾当局又盗用中国政府的名义非法批准 23 个国际劳工公约。

中华人民共和国成立以后，在国际条约和公约问题上向来不承认政府的继承性。1949 年第一次中国人民政治协商会议通过的共同纲领中明确规定："对于国民党政府与外国政府所订立的各项条约或协定，按其内容，分别予以承认、或废除、或修改、或重订。"根据这一原则，我国对国际劳工公约进行了研究和审查，并于 1984 年 5 月全部承认了 1949 年以前旧中国批准的 14 个国际劳工公约，同时宣布中华人民共和国成立后台湾当局盗用中国政府名义批准的23个国际劳工公约是非法、无效的。

20世纪80年代中期以来，我国有计划地开展了国际劳工公约的研究，并根据我国的具体情况先后批准了11个公约。包括：1951年第100号《同酬公约》；1964年第122号《就业政策公约》；1973年第138号《准予就业最低年龄公约》；1976年第144号《（国际劳工标准）三方协商公约》；1983年第159号《（残疾人）职业康复和就业公约》；1978年第150号《劳动行政管理公约》；1988年第167号《建筑业安全和卫生公约》；1990年第170号《化学品公约》；1999年第182号《禁止最恶劣形式的童工劳动公约》；1958年第111号《就业和职业歧视公约》，1981年第155号《职业安全和卫生公约》。截至2012年，我国政府已批准国际劳工公约25个。

附：我国批准国际劳工公约的情况（截至2012年）

一、公约名称、要点和我国批准的时间

1.1920年海上最低就业年龄公约（第7号公约）。规定14岁以下儿童不得受雇于船上工作。我国于1936年批准。

2.1921年农业结社权利公约（第11号公约）。要求保证农业工人享有与工业工人同等的结社权利，废除限制农业工人集会结社权利的法律规定。我国于1934年批准。

3.1921年工业每周休息公约（第14号公约）。规定工业企业工人应每隔7天享有连续至少24小时的休息时间。我国于1934年批准。

4.1921年扒炭工和司炉工最低就业年龄公约（第15号公约）。规定18岁以下未成年人不得从事船上扒炭工和司炉工工作。我国于1936年批准。

5.1921年海上未成年人体检公约（第16号公约）。规定对船上雇用18岁以下未成年人应进行体检并出具证书。我国于1936年批准。

6.1925年事故赔偿同等待遇公约（第19号公约）。规定批准国对也批准本公约的其他国家的劳动者在其境内发生工伤事故时，在赔偿方面给予本国同等待遇。我国于1934年批准。

7.1926年海员协议条款公约（第22号公约）。要求船主与海员签订就业协议。我国于1936年批准。

8.1926年海员遣返公约（第23号公约）。规定海员享有在受雇期满时被雇主送回本国或受雇港口的权利。我国于1936年批准。

9.1928年确定最低工资办法公约（第26号公约）。规定对无从用集体协议或其他方法有效规定工资，且工资特别低廉的工人采用最低工资制度。我国于1930年批准。

10. 1929年航运包裹标明重量公约（第27号公约）。规定海上或内河航运1 000千克或以上的包裹或物件应在外面标明重量。我国于1931年批准。

11. 1932年码头工人事故防护公约（修订本）（第32号公约）。规定对于装卸工作场所需要通过的码头等道路，应采取安全措施。我国于1935年批准。

12. 1935年妇女矿山井下工作公约（第45号公约）。规定妇女不得从事任何矿山井下劳动。我国于1936年批准。

13. 1937年工业最低就业年龄公约（修订本）（第59号公约）。禁止15岁以下未成年人受雇于工业企业。我国于1940年批准。

14. 1946年最后条款修订公约（第80号公约）。对此前制定的所有公约的最后条款（关于提交批准公约的通知书、公约的生效和解约、公约文本的法律效力等非实效性规定条款）进行统一修订。我国于1947年批准。

15. 1951年同酬公约（第100号公约）。要求各成员国促进并保证实行男女同工同酬。我国于1990年批准。

16. 1976年（国际劳工标准）三方协商公约（第144号公约）。要求承诺就国际劳工组织活动的有关事宜，在政府、雇主和工人的代表之间进行有效协商。我国于1990年批准。

17. 1983年（残疾人）职业康复和就业公约（第159号公约）。要求制定实施有关残疾人职业康复和就业的国家政策。我国于1987年批准。

18. 1990年化学品公约（第170号公约）。要求制定和实施一项有关作业场所安全使用化学品的政策。我国于1994年批准。

19. 1964年就业政策公约（第122号公约）。要求宣布并实行一项积极的国家政策，其目的在于促进充分的、自由选择的生产性就业。我国于1997年批准。

20. 1973年准予就业最低年龄公约（第138号公约）。要求保证最低就业年龄不低于15岁，目的是消除童工劳动。我国于1998年批准。

21. 1978年劳动行政管理公约（第150号公约）。规定劳动行政管理的作用和职能为从事国家劳动政策和相关法律法规的准备、实施、协调和监督检查，对就业、失业和不充分就业问题，以及劳动者的工作和生活条件各方面问题进行研究解决，为雇主和工人及其各自组织提供服务。我国于2002年批准。

22. 1988 年建筑业安全和卫生公约（第 167 号公约）。要求参照国际标准制定有关建筑业安全和卫生的法律法规，在建筑施工中明确雇主、工程技术人员和工人为保证安全生产所应负的责任，确保建筑工地安全卫生的工作条件。我国于 2002 年批准。

23. 1999 年禁止最恶劣形式的童工劳动公约（第 182 号公约）。规定批准国应采取有效的和有时限的措施防止和消除雇佣儿童从事最恶劣形式的童工劳动。我国于 2002 年批准。

24. 1958 年就业和职业歧视公约（第 111 号公约）。规定批准国应制定和实行促进就业和职业机会均等和待遇平等的国家政策，消除基于该公约所列各原因的就业与职业歧视现象。我国于 2006 年批准。

25. 1981 年职业安全和卫生公约（第 155 号公约）。规定批准国应制定职业安全和卫生及工作环境的国家政策和规划，建立分析职业安全卫生形势与问题的制度。我国于 2007 年批准。

二、按我国劳动保障业务的分类

劳动关系与综合（劳工组织为劳动行政）：1976 年（国际劳工标准）三方协商公约（第 144 号公约）、1978 年劳动行政管理公约（第 150 号公约）。

劳动力市场与就业（劳工组织为基本人权和就业）：1958 年就业和职业歧视公约（第 111 号公约）、1964 年就业政策公约（第 122 号公约）、1983 年（残疾人）职业康复和就业公约（第 159 号公约）。

劳动报酬与福利（劳工组织为工作条件）：1928 年确定最低工资办法公约（第 26 号公约）。

劳动标准（劳工组织为基本人权和工作条件）：1921 年农业结社权利公约（第 11 号公约）、1973 年准予就业最低年龄公约（第 138 号公约）、1999 年禁止最恶劣形式的童工劳动公约（第 182 号公约）、1951 年同酬公约（第 100 号公约）；1921 年工业每周休息公约（第 14 号公约）、1937 年工业最低就业年龄公约（修订本）（第 59 号公约）。

社会保障（劳工组织为社会保障）：1925 年事故赔偿同等待遇公约（第 19 号公约）。

劳动安全（劳工组织为职业安全卫生）：1929 年航运包裹标明重量公约（第 27 号公约）、1935 年妇女矿山井下工作公约（第 45 号公约）、1981 年职业安全和卫生公约（第 155 号公约）、1988 年建筑业安全和卫生公约（第 167 号公约）、1990 年化学品公约（第 170 号公约）。

海事公约：1920 年海上最低就业年龄公约（第 7 号公约）、1921 年扒炭工和司炉工最低就业年龄公约（第 15 号公约）、1921 年海上未成年人体检公约（第 16 号公约）、1926 年海员协议条款公约（第 22 号公约）、1926 年海员遣返公约（第 23 号公约），以及 1932 年码头工人事故防护公约（修订本）（第 32 号公约）。2006 年海事劳工公约。

思 考 题

1. 国际劳工组织的宗旨和组织原则是什么？
2. 国际劳工组织中明确的国际劳工立法的原则有哪些？
3. 国际劳工组织的立法活动从具体程序上讲，包括哪些阶段？
4. 核心国际劳工公约有哪些？
5. 简述国际劳工公约的批准及实施。
6. 简述国际劳工组织的监督体系。

参考文献

1. 胡大展．“灋”意考辨—兼论“判决”是法的一种起源形式［J］．比较法研究，2003（6）：1-7

2. 孙国华，朱景文．法理学［M］．北京：中国人民大学出版社，2004

3. 劳动和社会保障部普法办公室编写．劳动和社会保障法律制度［M］．北京：中国劳动社会保障出版社，2008

4. 张文显．法理学［M］．北京：法律出版社，1997

5. 张文显主编．法理学（第三版）［M］．北京：高等教育出版社，2007

6. 刘金国，蒋立山．新编法理学［M］．北京：中国政法大学出版社，2006

7. 沈宗灵．法理学（第三版）［M］．北京：北京大学出版社，2009

8. 尹蔚民主编．人事专业普法教材［M］．北京：中国人事出版社，2007

9. 姜明安主编．行政法与行政诉讼法［M］．北京：法律出版社，2006

10. 应松年主编．当代中国行政法（上、下卷）［M］．北京：中国方正出版社，2004

11. 应松年主编．依法行政教程．北京：国家行政学院出版社，2004

12. 郭捷主编．劳动法与社会保障法（第三版）［M］．北京：中国政法大学出版社，2004

13. 杨曙光等．行政执法监督的原理与规程研究［M］．北京：中国检察出版社，2009

14. 马怀德主编．法律实施与保障［M］．北京：北京大学出版社，2007

15. 曹康泰主编．全面推进依法行政实施纲要辅导读本［M］．北京：中国法制出版社，2004

16. 李林，王家福主编．依法治国十年回顾与展望［M］．北京：中国法制出版社，2007

17. 北京市推进依法行政工作领导小组编．领导干部依法行政知识读本

[M]．北京：北京出版社，2007

18. 韩健，王俊良主编．我国依法行政的基本理论与实施[M]．成都：西南交通大学出版社，2006

19. 宋大涵主编．行政执法责任制工作要览（上、下）[M]．北京：中国法制出版社，2003

20. 汪永清主编．中华人民共和国行政许可法释义[M]．北京：中国法制出版社，2003

21. 余明勤，吕锡伟主编．劳动和社会保障行政许可法律与实务[M]．北京：经济管理出版社，2004

22. 廖扬丽．政府的自我革命：中国行政审批制度改革研究[M]．北京：法律出版社，2006

23. 皮纯协，张成福主编．行政法学[M]．北京：中国人民大学出版社，2002

24. 国务院行政审批制度改革领导小组办公室编．深化审批制度改革 推进服务政府建设[M]．北京：中国方正出版社，2008

后　记

依法治国是党领导人民治理国家的基本方略，要求国家各项工作都必须依法进行，一切政府机关都必须依法行政。人力资源社会保障部门贯彻依法治国方略，坚持依法行政，就是要在党的领导下，逐步将人力资源社会保障的各个方面都纳入法制轨道，依法进行人力资源社会保障管理服务。这就要求我们必须学会并善于运用法律手段来巩固人力资源社会保障制度改革成果，促进人力资源社会保障制度改革发展，规范人力资源社会保障行政行为，提高人力资源社会保障管理服务效率，维护人力资源社会保障活动秩序，保护人力资源社会保障行政相对人的合法权益。

本书分为八章，从理论到实践对加强人力资源社会保障法制建设进行了系统的介绍和阐述，内容包括法律知识概述、人力资源社会保障立法、人力资源社会保障法律制度、人力资源社会保障法律实施、人力资源社会保障行政许可与审批、人力资源社会保障行政争议处理、人力资源社会保障依法行政，同时对人力资源社会保障领域的国际法——国际劳工公约也作了介绍，在编写过程中注重突出前沿性、科学性和整体性。本书在编写形式上也有所创新，在每章的开头和结尾设计了学习导读与思考题，在章节内容中设置了“关键概念”“阅读参考”“新闻摘录”“案例”等内容，力求以鲜活的体例更加贴近读者，具有较强的可读性和应用性。

本书由人力资源社会保障部杨志明副部长担任主编，他对全部书稿进行了认真审改，对提升本书的层次和质量起到了重要作用。人力资源社会保障部法规司孔昌生司长主持本书大纲的编写和章节设计，余明勤副司长组织统稿。各章编写人员分别是：马玉珍、高永贤、张璞（第一章）；杜刚、吕鸿雁、孔德美、袁山（第二章、第三章）；乐亦博（第四章）；马何祖（第五章、第七章）；杨毅新、冉新民、王学琳（第六章）；戴晓初、张鲁（第八章）。全书由高永贤同志负责统筹。北京大学法学院贾俊玲教授作为审纲审稿专家，从理论角度对大纲进行了审核。本书在编写过程中还参考了许多相关教材、著作和论文，我们已在书中一一注明。

限于编写人员的能力和水平，本书难免有疏漏、不当之处，敬请读者批评指正。

编　者

2012 年 12 月